衡中带你学思政

衡中校本课程

郗会锁　闫乐　代忖 ◎ 主编

人民日报出版社
北京

本书编委会

主　编：郗会锁

副主编：闫　乐　代　忖

编　委：贾拴柱　白　建　潘宿奎　刘景明　郭永森
　　　　王丽娜　陈志涛　房守川　李朋朋　李子楠
　　　　仝国乐　武瑞桓　李旭彤　刘士业　孙耀东
　　　　刘东振　张　博　彭吉栋　周松松　王小铭
　　　　卢红兰　李军燕　刘丽敏　王慧琴　耿贵敬

目 录
CONTENTS

第一部分　学生这样学思政

第一章
信念培根

第一节　听总书记讲话　/003
　　　　征途漫漫，惟有奋斗（学生刘保硕）
　　　　不忘初心，牢记使命（学生于泽璞）

第二节　观重磅微视频　/006
　　　　九死无悔——观《我宣誓》有感（学生朱乐晨）
　　　　使命不改，蓝天依然——观《9000万人的使命》有感（学生刘璇）

第三节　崇英雄，报家国　/009
　　　　只有奋斗的人生才称得上幸福的人生（学生张潍涵）
　　　　记我国女药学家屠呦呦（学生赵子宁）
　　　　聆听来自海天之间的祖国"心跳"和强军"脉动"（学生赵晨皓）

第四节　进行红色教育　/013
　　　　勿忘耻辱，铭记国难——南京大屠杀死难者国家公祭日纪念活动
　　　　致敬伟大领袖少时立天下伟志，学习国之俊才弱冠有人民情怀——伟大领袖毛泽东诞辰日系列活动

第五节　加强警示教育 /019

　　坚决打赢反腐败斗争攻坚战持久战（中央纪委国家监委网站侯颗）

第二章

精神铸魂

第一节　红色精神传承 /025

　　"传承五四精神，践行青春使命"主题研学活动方案

第二节　家国天下凝神 /031

　　"心怀家国，志存天下"演讲大赛活动方案

第三节　领导讲话修心 /041

　　灾难磨砺精神，梦想聚集力量——在网络升旗仪式上的讲话（郗会锁）

　　用奋斗书写青春华章——在纪念五四运动101周年暨青年教师座谈会上的讲话（郗会锁）

第四节　学生成长心得 /050

　　无体育，不衡中（学生韩颖）

　　家国担当，筑梦中华——参加一二九运动纪念活动有感（学生魏宇洁）

　　志存高远，以学立命（学生刘佳昊）

第三章
文化润心

第一节 校园文化峥嵘 /056

　　我爱我家，美丽衡中——校园环境文化解读

第二节 文化长廊悠远 /061

　　胸怀家国，不懈奋斗——精神文化长廊解读

第三节 年级文化竞放 /064

　　学为家国，行有天下——高二年级教学楼文化设计方案

第四节 校服文化荣身 /067

　　校服寓意解读

第五节 文化节放异彩 /073

　　语文文化节活动方案

　　政治文化节活动方案

　　历史文化节活动方案

第六节 欣赏爱国影视 /091

　　故人犹在，山河可依——观《我和我的家乡》有感（学生赵婉玲）

　　我心中的毛主席——观《毛泽东去安源》有感（学生魏子程）

第四章

活动育人

第一节　品牌德育活动　/095

　　青春逐梦，扬帆远航——高一年级远足活动课程实施方案

　　逐梦青春心向党，感恩家国勇担当——高二年级成人礼课程实施方案

　　责任·拼搏·追求——高三年级毕业典礼方案

　　劳动教育实践方案

第二节　国旗下的讲话　/112

　　崇尚英雄，立志报国（王建勇）

　　时代之青年要担得起时代之责任（闫乐）

　　勇于揭榜挂帅，敢于责任担当（张博）

　　勿忘国耻，圆梦中华（学生王晓桐）

第三节　年级特色活动　/122

　　我和我的家乡——高二年级研学思政课程活动实施方案

　　寻根问祖，争做贤人——高二年级姓氏研究报告会活动方案

第四节　特色团队教育　/129

　　社团活动方案

　　志愿服务实施方案

　　社会实践方案

第五节　广开思路视野　/155

　　聆听陕西师范大学心理讲座有感（学生王伟）

　　以科技之翅膀，书未来之华章——听人工智能讲座带来的收获（学生陈璨）

　　星辰为冠，荆棘为刃——听《做情绪的主人》心理专题讲座有感（学生毕子荣）

第二部分　教师这样教思政

第一章
悟通天下

第一节　研党中央精神　/162

　　思想理论之书如旌旗，立德树人勤读可定向（闫乐）

　　关于习近平总书记对美育工作要求的学习心得（康国珍）

第二节　上党课，讲团课　/166

　　廉洁从教，敬业奉献（王丛）

　　使命——党课学习心得（王茹）

第三节　定期宣誓明志　/170

　　入党誓词

　　中层干部誓词

　　教师誓词

　　师德师风"八不能"

　　教师工作"八要求"

第四节　教师育人感悟　/173

　　爱（杨柳）

　　讲好历史课，当好引路人（孙亚军）

第五节　模范榜样评选　/180

　　关于开展第25届"青年教师希望之星"评选活动的评选（课程）实施方案

　　第十一届杰出女教师评选通知

班主任模范榜——授予从事班主任工作20年、30年对教育事业做出突出贡献的教师

榜样教师评选——第十二届师德标兵评选方案

榜样教师评选——关于开展第十八届"最受学生欢迎教师"评选活动的通知

第二章
课程思政

第一节　语文学科思政优秀课例　/215

　　金戈铁马征战事，大漠秋风慷慨情——边塞诗鉴赏（王玉春）

第二节　英语学科思政优秀课例　/222

　　Unit1 People of Achievement-Using Language（赵岩）

第三节　政治学科思政优秀课例　/228

　　发展生产·满足消费——《我和我的祖国》教学设计（黎美华）

第四节　历史学科思政优秀课例　/233

　　觉醒年代——《五四运动与中国共产党的诞生》教学设计（李军燕）

第五节　地理学科思政优秀课例　/241

　　将思政教育融入地理课堂——以"水污染"教学为例（曾学珍）

第六节　心理课程优秀课例　/245

　　心理健康教育与思政融合的课程设计（王丽娜）

第一部分
学生这样学思政

第一章　信念培根
第二章　精神铸魂
第三章　文化润心
第四章　活动育人

第一章
信念培根

坚定的理想信念是党的执政根基，决定着个人的发展、社会的稳定、国家的繁荣、民族的复兴。学校教育作为坚定学生理想信念的关键手段、重要途径，教育工作者必须贯彻习近平总书记重要指示，始终抓住坚定理想信念这个根本，教育引导广大青少年学生筑牢精神支柱，矢志不渝地做共产主义远大理想和中国特色社会主义理论的坚定信仰者和忠实践行者，努力成为中国特色社会主义事业的合格建设者和可靠接班人。

为了在坚定青少年理想信念的关键时刻培植青少年思想之根本、源头，衡水中学始终坚持党的教育方针不动摇，落实立德树人根本任务，创新强化理想信念之途径，借鉴培根固元之方法，通过听总书记讲话、观重磅微视频、崇英雄报家国、进行红色教育、加强警示教育等途径，唤醒学生的青年意识，强化学生的青年责任，浓郁学生的家国情怀，广增学生的天下意识，引导他们走上爱党爱国爱民的奋斗之路。

第一节　听总书记讲话

征途漫漫，惟有奋斗

（学生 刘保硕）

"律回春晖渐，万象始更新。"在新年交点，在送别风雨磨难、荣耀灿烂的2020年、迎接更加辉煌的2021年之际，我聆听了习近平总书记的新年贺词。这篇特殊时期的新年贺词，指明方向，激励人心，常学常新，值得不断回望、永久学习。习近平总书记满怀深情地对2020年的苦、难、荣、光做了诠释，铿锵的话语、豪迈的誓言、殷切的关怀、真挚的祝福引起了全国各族人民的广泛共鸣，更激励着我们这一代高中生不忘初心、牢记使命、努力奋斗，以创造更大的奇迹。

2020年是极不平凡的一年，面对新冠疫情，全国上下一盘棋，万众一心，众志成城，全力以赴，谱写了一篇篇抗疫史诗。2020年更是具有历史意义的一年，克服了疫情影响，经济、社会发展取得了重大成果："十三五"圆满收官，"十四五"全面擘画；粮食生产喜获"十七连丰"；"天问一号""嫦娥五号""奋斗号"等科学探索获得重大突破；全面建成小康社会取得历史性成果，决战脱贫攻坚取得决定性胜利……

对我们来说，2020年同样终生难忘。前所未有地延期开学，将近4个月的居家学习，让我更加认识到了老师的无私、大爱。5月7日返校后，学习、高考、录取、入学、再学习，看似平淡无奇的生活下，其实内心波涛汹涌：我庆幸，自己被保护在中国这个强大羽翼下，经历了疫情这场没有硝烟的战斗而毫发无伤；我感慨，在国难当头之际，无数人不计生死、不计报酬奔赴"前线"，无数人慷慨解囊、大方出手支援"前线"，无数人不眠不休换来了万户安；我惊叹，从火神山、雷神山的建立到投入使用，从疫情暴发到稳步控制再到经济逐步复苏，中国速度、中国奇迹令世界羡慕；我赞叹，航天技术重大突破，综合实力再次提升，国际地位再次稳固……我真切地感受到强大而浓厚的民族凝聚力、民族精神、民族力量！生在中国，我骄傲，我自豪！

作为衡中的一名高中生，作为新时代的青年人，面对中国的飞速发展，面对总书记全面建设社会主义现代化国家新征程即将开启、"两个一百年"历史交汇点、努力实现中华民族伟大复兴的中国梦的号召，我看到了肩上的责任，坚定了心中的理想，我一定会不断向前、不断奋斗，不惧风雨、不畏险阻，努力学习、掌握本领，书写更加灿烂的人生篇章，实现个人的价值，为祖国的发展贡献绵薄之力！

不忘初心，牢记使命

（学生于泽璞）

看得见多远的过去，就能走向多远的未来。不忘初心，难在坚守始终。初心和使命就是理想、信念和宗旨，就是最高纲领和奋斗目标，就是奋斗精神和优良作风，就是共产党员的初心——为中国人民谋幸福，为中华民族谋复兴。

事业发展永无止境，共产党人的初心永远不能改变。党的十九大报告中，习近平总书记其言谆谆，中国共产党人的初心和使命，就是为中国人民谋幸福，为中华民族谋复兴。中共一大的召开标志着中国共产党的正式成立，兴业路的小楼、南湖上的红船寄托着共产党人的初心，承载着共产党人的使命。在新中国成立70多年的今天，我国经济、科技、文化、军事等各方面取得了巨大发展，完成了从站起来、富起来到强起来的转变。秀水泱泱、红船依旧，不变的是中国共产党人的初心。

习近平总书记说："要从小学习立志。志向是人生的航标。一个人要做出一番成就，就要有自己的志向。一个人可以有很多志向，但人生最重要的志向应该同祖国和人民联系在一起，这是人们各种具体志向的底盘，也是人生的脊梁。"作为一名正在接受良好教育的高中生，我要树立共产主义远大理想和中国特色社会主义共同理想，立志肩负起民族复兴的时代重任，守初心、担使命，努力学习、亲自实践，用自己的实际行动践行中国特色社会主义的崇高理想。

我和同学们要加强进行爱国主义学习，如习近平总书记所说"要时时想到国家，处处想到人民，做到'利于国者爱之，害于国者恶之'"。爱国，不能停留在口号上，而是要把自己的理想同祖国的前途、把自己的人生同民族的命运紧密联系在一起，扎根人民、奉献国家，把毕生都献给祖国、献给人民。

立身、修德是高中的第一要务，作为一名思想活跃的高中生，我要牢牢记住"修德，既要立意高远，又要立足平实。要立志报效祖国、服务人民，这是大德，养大德者方可成大业。同时，还得从做好小事、管好小节开始起步，'见善则迁，有过则改'，踏踏实实修好公德、私德，学会劳动、学会勤俭、学会感恩、学会助人、学会谦让、学会宽容、学会自省、学会自律"的教诲，从小事做起，从身边事做起，团结同学、帮助老师，用实际行动提高自身道德素养。

努力学习是高中的主要内容，我要珍惜在校的每分每秒，像海绵汲水一样汲取知识，时时刻刻谨记习近平总书记的谆谆教导，既要惜时如金、孜孜不倦，下一番心无旁骛、静谧自怡的功夫，又要突出主干、择其精要，努力做到又博又专、愈博愈专。特别是要克服浮躁之气，静下来多读经典，多知其所以然。

习近平总书记说，身体是人生一切奋斗成功的本钱。因此，我要每天坚持锻炼，拥有强健的体魄，长大后成为建设祖国的栋梁。

以上是我近期学习习近平总书记讲话的一点粗浅体会，今后我将深学深悟、弄通弄懂，认真记好学习笔记，撰写心得体会。同时，理论联系实际，将习近平总书记讲话精神联系到学习和生活中去，用讲话精神武装思想，指导学习和生活，使我的政治素养更上一层楼！

第二节　观重磅微视频

九死无悔
——观《我宣誓》有感
（学生朱乐晨）

人的一生，或许有过千百次宣誓，但对一名共产党员来说，入党宣誓是足以令其终生铭记并矢志不渝为之奋斗的。

红日初升，其道大光。1921年的春雷，唤醒了神州大地上的曙光，伴着南湖红船摇桨的吱呀声响，中国共产党诞生在那一缕晨曦之中，渴望冲破束缚已久的黑暗。

国家博物馆的展品中，至今仍有一份入党誓词，誓词的主人贺页朵是江西的一位贫苦农民。他1927年投身革命，因其优异的工作表现被吸纳为共产党员。由于识字不多，贺页朵手写的这段誓词中出现了6个别字，但稚拙的笔迹影响不了革命的坚定信念，泛黄的纸张同样掩盖不住战斗的火热激情。简短的入党誓词中蕴含着百年来千千万万共产党员为革命、为工作鞠躬尽瘁、死而后已、前仆后继的忠诚信仰。

遥望历史星河，群英堂堂，光芒璀璨。那是在狱中写下《清贫》与《可爱的中国》的方志敏烈士，他消瘦而不失坚韧的脸庞高高昂起，字字铿锵直抵人心："敌人只能砍下我们的头颅，决不能动摇我们的信仰。"那是写下家书字字泣血的赵一曼："未惜头颅新故国，甘将热血沃中华。"那是"为了新中国，前进"而甘愿托起炸药包与敌人的碉堡同归于尽的董存瑞，那是将自己有限的生命无私奉献并"投入到无限的为人民服务之中去"的雷锋，那是不顾病痛折磨扎根兰考的党的好干部焦裕禄……

当改革开放的号角吹响时，"中国号"巨轮前行的步伐越来越快，一批批新时期的宣誓者为践行誓言终生奋斗：那是坚守开山岛，坚守自己信仰，"一辈子只做一件事，就是把这个岛守好"的王继才；那是冲上试验平台，真正做到了誓言中"为党和人民牺牲一切"的黄群；那是深藏功名的战斗英雄张富清，让鲜红的党旗在土地上飘扬……

不忘初心，方得始终。共产党员的初心与使命就是党旗下庄严许诺的铮铮誓言，是融入血脉全心全意为人民服务的不懈宗旨。

"我志愿加入中国共产党，拥护党的纲领，遵守党的章程……"新时代的号角吹响，划破晨光熹微天际，红日冉冉升起，一句句入党誓词中年轻的面孔上精神焕发。此刻，"复兴号"高铁正飞驰在祖国广沃的领土上；"北斗""墨子"升空，代代航天人接力书写新的华章；"奋斗者"号隐入深蓝，探索海底世界新的奇迹；"嫦娥"奔月，千年的梦想在传承中终得实现。

"我宣誓！"仍是朝气蓬勃的声音，穿过百年时光再次出现，鲜红的党旗高高飘扬，金黄色的镰刀、锤子的图案在暖阳下映出一片细碎光芒。"不忘初心、牢记使命""我将无我，不负人民"——这是宣誓者铿锵的誓言，也是代代共产党员接续传承的使命。

使命不改，蓝天依然
——观《9000万人的使命》有感

（学生 刘璇）

100多年前，细雨蒙蒙的浙江嘉兴南湖上，中国共产党诞生。谁也没有想到，在那个云雾弥漫的日子，一轮红日正从东方缓缓升起，打破长期笼罩的阴霾，送来了闪耀千古、纵横时代的光辉。当时的中国共产党仅有58个人，在那个军阀统治黑暗、民族危机严重、人民生活苦不堪言的时代，他们的使命是给这个处于黑暗的民族带来光明和希望。

从1921年到2021年，从58人到9000万人，时代在变，他们的使命永远不变，他们用自己的身躯顶起中国的蓝天。

蓝天是梦想起飞的地方，也是英勇的飞行员奋勇杀敌的战场。遥想这片蓝天，那是抗美援朝志愿军战士们曾经翱翔的地方。平均年龄仅有20来岁，飞行时间仅有20小时，年轻无畏的他们凭着一腔热血以及保家卫国的使命踏上了抗击美帝国主义侵略者的路。他们击落敌机数千架，为抗美援朝战争的伟大胜利作出贡献。不同的年代，相同的信仰，同一片蓝天，2016年也有一位年仅20几岁的飞行员永远离开了人间。在一次降落练习中，战机突然失控，此刻摆在飞行员张超面前的有两个选择：是抓住跳伞时机，保全自己的性命，还是保留战机，用于研究排查问题，让中国的强军之路更进一步，保全更多人的生命？仅4.4秒，这位年轻的飞行员就做出了极不平凡的选择。他选择了保留战机，让自己永远留在了那片蓝天，那是他的心之所向，也是他的最后故乡。在生命与使命的生死抉择前，他选择了坚守自己的使命，坚守一名共产党员的使命。

正如"今人不见古时月，今月曾经照古人"，蓝天依然蔚蓝深邃，有振翅飞翔的和平鸽，有淡雅悠然的云朵，但在那云层之巅有多少古今英烈坚守使命的身影，在那蔚蓝深处是多少英雄儿女追逐理想、保家卫国的鲜血浸染出的深沉。曾经的抗美援朝志愿军，他们的使命是保家卫国，守好神州的土地，捍卫华夏的天空；如今的张超，他的使命是无私奉献，坚守自己的职责，让这片天更蓝。

古往今来，风云变幻，当今社会有着太多太多的张超，如疫情期间无惧危难的医务工作者，任劳任怨、默默付出的基层干部，一丝不苟、精益求精的大国工匠，努力钻研、一生只做一件事的科研人员……他们都有一个共同的名字——中国共产党党员。

截至2018年底，中国共产党党员突破9000万，他们牢记自己的使命，用奋斗为我们撑起一片天。我们脚踏同一方土，头顶同一片天，我们每个人都应该用自己的努力让中国的明天更加绚烂，作为新时代好少年的我们更是任重道远。无论是疫情肆虐，还是国际形势变幻莫测，都需要我们共同面对。用平凡铸就伟大，用汗水书写辉煌，让我们从认真做好每一件小事做起，珍惜青春，只争朝夕，不负韶华，因为我们现在的模样就是中国未来的模样。让我们以加入中国共产党为光荣，时刻谨记自己肩头的使命，时刻朝着自己的目标迈进，争做新时代的接班人！

第三节　崇英雄，报家国

只有奋斗的人生才称得上幸福的人生

（学生张潍涵）

一位被总书记让座的老者刷爆了朋友圈，他就是享有"中国核潜艇之父"美誉的中国第一代核潜艇总设计师、中国工程院院士以及"共和国勋章"获得者——黄旭华。"对国家的忠，就是对父母最大的孝。"一句朴实简短的致辞深深地震撼了我们。黄院士为了海防强国，毅然放弃学医转而选择了国家的海防事业，一干就是30年。为了保守国家秘密，他不得不背负着家人的不解与质疑，隐姓埋名，默默地奋斗在祖国核潜艇事业的第一线。30年后黄院士回到家乡时，父亲已去世，母亲也已两鬓全白。家人们含泪与他团聚，才得知黄院士这30年究竟去了何处，干了何等伟大的事业。他用自己的一生践行着新时代奋斗精神，正如习近平总书记在讲话中指出的，奋斗本身就是一种幸福，只有奋斗的人生才称得上幸福的人生。

"核潜艇，一万年也要搞出来！"毛主席的核潜艇誓言坚定了黄旭华一辈子的人生走向。从研究潜艇模型开始到我国自主研发的核潜艇成功下水，身为中国核潜艇工程总设计师的黄旭华始终身先士卒战斗在最前线。为了研制出中国人自己的核潜艇，他带领团队夜以继日不惧烦琐地翻阅了数以千计的资料；为了保证核潜艇的安全系数和数据精准度，他反反复复对核潜艇输进、运出材料，严格把关。同事都对黄旭华有着高度赞扬，称他做事"斤斤计较"。正是这种坚持到底、"斤斤计较"的敬业精神，才使得核潜艇的研制如此严密。

黄旭华小时候的生活艰难使他有着坚毅惊人的意志力，也使他从小便有"勤学报国"的远大志向。潜艇下探极限深度的过程中，黄旭华团队听到了让人胆战心惊的"嘎吱嘎吱"声。"核潜艇艇体强度、密封性如果稍微有一点问题,外部水压造成的进水速度、强度就会像子弹一样具备强大的杀伤力。"在如此危险的环境中,黄旭华带领团队冷静面对,将生死置之度外,舍生忘死、攻坚克难、默默耕耘,这便是黄旭华的爱国主义和英雄精神的体现。

学为家国,行有天下;家是最小的国,国是最大的家。黄旭华用这种"舍弃小我铸造大我"的牺牲精神奠定了自己有价值、有意义、澎湃着热血的一生。"身为中华儿女,此生属于祖国,此生属于事业,此生属于核潜艇,此生无怨无悔……"黄旭华耐人寻味的言语响彻耳畔。身为祖国母亲的儿女们,我们的肩上担负着"为民族之复兴而勤学"的大任,"心有榜样,就是要学习英雄人物、先进人物、美好事物"——这是习近平总书记给予我们的殷切寄语。

在没见过、没听过核潜艇的情况下,靠奋斗的双手研制出属于中国人自己的核潜艇,我们又有什么不为报国志向奋斗的理由呢?

时代到处是惊涛骇浪,您埋下头,甘心做沉默的砥柱;一穷二白的年代,你挺起胸,成为国家最大的财富。您的人生,正如深海中的潜艇,无声,但有无穷的力量!

我们仰慕您,我们追随您,终有一天我们要成为您!

记我国女药学家屠呦呦

(学生赵子宁)

习近平总书记说,崇尚英雄才会产生英雄,争做英雄才能英雄辈出。同学们,何为英雄?英雄是社会的杰出人物,具有坚定的信念、健全的思想、崇高的品德、过人的胆识、坚强的意志和不畏艰难、勇于牺牲的精神。

下面,我要为大家介绍一位时代英雄,她是首位获得诺贝尔生理学或医学奖的中国科学家,也是"共和国勋章"获得者,她就是女药学家屠呦呦。众所周知,寄生虫病千百年来始终困扰着人类,并一直是全球重大医学健康问题之一,对世界贫困人口的影响尤其严重。屠呦呦及其团队展开大量的实验,成功终于出现在历经了190次失败后——他们从传统中草药青蒿中提取了有效物质,并命名为青蒿素。青蒿素能在疟原虫生长初期迅速将其杀死,在疟疾防治领域作用不可限量。疟疾感染每年接近两亿人,青蒿素被用于所有疟疾肆虐的地区,仅在非洲,就意味着每年有十万人被救。世界为之震惊!青蒿素是传统中医药送给全世界人民的礼物。这,就是我们的科学追梦人的追求——大爱在左,奉献在右!

又有谁知道,屠呦呦在取得今天成就的背后付出了多少艰辛!"呦呦鹿鸣,食野之蒿",寄托了屠呦呦父母对她的美好期待。自1955年进入中医研究院,数十年如一日,从最初的发现、提取到后来的跟进研究,对于青蒿素事业,屠呦呦的关注始终一如既往,研究一如既往。多少年来,她始终扎根一个领域,下数年苦功,这种坚忍不拔的品质,贯穿于她的工作始终。正如马克思所说,在科学上没有平坦的大道,只有不畏劳苦沿着陡峭山路攀登的人,才有希望到达光辉的顶点。

伟大出自平凡,平凡造就伟大。只要有坚定的理想信念、不懈的奋斗精神,脚踏实地地把每件平凡的事做好,一切平凡的人都可以获得不平凡的人生,一切平凡的工作都可以创造不平凡的成就!

作为一名中学生,我不禁想到,齐家、治国、平天下这样的大事我们还力所不能及,但是我们当下可以做的是努力读书、静以修身。我们以榜样为榜样,怎能空谈爱国、空谈理想?知始于行,行成于知!今天,我站在这里,怀揣着一颗敬畏英雄的心、报效祖国的心,庄严承诺:"我将尽我所学所知,使国家富强不受外侮,昂首立于地球之上!"

聆听来自海天之间的祖国"心跳"和强军"脉动"

(学生赵晨皓)

国家荣誉称号是国家的最高荣誉,授予在社会、经济、国防、外交、科技等各领域做出重大贡献、享有崇高荣誉的杰出人士。

网上流传的一段视频让人泪目:看到女儿开心地戴着一枚奖章,妈妈问"漂亮吗,开心吗",女儿高兴地说:"漂亮,开心!"妈妈说:"这是爸爸的荣誉。"这枚奖章正是"人民英雄"国家荣誉称号获得者张超的奖章。女儿此时可能还不知道,她的爸爸永远也不会回来了,留给她的只有爸爸获得的那些沉甸甸的荣誉:"人民英雄""全国优秀共产党员""追逐海天的强军先锋"。

1986年出生的张超是一名优秀的三代机飞行员，也是全团"尖刀"队员中最年轻的一员，曾数十次带弹紧急起飞驱离外军飞机。2016年4月27日中午，张超驾驶歼-15战斗机准备执行模拟着舰训练，仪器显示，这次着陆十分完美。事故来得没有一点预兆，12时59分12秒，飞机瞬间出现了电传故障，接下来发生的这一幕，让所有人猝不及防：机头急速上仰，飞机瞬间离开地面冲了出去。"跳伞！跳伞！跳伞！"12时59分17秒，塔台指挥员连发三声命令，但由于弹射高度太低、角度不好，主伞无法打开，座椅也没有分离，张超从空中重重落下，掉在了跑道边的草地上。短短4.4秒，生死一瞬，张超首先选择了"推杆"，拼尽全力挽救飞机。正是这个选择，让他错过了跳伞自救的最佳时机。

　　一个有希望的民族不能没有英雄，一个有前途的国家不能没有英雄，一支能打胜仗的军队不能没有英雄。生死之界，一念之间——国为重，己为轻。

　　"两弹一星功勋奖章"获得者程开甲说："我这辈子最大的幸福，就是自己所做的一切，都和祖国紧紧地联系在一起。"程开甲从1963年第一次踏进罗布泊到1985年，一直生活在核试验基地，为开创中国核武器研究和核试验事业倾注了全部心血和才智。奉献大漠20多年，苦干惊天动地事，甘做隐姓埋名人。他的一片赤诚、一生奉献都和祖国紧紧相连。正所谓：黄沙百战穿金甲，甲光向日金鳞开！

　　英雄壮志，永照海天。今天，我们分享这两位英雄的故事，实则是在聆听来自海天之间的祖国"心跳"和强军"脉动"。

　　在庆祝中华人民共和国成立70周年大会上，习近平总书记掷地有声地说："今天，社会主义中国巍然屹立在世界东方，没有任何力量能够撼动我们伟大祖国的地位，没有任何力量能够阻挡中国人民和中华民族的前进步伐。"这种自信，源于祖国英雄的付出，源于民族脊梁的担当。

　　天下兴亡，匹夫有责。同学们，让我们以英雄为榜样，向祖国庄严地宣誓："从现在起，我们遵守纪律、端正品行、全面发展，全身心地投入到学习中去，为中华民族伟大复兴而读书！"

第四节　进行红色教育

勿忘耻辱，铭记国难
—— 南京大屠杀死难者国家公祭日纪念活动

同学们：

大家上午好，今天我们在此隆重集会，目的只有一个，那就是勿忘耻辱、铭记国难。

2014年，第十二届全国人大常委会第七次会议表决通过12月13日为南京大屠杀死难者国家公祭日。设立公祭日旨在悼念南京大屠杀死难者和所有在日本帝国主义侵华战争期间惨遭日本侵略者杀戮的死难同胞，揭露日本侵略者的战争罪行，牢记日本法西斯的侵略战争给中国人民和世界人民造成的深重灾难，表明中国人民反对侵略战争、捍卫人类尊严、维护世界和平的坚定立场。

今天是2019年12月13日，是我国设立国家公祭日的第五个年头，是南京大屠杀82周年纪念日。

现在进行纪念活动第一项：默写国歌，高唱国歌。

请同学们拿出发放的默写国歌的纸，工工整整地将国歌默写在纸上。

（默写完毕音乐起，全场高唱国歌）

同学们，国歌是在那个兵荒马乱的时代谱写的，体现了中华民族对自由、美好的渴望，流露出中国人民忘我的牺牲精神，表达了华夏儿女不屈向前的伟大决心。希望我们时时哼唱《义勇军进行曲》，处处温习先驱先烈流血牺牲的历史，铭记共产党人的初心，担当人民军队的使命，为安定和平、富裕强大的国家而拼搏，为幸福美满、自由民主的国度而追寻。

接下来进行纪念活动第二项：肃立默哀，追思亡魂。

同学们，对于死者，默哀是祭奠死去的亡灵，是对他们的一种尊重；对于自己，默哀是让自身在为死去的同胞感痛的同时，更加珍惜生命的可贵；对于社会，默哀代表我们能万众一心、众志成城，捍卫我们的共同家园。

请全体起立，打开你手中的电子烛火（礼堂灯关闭），所有人肃立、低头，默哀两分钟。

默哀毕。

接下来进行纪念活动第三项：回望过往，铭记国难。

同学们，1937年12月13日，日军攻占南京城，在华中方面军司令官松井石根和16师团长谷寿夫等法西斯分子的指挥下，对中国手无寸铁的军民进行了长达6周惨绝人寰的大规模屠杀。据1946年2月中国南京军事法庭查证：日军集体大屠杀28案，19万人罹难；零散屠杀858案，15万人罹难。日军在南京进行了长达6个星期有组织、有计划、有预谋的大屠杀和奸淫、放火、抢劫等血腥暴行。在南京大屠杀中，大量平民及战俘被日军枪杀和活埋，无数家庭支离破碎，遇难人数超过30万人。

最令人发指的是，日军竟然以杀人为乐，丧心病狂到了极点。

1937年12月13日，《东京日日新闻》（现在的《每日新闻》）曾报道两名日本军官的"杀人竞赛"。日军第16师团中岛部队两个少尉军官向井敏明和野田毅在其长官的鼓动下，彼此相约杀人竞赛，商定在占领南京时，谁先杀满100人为胜。他们从句容杀到汤山，向井敏明杀了89人，野田毅杀了78人，因皆未满100人，"竞赛"继续进行。12月10日中午，两人在紫金山下相遇，军刀已砍缺了口。野田毅杀了105人，向井敏明杀了106人。又因确定不了是谁先达到100人之数，决定这次比赛不分胜负，重新开始，谁先杀满150名中国人为胜。这些暴行一直在报纸上图文并茂连载，施暴者被称为"皇军的英雄"。日本投降后，这两个战犯以在作战期间共同、连续屠杀俘虏及非战中人员"实为人类蟊贼，文明公敌"的罪名在南京被执行枪决。此外，部分受害者回忆如下。

夏淑琴全家9口被杀7口，她被刺伤后从死人堆里爬出。

姜根福的弟弟被日本兵摔死，父亲被抓走，因为反抗强奸母亲被开枪打死、二姐被刀劈死。

尚德义于1937年12月6日上午11时被日军抓获，与1000名以上的中国男子一起被机枪扫射，绝大多数人当场死亡，他由于被尸体压住晕倒而幸免于难。

伍正禧在南京新华巷62号避难时，二哥、大表哥、三表哥、表叔被抓走并枪杀，祖父被刀捅死，30岁的表婶被强奸。

邵翰珍的父亲、祖父和舅舅被日军枪杀。

保卫南京的士兵皇甫泽生被日军俘获后，与几百人一起在板桥镇一个山沟里集体被日军用机枪射杀，幸存者被刺刀捅死。他和另一个重伤难友为仅存者。

孟宪梅在水沟取水时，亲眼看到日军用多辆卡车把老百姓押到汉中门新桥桥口下面用机枪射死。

南京汤山镇许巷村的陈光秀的父亲被枪杀，包括其弟弟在内的村里100多个年轻人被刺刀刺死，艾家四兄弟被扔到天空摔死，多名女性被强奸。陈母因为丈夫和儿子被杀导致忧郁而死。

同学们，由一点而观全面，日军的残忍非人所能想象，请大家务必牢记。

接下来进行纪念活动第四项：学习领袖，报效国家。

同学们，现在由学生会给大家下发《习近平总书记在南京大屠杀死难者国家公祭仪式上的讲话》，请大家认真聆听领袖教诲，学习领袖重要讲话精神，为了中华民族不再遭遇这样的苦难，为了华夏儿女能够长久幸福地生活。（播放讲话视频）

略。

接下来进行纪念活动第五项：齐诵铭文，共唱和平。

南京大屠杀死难者国家公祭鼎铭文

泱泱华夏，赫赫文明。仁风远播，大化周行。
泊及近代，积弱积贫。九原板荡，百载陆沉。
侵华日寇，毁吾南京。劫掠黎庶，屠戮苍生。
卅万亡灵，饮恨江城。日月惨淡，寰宇震惊。
兽行暴虐，旷世未闻。同胞何辜，国难正殷。
哀兵奋起，金戈鼍鼓。兄弟同心，共御外侮。

捐躯洒血，浩气干云。尽扫狼烟，重振乾坤。
乙酉既捷，家国维新。昭昭前事，惕惕后人。
国行公祭，法立典章。铸兹宝鼎，祀我国殇。
永矢弗谖，祈愿和平。中华圆梦，民族复兴。

接下来进行纪念活动第六项：静默离场，签字留念。

请同学们按照事先通知，从各个疏散口安静撤离，并在门口的国家公祭日大展牌前写下感受并签名。

同学们，虽然我们生在和平年代，但是不应忘却历史，因为忘却就意味着背叛，忘却就意味着灾难。现阶段，努力学习就是报国，勇攀高峰就是保家。怀揣对逝去同胞的缅怀，铭记日军的残暴兽行，让我们携手同心、傲然前行、奉献时代、致力复兴。

致敬伟大领袖少时立天下伟志，学习国之俊才弱冠有人民情怀
——伟大领袖毛泽东诞辰日系列活动

毛泽东，中国人民的领袖，马克思主义者，伟大的无产阶级革命家、战略家和理论家，中国共产党、中国人民解放军和中华人民共和国的主要缔造者和领导人，诗人，书法家。为了让当代的青年学子永远铭记伟大领袖毛泽东彪炳史册的光辉功绩，不断坚定伟大领袖所开创的中国社会主义道路方向，努力学习伟大领袖为国为民为天下的济世情怀；为了让学生在学习伟大领袖的过程中高远自己的人生目标，塑造自己的健全人格，顽强自己的奋斗精神，坚定自己的学习信念，浓厚自己的人民情怀；为了传承好红色基因，厚植好家国情怀，培养好时代新人，年级部特开展伟大领袖毛泽东诞辰日系列活动，具体如下：

一、活动时间

12月26日。

二、活动地点

教学楼前弟子规附近。

三、活动对象

全体学生。

四、活动主题

"致敬伟大领袖少时立天下伟志，学习国之俊才弱冠有人民情怀"。

五、具体流程

上半段：11点10分至12点30分。诞辰纪念日条幅签字，内容为"致敬伟大领袖少时立天下伟志，学习国之俊才弱冠有人民情怀""铭记主席其身为民建伟业，不忘领袖一生忧国著思想"。

1.发放领袖照片/徽章并登记领取名单（每人限领一种，且只能领取一个）。领取照片的同学需用便利贴写一句或者一段致敬毛主席的话（也可以提前下发领袖照片/徽章领取券，领取券包括班级、姓名、志向、致敬毛主席的话等内容；凭券领取，每人限领一种，且只能领取一个），由学生会整理后在展窗展出。

2.进行"胸中有天地，笔锋绘乾坤"毛泽东诗词书法及毛泽东时代的物件展示（提前征集）。学生会引导观看并负责讲解。

3.毛泽东诗词、常识背诵。诗词40首，常识60个，任意组合成10组，以便于抽签使用。每班派出两名代表参与，两人可互相提醒。全部背诵或答对赠送5张毛主席照片，其他情况不赠送。限时3分钟，超时算答错。

4.现场书法绘画表演（提前确定好人员和内容）。

5.展示赞美毛泽东的书法、绘画、剪纸、诗词文赋、手抄报（提前征集）。书法作品可以是宣纸写好的也可以是裱好的卷轴，书法、绘画、剪纸、诗词文赋可以是自己写的也可以是家长写的。其中，手抄报可以绘制党旗、国旗、党徽、国徽、团徽等。

6.歌颂毛泽东的歌曲合唱。露天展示，需统一着红军服装（学校合唱队提前排练）。

7.优秀征文《我心中的毛主席》展示（事前每班上交10篇，务必原创）。

8.毛泽东少年逸事展示。立志文明方面的，鼓励从网上查看。

9.教学楼文化更新为领袖的风采照、典型历史事件的油画，辅之以毛主席的十大特质。

下半段：4点35分至6点05分。在莘元馆观看电影《毛泽东去安源》。观影前共同观看一组毛泽东艰苦抗战期间的照片。

提前设计好大屏、侧屏：大屏为"致敬伟大领袖少时立天下伟志，学习国之俊才弱冠有人民情怀"，左侧屏为"领袖万岁，人民万岁，祖国万岁"，右侧屏为"身无分文，心许家国，志在天下"。

望同学们广泛参与、积极行动，追忆领袖、坚定信仰。

未尽事宜，另行通知。

衡水中学年级部
×年×月×日

附：观影后教师总结

这部电影艺术地再现了中国共产党早期工人运动史上的重大历史事件，浓墨重彩地展现了青年毛泽东的意气风发与青春激情，用细腻的手法表现了伟人在生活中的平凡与浪漫情怀，开阔了大家的视野。

同学们，新中国经历了黎明前的阵痛，改变了"从前做牛马"的危局，书写了"今日做主人"的篇章。辉煌中国的今天，离不开以毛泽东为首的老一辈无产阶级革命家的艰辛奋斗，离不开革命先烈为建立新中国的流血牺牲，离不开无数"心怀家国，志存天下"青年的坚定信仰。希望全体青年同学以青年毛泽东同志为榜样，想作为、敢作为、真作为、能作为、有作为，做一个对天下、国家、人民有意义的青年人，不负党、国家和人民的培养。

纪念伟大领袖毛泽东同志诞辰日系列活动对大家的认识是一次提升，对大家的行为是一次引导，对大家的人生是一次熔炼。同时，我们也希望在培养具有"家国情怀，天下意识"的社会主义接班人的道路上付出我们全部的智慧和心血。

第五节　加强警示教育

坚决打赢反腐败斗争攻坚战持久战

（中央纪委国家监委网站侯颗）

腐败是危害党的生命力和战斗力的最大毒瘤，反腐败是最彻底的自我革命。党的十八大以来，以习近平同志为核心的党中央把全面从严治党纳入"四个全面"战略布局，开展了史无前例的反腐败斗争，不敢腐、不能腐、不想腐一体推进，"打虎""拍蝇""猎狐"多管齐下，反腐败斗争取得压倒性胜利并全面巩固，开辟了党的自我革命新境界。

党的二十大着眼新时代新征程中国共产党的使命任务，对坚定不移全面从严治党、深入开展反腐败斗争做出战略部署，强调只要存在腐败问题产生的土壤和条件，反腐败斗争就一刻不能停，必须永远吹冲锋号，深刻阐明了新时代反腐败斗争的基本原则、方针方略、关键领域、重点任务，为全面打赢反腐败斗争攻坚战持久战、以党的自我革命引领社会革命提供了根本遵循。

纪检监察机关要坚决贯彻落实党的二十大关于全面从严治党战略部署，深刻领悟"两个确立"的决定性意义，增强"四个意识"、坚定"四个自信"、做到"两个维护"，深刻把握坚决打赢反腐败斗争攻坚战持久战的使命责任，保持反对和惩治腐败的强大力量常在。

反腐败斗争是新时代进行的伟大斗争中的关键一役，党中央以"恶竹应须斩万竿"的坚定意志，书写了反腐败斗争的历史新篇章。

人民群众最痛恨腐败现象，腐败是我们党面临的最大威胁。以习近平同志为核心的党中央把党风廉政建设和反腐败斗争上升到关系党和国家生死存亡的高度来认识和推进，以"得罪千百人、不负十四亿"的使命担当祛疴治乱。

党的十八大刚刚闭幕，习近平总书记就指出，人民对美好生活的向往，就是我们的奋斗目标。新形势下，我们党内存在着许多亟待解决的问题，如腐败、脱离群众、形式主义、官僚主义等问题，全党必须警醒起来，打铁还需自身硬。十年间，在每年的中央纪委全会上，在外出考察、中央政治局集体学习等多个重要场合，习近平总书记都对反腐败斗争做出重要部署。党中央十年如一日、一刻不停歇，书写了反腐败斗争的历史新篇章。

十年攥指成拳、坚决斗争——

党中央旗帜鲜明加强对反腐败工作的领导，实现反腐败领导体制重塑、战略目标重塑、组织机构重塑、工作力量重塑、责任体系重塑，构建起党全面领导的反腐败工作格局，健全了党中央集中统一领导、各级党委统筹指挥、纪委监委组织协调、职能部门高效协同、人民群众参与支持的反腐败工作体制机制，汇聚起全党全社会动手一起抓的强大合力。

十年猛药去疴、重典治乱——

坚持无禁区、全覆盖、零容忍，坚持重遏制、强高压、长震慑，坚持受贿行贿一起查，坚持有案必查、有腐必惩，坚决查处政治问题和经济问题交织的腐败案件，防止党内形成利益集团，坚决清除不收敛、不收手的腐败分子，深化金融、国企、政法、粮食购销、煤炭资源、开发区建设等重点领域反腐败工作，坚决整治群众身边腐败问题，加强反腐败国际合作，加大追逃追赃力度。

十年步步深入、标本兼治——

制定、修订一系列重要党内法规，推进反腐败国家立法，形成一整套比较完善的党内法规体系和反腐败法律体系，形成靠制度管权、管事、管人的长效机制。发挥查办案件的治本功能，发现个案背后的共性问题和深层次问题，实现查处一案、警示一片、治理一域的综合效应。用理想信念强基固本，用党的创新理论武装全党，用优秀传统文化正心明德，深入清除滋生腐败的思想病毒，引导党员干部增强拒腐防变能力。

新时代十年，反腐败斗争力度和规模之大前所未有、成效之著有目共睹。从"腐败和反腐败两军对垒，呈胶着状态"到"反腐败斗争压倒性态势正在形成"，从"压倒性态势已经形成"到"反腐败斗争取得压倒性胜利并全面巩固"，我们党在革命性锻造中浴火重生，防止了因腐败蔓延、"四风"肆虐、特权横行而变质褪色，赢得了保持同人民群众的血肉联系、人民衷心拥护的历史主动，赢得了全党高度团结统一、走在时代前列、带领人民实现中华民族伟大复兴的历史主动。

坚持不敢腐、不能腐、不想腐一体推进，成功走出一条中国特色反腐败之路。

党的二十大报告指出："坚持不敢腐、不能腐、不想腐一体推进，同时发力、同向发力、综合发力。"这是对新时代反腐败斗争成功经验的深刻总结，是对标本兼治管党治党规律的深刻揭示，为深入推进党的自我革命、坚决打赢反腐败斗争攻坚战持久战提供了重要遵循。

党的十八大以来，习近平总书记科学判断反腐败斗争形势，深刻把握系统施治、标本兼治基本规律，把严肃惩治腐败与严密制度约束、严格教育引导紧密结合，就推进反腐败斗争提出一系列新理念、新思想、新战略，形成不敢腐、不能腐、不想腐一体推进的方针方略——

从提出"形成不敢腐的惩戒机制、不能腐的防范机制、不易腐的保障机制"到强调"不想腐、不能腐、不敢腐的有效机制"再到"着力营造不敢腐、不能腐、不想腐的政治氛围"，从提出要打通三者内在联系到构建一体推进的体制机制再到努力取得更多制度性成果和更大治理成效，从把一体推进不敢腐、不能腐、不想腐写入党章到纳入坚持和完善中国特色社会主义制度、推进国家治理体系和治理能力现代化战略部署……一系列重要论述、部署，明确了一体推进不敢腐、不能腐、不想腐的基本原则、战略重点、方法路径，贯穿着辩证唯物主义和历史唯物主义认识论、方法论，为反腐败斗争向纵深挺进指引了正确方向。

不敢腐、不能腐、不想腐是相互依存、相互促进的有机整体，"不敢"是前提，"不能"是关键，"不想"是根本，必须打通内在联系，增强总体效果。党中央把"一体推进"的理念贯穿正风、肃纪、反腐各项工作中，坚持惩治这一手始终不软不松，为不能、不想提供后盾；通过改革和制度创新堵塞漏洞，规范权力运行，巩固不敢、不想的成果；深化党性党风党纪教育，加强新时代廉洁文化建设，加固不敢、不能的思想防线，不断提高治理腐败的成效。

反腐败斗争极其复杂、极其艰难。在一体推进"三不腐"的过程中，我们党牢牢把握政治主动，坚持党中央对反腐败工作的集中统一领导；始终保持战略定力，永远吹响正风反腐冲锋号；持续释放综合效能，惩治震慑、制度约束、提高觉悟同向发力；有效运用政策策略，做到坚定稳妥、精准惩治；不断拓展方法路径，深化理念创新实践创制；确保依规依纪依法，贯穿法治思维和法治方式。

十年来，在党中央集中统一领导下，全面从严治党政治责任不断压实，推动不敢腐、不能腐、不想腐同时发力、同向发力、综合发力，取得了显著成效、积累了重要经验，成功走出一条依靠制度优势、法治优势反腐败之路。

反腐败斗争形势依然严峻复杂，党面临的消极腐败危险将长期存在，必须永远吹响冲锋号，坚决打赢反腐败斗争攻坚战持久战。

十年反腐波澜壮阔，成就举世瞩目，但对腐败的顽固性和危害性绝不能低估，反腐败斗争形势依然严峻复杂。党的二十大报告深刻分析腐败滋生的原因，阐明我们党与腐败水火不容的鲜明立场，强调党面临的消极腐败危险将长期存在，告诫全党"决不能有松劲歇脚、疲劳厌战的情绪"。要时刻保持反腐败政治定力，坚持严的基调不动摇，以彻底自我革命精神把反腐败斗争进行到底。

——健全党领导反腐败斗争的责任体系。始终把党的领导贯穿一体推进不敢腐、不能腐、不想腐全链条，压实全面从严治党主体责任，发挥政治监督、思想教育、组织管理、作风整治、纪律执行、制度完善在防治腐败中的重要作用，打好总体战。

——以零容忍态度反腐惩恶不动摇。牢牢把握反腐败斗争的重点和方向，坚决查处政治问题和经济问题交织的腐败，坚决防止领导干部成为利益集团和权势团体的代言人、代理人，坚决治理政商勾连破坏政治生态和经济发展环境问题，坚决惩治群众身边的"蝇贪"，深化整治权力集中、资金密集、资源富集领域的腐败，严肃查处领导干部配偶、子女及其配偶等亲属和身边工作人员利用影响力谋私贪腐问题。坚持受贿行贿一起查，惩治新型腐败和隐性腐败，深化反腐败国际合作，一体构建追逃防逃追赃机制，决不让党和人民赋予的权力变成少数人牟利的工具。

——完善防止腐败滋生蔓延的体制机制。深化标本兼治，完善管权治吏体制机制，完善干部考核评价体系。抓住政策制定、决策程序、审批监管、执法司法等关键权力，严格职责权限，强化权力制约。持续深化党和国家监督体制改革，以党内监督为主导，促进各类监督力量整合、工作融合，打通各类监督贯通协调的堵点，强化对权力监督的全覆盖和有效性。

——完善"一体推进"的有效载体和实践途径。打通"三不腐"内在联系，探索三者贯通融合的有效载体，在惩治这一手始终不松不软的同时，完善防治腐败滋生蔓延的体制机制，加强新时代廉洁文化建设，使严厉惩治、规范权力、教育引导紧密结合、协调联动，不断取得更多制度性成果和更大治理效能。

反腐败斗争永远在路上。纪检监察机关是反腐败专门力量，在与腐败做斗争上只能进、决不能退，面对新征程上的新挑战、新考验，必须始终保持正视问题的勇气和刀刃向内的坚定，加深对新形势下党风廉政建设和反腐败斗争的认识，在党中央集中统一领导下，不断提高一体推进不敢腐、不能腐、不想腐能力和水平，全面打赢反腐败斗争攻坚战、持久战。

2022年12月21日

第二章
精神铸魂

习近平总书记强调:"一个国家、一个民族不能没有灵魂。"[1]这灵魂的所在就是国家民族的精神。国家民族的精神是国家的根基、民族的命门,不能出现任何问题。中华民族几千年来积淀的精神很多,尤其是近代以来,以中国共产党为代表的红色精神是中国由贫穷落后、被动挨打发展到现在的富有领先、引航世界的强劲动力,需要所有中国人继承光大。

学校教育是红色精神传承的关键场所,是补足民族精神之钙的重要基地,教育工作者必须牢牢占据这一阵地,巩固现有成果,不断扩大战果。衡水中学始终铭记习近平总书记指出的"共和国是红色的,不能淡化这个颜色"[2],不断自我革命、纯净队伍思想,在建设一支忠诚于党、忠诚于国家、忠诚于民族的人民教师队伍的同时,努力将党的精神传输给学生,用党的红色精神铸就青少年人生的魂灵,用党的红色基因为青少年补钙壮骨,让他们始终如一地爱着党、慎终如始地跟着党、奉献一切为了党,为"两个一百年""伟大复兴的中国梦""天下大同"奋斗终生,持续推进中国特色社会主义现代化事业不断向前。

为此,衡水中学在红色精神传承、家国天下凝神、领导讲话修心、学生成长心得等方面做足功夫,在讲、听、看、说、行、思、悟上出真招数,努力将学生打造成红色基因传承人、马克思主义继承人、爱党爱国的时代新人。

---

1 2019年3月4日,习近平总书记在参加全国政协十三届二次会议文化艺术界、社会科学界委员联组会时的讲话。
2 2019年3月4日,习近平总书记看望参加全国政协十三届二次会议的文化艺术界、社会科学界委员时表示。

第一节 红色精神传承

"传承五四精神，践行青春使命"主题研学活动方案

依据2014年3月4日教育部《关于进一步做好中小学生研学旅行试点工作的通知》、2016年11月30日教育部等11部门《关于推进中小学生研学旅行的意见》，结合我校实际，经学校研究决定，5月13、14日两天，组织我校学生到保定白洋淀雁翎队纪念馆、狼牙山、城南庄晋察冀军区司令部旧址、冉庄地道战遗址进行"传承五四精神，践行青春使命"主题研学活动。

一、活动目的
通过集体研学的方式，让学生走出校园去认知社会，体验红色文化，积极传承红色精神，倍加珍惜今天来之不易的幸福生活；培养实践能力，培养爱国主义情怀；同时感受雄安新区的变化与魅力，从而激发爱党、爱国、爱人民的热情。

二、活动主题
"传承五四精神，践行青春使命"。

三、活动领导小组
组长、副组长、组员名单略。

四、参加人员
1.十大学星、十大文明道德模范、十佳班长、年度人物、校学生会干部、共同行动学生代表34人。
2.青年教师希望之星、优秀青年党员代表18人。
3.带队领导为分管校长。

五、活动准备工作分工安排
（一）办公室（党办室）

1.选定并通知参加活动的教师做好培训要求。

2.确定并提前通知两名采访对象每人写500字左右的感悟上交党办室。

3.制作教师及工作人员通信录。

4.准备好党旗和入党誓词,安排好党员重温入党誓词。

（二）教育处、团委、年级部

1.确定参加研学学生名单。

2.准备校旗、团旗、志愿者旗、共同行动旗并安排具体打旗人员。

3.组织学生重温入团誓词、采访环节。

4.落实时间、纪律、校服、稿件质量。

5.和办公室联合确定行程、组织学生培训。

6.组织学生返程后写出感受并给网站供稿。

7.制作6米长的活动条幅。

8.做好学生、教师分组。

9.制定活动应急预案。

10.安排好学生重温入团誓词。

（三）现代技术教育处

1.负责活动的摄影、摄像。

2.负责师生的采访、视频的制作并注意设计采访的形式。

六、注意事项

1.一切行动听从指挥安排,不允许单独行动,要特别注意安全。

2.注意时间,不得迟到影响团队行程。

3.人员必须带好身份证、手机。

4.学生着干净校服,青年教师着工装。

5.所有级部和同学完成研学安排的个人和小组任务并加入衡中研学活动QQ群,以便提交资料（照片提交到相应级部相册中）。

七、研学任务及要求

1.看红色电影《小兵张嘎》《地道战》《狼牙山五壮士》《太行山上》。负责人为××、导游,负责按时播放、维持秩序。

2.在五勇士广场重温入党入团誓词。负责人为××,负责组织队形。领誓人××领入党誓词、××领入团誓词。

3.与国旗、党旗、团旗合影。负责人为××，负责督促提醒提交照片并评价各小组。

4.个人摄影比赛。负责人为××，负责督促提醒提交两张照片并评价各小组表现。

5.重走五壮士抗敌路。负责人为××、各级部老师，负责注意安全。

6.学唱红歌《地道战》。负责人为××，负责引领学唱歌曲并评价各小组表现。

7.红歌拉歌比赛。负责人为××，负责引领拉歌（也可安排学生组织）并评价各小组表现。

8.熟记抗战人物与故事。负责人为××、各级部老师，负责指导收集抗战人物故事。

9.原创诗词评选活动。负责人为××，负责指导收集原创诗词并评价。

10.朗读孙犁代表作《荷花淀》。负责人为××，负责讲解相关知识、组织朗读。

11.分享抗战故事。负责人为××，负责组织学生分享自己知道的抗战故事并评价学生表现。

12.小组合影。负责人为××，负责督促提交照片并评价各小组表现。

13.分享研学感受。负责人为××，负责组织分享研学感受并评价学生表现。

14.撰写研学感悟。负责人为××，负责指导收集800字左右感悟并评价学生表现。

15.手绘研学路线图。负责人为××，负责指导收集各小组绘制路线图、讲解一些旅游规划方面的知识并评价各小组表现。

16.认识沿途植物或岩石。负责人为××，负责指导收集各小组绘制路线图并评价学生表现。

17.学习旅游英语用语。负责人为××，负责讲解一些旅游英语单词、旅游用语。

特别提醒：××负责上车、吃饭以及集合时清点高一、高二人数，汇报给副校长，并协助组织其他活动；各负责老师做好所安排工作，特别是收集资料，收集完成后通知团委。

衡水中学教育处、办公室、团委
×年×月×日

附一：爱国主义教育歌曲

我们是新时代的青年

作词：杨新城
作曲：周志勇

$1=D \frac{4}{4}$

火红的青春　燃烧的火焰　激情满怀奋力登攀
时代的召唤　牢记在心间　胸怀理想志存高远

超凡的梦想从学习开始　辉煌的事业靠本领积淀
领袖的教导是金玉良言　时刻都回响在我们耳边

我们是衡中的学子　我们是新时代的青年
我们是衡中的学子　好好地学习奋勇向前

肩负着祖国的明天　伟大的中国梦一定会实现
永站在知识的峰巅　伟大的中国梦一定会实现

附二：爱国主义教育研学感受

传承五四精神，践行青春使命

（学生刘晓芙）

迎着5点的朝阳，我们在路上，忽然想起一句话："永远年轻，永远热泪盈眶，永远在路上。"

永远年轻。

乘着5月的风，伴着五四的火种，我们踏上研学的征程。在白洋淀，数千年的历史在眼前铺展开来，淀水带着黄河的系脉略显浑浊。殊不知，这片被称为"华北明珠"的水畔，曾经是几代红军的青春。曾经日军的"三光"政策，让无数庄园一片狼藉、5000余座房屋化为灰烬，端村惨案成为一代人心中的痛。于是，雁翎队来了。以孙革老先生为队长的一支革命队伍迅速壮大，以智胜敌，以勇制敌，以小我拯救万民于水深火热之中。军民一心，强敌的汽轮敌不过简朴的木船，坚固的碉堡敌不过土枪土炮的攻势，车马重器敌不过土坦克。在晋察冀边区革命纪念馆，我们看到了刘耀梅、张立等一代女青年志士的英勇与无畏，知晓了年轻的喇嘛参军卫国喊出"我们虽然出家，但未出国"的感人心声，看到以邓拓先生为代表的一代文艺工作者将青春献于祖国的印证。

见证了前辈们的青春火焰，我们更加懂得美好生活的来之不易，更加珍惜青春韶华。

永远热泪盈眶。

狼牙山上矗立的塔是五勇士壮举的见证，也标志着我们的成长。犹记行到半山腰时，心中想要放弃的闪念；犹感在陡峭石阶上，沉重的步伐和酸痛的腿脚；犹念在五勇士塑像前重温入团誓词时，眼里泛起的莹光。身体力行地体验英雄的行迹，是一次难得的经历；懂得"永不放弃，初心不改地努力"，是这一场山行的馈赠。宣誓时认真的面庞神圣而美好，"我志愿加入中国共产主义青年团"是这个世界上最赤诚的诺言。

为了登顶的无上荣光，为了致敬革命先烈，我们热泪盈眶、热血满腔。

永远在路上。

踏入雄安新区市民服务中心，我们似乎进入了一座理想中的城：对于企业创业咨询服务，提供免费的智能远程操控；先植树后建城，绿化面积达到总面积75%的规划……一系列高智能化的生活景象，让人看到了未来的智慧雄安与灵动中国。习近平总书记教导我们"功成不必在我，功成必定有我"，我们也深知：我们站立的地方，就是中国；我们怎样，未来的中国就怎样。只有我们如同冯骥才先生所言，"不断努力地把句号变为逗号"，雄安新区的建设才可以拥有一份中国加速度，中华民族的伟大崛起才多一份底气。

我们都是追梦人。在中国梦的伟大实践道路上，我们追随着先辈的步伐，暗下决心，在学成之时，心怀祖国远方，扬动起一抹亮丽的中国红。

第二节　家国天下凝神

"心怀家国，志存天下"演讲大赛活动方案

为了助力"两个一百年"宏伟目标的实现，实现中华民族的伟大复兴；为了进一步内化"十九大"报告精神，响应习近平总书记向青年们发出的时代号召；为了进一步落实学校"立德树人"的根本任务，促进学生的终身发展，将学生培养成"负责任"的学生和"志存高远、脚踏实地"的时代英才；为了激发广大青年学生爱家爱国爱天下的热情，坚定"俯下身子为人民"的意识，培养"家国天下"的高远情怀，特开展此次演讲活动。

现将有关事项通知如下。

一、活动时间

11月10—30日。

二、活动地点

莘元馆。

三、活动主题

"心怀家国，志存天下"。

四、具体要求

1.报名同学应该有强烈的家国情怀、天下意识，应该有成就一番大事业的想法和内在需求，应该有强烈的民族文化自信，应该有忠党爱国、责任担当、奋发进取等优秀品质。以上情况符合其一或想在以上方面付出努力的均可。

2.演讲稿应以青年人的"家国天下"为核心展开，结合个人体会，深度剖析自身思想，可从不同视角表现主题。力求角度新颖、主题突出、语言流畅、情节感人。

3.1000~1200字。要求制作精美的PPT，做到脱稿演讲，时长5分钟。

五、活动安排

1.报名阶段。按照要求，每个班级先在本班进行，之后选派1~2名同学参加本次演讲比赛。如果选手特别优秀，参加人数可适当放宽。报名截止到11月15日。

2.准备阶段。各参赛选手有10天准备时间，用于撰稿和排练。

3.初赛阶段。定于11月25日上午第五节课进行，届时选出前12名选手进入决赛。初赛评委为年级部德育老师。

4.决赛阶段。定于11月30日下午第九、第十节课在莘元馆进行。一等奖2名，二等奖4名，三等奖6名。决赛评委由班主任、班长、团委担任。

5.演讲流程。

①全体观看央视短片《人民公仆》。

②主持人上台，全体起立，齐唱国歌，同时播放抗战胜利70周年阅兵升旗视频。

③4个选手一组，由点评人员进行点评。

④点评完最后一组安排歌曲《红旗飘飘》，学生们手举十面党旗、十面国旗由舞台侧屏位置出现，同时挥动手中的旗帜。

⑤颁奖，合影。

⑥会后，十面党旗、十面国旗摆放在教学楼前。

6.评分标准。演讲比赛采用百分制，分别从演讲内容、语言表达、形象风度、综合印象4个方面进行评定。汇总评分时去掉一个最高分、一个最低分，取其余的平均分为选手最后得分（保留到小数点后两位。分数相同者，取小数点后三位）。

①演讲内容（40分）：紧扣主题，且主题深刻富有感召力，内容充实，有真情实感（20分）；立意新颖，结构合理，逻辑严密，层次清晰（10分）；引用实事说话，事例真实感人，具有教育意义（10分）。

②语言表达（30分）：脱稿演讲（10分）；普通话标准，吐字清晰（10分）；表达生动、流畅，表情自然，手势舒展，声情并茂，激情昂扬，能灵活运用语速、语调、手势等演讲技巧（10分）。

③形象风度（20分）：着装整洁，仪表大方（10分）；台风稳健，精神饱满，态度亲切，举止得体（10分）。

④综合印象（10分）：根据选手的临场表现和演讲效果做出评价。要求有较强的现场感染力，总体印象佳，演讲效果好，能引起观众共鸣。演讲时间控制在6分钟内，超过2分钟或达不到4分钟酌情扣分。

希望同学们对"家国天下"进行深入细致的理解，带着对家国天下的拳拳热情，用最动人的文字表达对家国的热爱，在参与过程中立下为国为家为天下成就一番事业的高远志向，时刻牢记家国使命，用自己的实际行动去实现根植于祖国大地的人生价值。

希望同学们积极参与，让我们看到年轻人的积极进取和责任担当，看到国家的未来、民族的希望。最后，祝愿所有同学都能在今后的人生中做一个对社会有价值的人！

未尽事宜，另行通知！

衡水中学高二年级部
×年×月×日

附一：获奖稿件

心怀家国，志存天下
（学生杨卓然）

尊敬的各位老师，亲爱的同学们：

大家好！我是736班的杨卓然，很高兴能在这里和大家交流我的家国情怀。

家是什么？对我来说，家是爸爸慈爱的笑脸，是妈妈温暖的怀抱；对困境中的人来说，家是心灵的创可贴，是冬日里温暖的阳光；对海外的赤子来说，家是心底的眷恋，是叶落归根的夙愿！

祖国是什么？如果祖国是大海，我就是大海里的一滴水；如果祖国是蓝天，我就是蓝天上的一抹云；如果祖国是母亲，我就是母亲的儿女之一！

成龙的一首歌唱得好："家是最小国，国是千万家""有了强的国，才有富的家"。"家国天下"是对自己国家的认同感、归属感和责任感，是对国家富强、人民幸福的理想和追求。

家是永远的牵挂，国是永远的捍卫。回眸历史，家是李白仗剑走天涯的飘逸潇洒，却仍会"举头望明月，低头思故乡"；家是杜甫颠沛流离、骨肉离散的思念，才会"烽火连三月，家书抵万金"；家是外敌不可入侵的保卫战，所以才会有怒发冲冠的岳飞，才会有中华儿女14年的抗日战争，才会有跨过鸭绿江的抗美援朝……

"我是祖国的，祖国是我的。"国是皮，家是毛，皮之不存，毛将焉附？所以，个人的命运与祖国的命运息息相关，个人的人格与祖国的国格荣辱与共，这是家国天下的真谛所在。当奥运会颁奖仪式上五星红旗高高升起，中国的国歌通过直播响彻整个世界的时候，不但中国健儿为自己的祖国感到骄傲，祖国母亲也在为自己有这样优秀的儿女而自豪！祖国母亲的十几亿儿女也热泪盈眶、尽情欢呼！2008年"5·12"汶川大地震，无数人民子弟兵冲锋陷阵，无数白衣天使救死扶伤，社会各界慷慨解囊，甚至有人为了解救废墟中的生命抛洒了自己的热血……这便是对"心怀家国"最美好的诠释。

今天的中国已经进入一个新时代，我们的祖国会更强大，更富足。十九大给祖国人民描绘了更加崭新的美好蓝图，让人们憧憬更美好的未来。党的十九大重新定位了中国新时代社会的主要矛盾——我国当前社会的主要矛盾已经由"人民日益增长的物质文化需要同落后的社会生产之间的矛盾"转化为"人民日益增长的美好生活需要和不平衡、不充分的发展之间的矛盾"，这是一个伟大的转变，中国憧憬并规划着开启一个登顶世界中心的兴盛时代，这一伟大的历史重任将落在我们新时代的青年身上。作为新时代的中国骄子，应该怎样成长，才能无愧于"未来中国的脊梁"？现在的我们虽近成人，但倘若家长舍不得放手，舍不得让我们吃苦受罪，长此以往，我们怎能肩挑重担？百年前梁启超先生曾说："少年智则国智，少年富则国富；少年强则国强……少年雄于地球则国雄于地球。"也许，现在的我们还不能像周恩来那样，为人民鞠躬尽瘁，死而后已；也许，现在的我们还不能像运动健儿那样，用汗水谱写祖国的光荣与梦想。但是，现在的我们可以像周恩来那样在小小的年纪就有"为中华之崛起而读书"的伟大志向，现在的我们可以像毛主席小时候那样立下誓言"孩儿立志出乡关，学不成名誓不还"，现在的我们还可以"三更灯火五更鸡，正是男儿读书时""莫等闲、白了少年头，空悲切"。

习近平总书记曾鼓舞青年"志存高远，脚踏实地""让青春无悔"。他告诫我们："青年一代有理想、有担当，国家就有前途，民族就有希望，实现我们的发展目标就有源源不断的强大力量。"

古人注重修身、齐家、治国、平天下，对就读于衡中的我们来说，首先要做到修身养德，规范自己的行为，增长自己的学识，提高自己的能力，才能将自己的梦想融入中华民族伟大复兴的中国梦。只要我们拥有"心怀家国，志存天下"的志向，有锲而不舍的恒心，就能创造辉煌灿烂的明天，就能站出来让祖国挑选，为国家的发展出力！

最后，借习近平总书记的一句话来共勉："撸起袖子加油干！"为了新时代的中国梦，发扬衡中人"追求卓越"的精神，加油吧！

我的演讲完毕，谢谢大家！

放飞家国梦想，书写人生华章

（学生牛正一）

尊敬的老师，亲爱的同学们：

大家好！我是736班的牛正一，今天能够和大家分享我对家国情怀的理解，非常高兴。

习近平总书记在党的十九大报告中对青年有一段语重心长的寄语："青年兴则国家兴，青年强则国家强。青年一代有理想、有本领、有担当，国家就有前途，民族就有希望。"

带着习近平总书记的殷殷期盼，我不禁联想到自己的一段经历。

周总理在青年时代就立志"为中华之崛起而读书"，我第一次听到这句话是小学四年级时来自父亲的教导，当时不理解什么是中华崛起——读书和崛起有什么必然联系？初中时第二次听到这句话仍不以为意——谁境界能有那么高，也就作为口号喊喊吧！直到去年一次放假，谈话中父亲再次提及这句话，我才开始深入思考。不了解中华民族曾经的苦难，就不能理解今日辉煌的来之不易；不清楚百年前中国面临的内忧外患，就无法体会这句话的深刻内涵。

"为中华之崛起而读书",是响彻沉闷大地的一声春雷,是一代青年改变国运的集体呐喊,是老一辈革命家家国情怀的集中体现。

"修身、齐家、治国、平天下""匈奴未灭,何以家为""天下兴亡,匹夫有责"……展开我国历史的浩瀚长卷,读到的满是家与国的一体一元、个人前途与国家命运的息息相关。家是缩小的国,国是放大的家。每个人都爱自己的家,但更要爱我们的国,没有国的强大安全,就没有家的幸福美满。大河有水小河满,大河无水小河干,这就需要我们着眼于国家富强和人民幸福,积累知识,增长才干,勇于开拓,全面发展,做新时代有理想、有本领、有担当的新青年。

做新时代新青年,必须树立崇高理想。习近平总书记讲革命理想高于天,我们不能因现实复杂而放弃梦想,不能因理想遥远而放弃追求。今天我们是普通学子,也是社会主义事业的接班人,所以从现在起就要树立远大理想,扣好人生的第一粒扣子,不能因身处校园而不去憧憬未来,也不能因脚踏实地而不去仰望星空。无论将来干什么工作,都应服从国家和人民需要,格局才会大,境界才会高,也必然收获更多幸福和成就。如果是一国元首,就努力为中国人民谋幸福,为中华民族谋复兴,为世界和平与发展提供中国智慧和中国方案;如果是企业老板,就要弘扬企业家精神和工匠精神,擦亮中国制造这张亮丽名片;如果是环卫工人,就兢兢业业为大家提供美好生活环境。我们反对安逸和享乐那种"猪栏式"的理想,一个人的价值,应该看他贡献什么,而不应当看他取得什么。

做新时代新青年,必须提高做事本领。有了金刚钻,敢揽瓷器活。所谓本领,是忠于党和人民的理想信念、胜任本职的专业素质,是创新合作、解决棘手问题的能力。提高本领,要依靠学习和实践。对我们高一新生来讲,先要扎实学好各门功课,培养良好的学习、思考、研究习惯和解决问题的多种思路,不要一味抱怨语数外等"老九门"枯燥乏味,不能消极应付、得过且过,而应肩扛责任、积极面对、主动获取,待两年后步入理想大学继续深造,充电蓄力,为参加社会工作打牢根基。新事物层出不穷,在任何阶段都要坚持终身学习,不断拓展人生高度和深度。苦练七十二变,才能笑对八十一难。

做新时代新青年,必须强化使命担当。"你不是沧海一粟,你是整个海洋的一部分。"作为国家、社会的一分子,人人都有责任、有义务为其添砖加瓦。积少成多,聚沙成塔,正是有了我们这一粒粒石子,才会有中华民族这座摩天大楼。韩品连教授提到,我国实现飞机发动机自主研发还要50年,那么问题来了,谁来带这个头、开这个局?历史只会眷顾坚定者、奋进者、搏击者,而不会等待犹豫者、懈怠者、畏难者。在这个伟大新时代,我们应抓住历史机遇,克服"旁观者效应",时不待我、只争朝夕,勇于担当、争做先锋,既要做伟大历史的见证者,更要做伟大历史的参与者、创造者。

在我看来,家国情怀就是强素质、做贡献,使命担当,无愧人生年华;家国情怀就是善其身、济天下,心怀家国,始终牢记有国才有家!

谢谢大家!

以中华之文,铸民族之魂

(学生李璧君)

敬爱的老师,亲爱的同学们:

大家晚上好!

1950年12月的一个傍晚,台湾议会大厅内,他拖着疲惫且虚弱的身躯走下发言台,然后突然倒地,再也没有醒来。他是为了中华文化得以在台湾传承而离开的,他拼尽全力大声地呼喊:"我们办学,应该先替学生解决困难,使他们有安定的生活环境,然后再要求他们用心勤学。如果我们不先替他们解决困难,不让他们有求学的安定环境,而只要求他们用功读书,那是不近人情的……"

这个人就是傅斯年,曾任北大校长、台大校长,是一个不停奔跑着的可爱的胖子,他曾说:"我以质量乘速度,可产生一种伟大的动量,可以压倒一切!"傅斯年中年定居台湾,参政而不从政。他曾多次写信弹劾贪官污吏,因此为许多当权者所记恨。他想发挥知识分子的力量,可又不想被国民党同化,被国民党吃掉。他是真正的夹缝中的自由主义者,没有社会地位的自由主义者,他很苦,可纵然这样,他仍义无反顾、心甘情愿地燃烧自己——为了民族的文化,为了心中的正义。

各位同学,过去的中国并不富强,但四万万中国人民却始终为她全情付出，对她万般珍惜。如今东方雄狮已然苏醒，她在努力地回忆起在历史长河中被淡忘的人，她在用心报答那些把一生奉献给她的人，那么我们是否应该报之以加倍的真心，去钟爱我们的祖国，以最纯洁、最敏锐、最高尚、最热烈的感情对待她？

爱国并不是时刻泪流满面，时刻热血澎湃，它有时如江水滔滔，有时似小雨淅淅，但唯一不变的，应是我们心底对国家的深厚感情。

各位同学，爱国从不是一个抽象的概念，而是我们对这片土地的深沉之爱；爱国从不是一个模糊的词语，唯有吾国与吾民的共同努力方能彼此成全。我相信世界上最伟大、最绚烂的爱国感情一定是来自这两种伟大力量的交织，那便是——我们深深地爱着我们的祖国，而我们的祖国也深深地爱着我们。

谢谢大家！

附二：活动感受

饮冰难凉家国情

（学生朱珠）

血染红旗书峥嵘，代代出英雄，国耻难忘叹息时，一腔热血沸腾报国志。

今日中华重辉煌，国家更富强，你我共筑中国梦，青年助力复兴取完胜。

——朱珠《虞美人·青年报国志》

曾几何时，中原大地满目疮痍，鲜血铺满大地，挣扎哀号，横尸遍野；曾几何时，中华民族备受压迫，列强蚕食中国，地位低下，难以自立；曾几何时，中国人民艰苦维持生计，贫穷落后，水深火热。那是中国的过去，是黑暗的、耻辱的历史。我回望着几十年前离我们这般近的历史，泪水混杂着叹息——对死去同胞们的缅怀和对那时中国弱小无力的叹息。

如今，我们坐在安全明亮的礼堂中聆听讲座，看我中华当代国防力量：逐渐丰富成熟的兵种、逐渐精简的军队结构、逐渐完备的军队体系构建起中国强军；第一艘国产航母完成海试，开始服役；无人机领域频传喜报，歼-20形成战斗力；高超音速导弹为火箭军实力添翼……这些无一不展现了中国军事的大国风范。仅是整齐威严的军人队伍、宏大震撼的军事武器已经令我心潮澎湃，不由自主地就产生自豪与浓浓的家国情怀。我泱泱中华在苏醒后迅速崛起，我们站在东方自信地向世界宣告：我们不想、不能更不会再割去任何一寸领土，我们不会再让出任何一分主权，我们不会再遭受任何一丝压迫！

而这自信，这自豪，正是抛头颅洒热血、以星火燎原的革命先烈用鲜血谱写的，正是鞠躬尽瘁、燃烧自我奉献的建设先辈们用岁月凝结的，更应由当代青年接力，由我们投身改革，将自己融于中华民族伟大复兴炬火创造的。"自古英雄出少年"，我辈青年以崭新的面貌携手站在两个一百年目标的交汇点，面向实现中国梦的光明前景，对着新时代高声呼喊着自己如火般热烈、如日般炽热的报国之志。我们朝气蓬勃地冲向更高质的发展、更卓越的进步、更伟大的目标、更光明的未来！

无论是重看历史之耻辱悲痛，还是纵观如今之昌盛自豪，我们在心中翻腾涌动、饮冰仍难凉的那一种复杂的情感叫作家国情。它是"苟利国家生死以，岂因祸福避趋之"的爱国热情，是"先天下之忧而忧，后天下之乐而乐"的忧国忧民，是"莫等闲，白了少年头，空悲切"的报国之志，是流淌于脉搏之中的热血，是我中华儿女坚定的信仰。

那滚滚鲜血染红的红旗，该用我们难凉的热血承载着——飘向中国更富强的未来，更远的远方……

青年在，国不亡

（学生袁晓森）

日本侵略者占领东北三省后，将魔爪伸向华北，加紧策动"华北自治运动"，中华民族已经到了亡国灭种的危急关头——华北之大，已经安放不下一张平静的书桌！1935年12月9日，北平学生举行了大规模的游行示威。面对学生们的爱国运动，国民政府并没有改变既定策略，反而开始镇压学生们的爱国运动，因而激起了全国人民的愤怒，抗日救亡运动达到高潮。

青年人是国家的先锋，是未来的主力军，一二九运动中的北平前辈们为我们树立了良好的榜样：面对军警的镇压，他们毫不退却，义无反顾地冲在最前列；寒冷的隆冬，水龙对着他们，警棍挥向他们，他们迎头而上，忍着刺骨的寒冷与疼痛，嘴里喊着的是"抗日救国""救亡图存"。

"日军的魔爪伸来，我们挡住！国家的大梁倒下，我们顶上！"学生们激昂的誓词在天地间回响，惊醒了当时的国人，也震撼了作为后代的我们。寒冷的冰水浇不灭抗日的烈火，坚硬的警棍打不散爱国的浪潮，学生们的热情混着鲜血在街上涌动，唤醒国人内心深处隐藏的爱国之情。

　　他们用汗水、用鲜血证明自己的价值，证明了"青年在，国不亡"！

　　老一辈的青年知识分子用生命换来了我们的幸福和安宁，虽然他们中的大多数或不在人世或已耄耋之年，但他们的壮举永远铭刻在历史的石碑上，铭刻在我们的内心。

　　而今疫情当前，又有一群青年战士涌现，他们投身于抗疫斗争之中，不顾自身安危，毅然决然地冲向前线，他们有的仍在求学，有的初入社会，但都有一腔热血，一颗为国为民的拳拳赤子之心。他们虽然在最平凡的岗位上，但是却干出了惊天动地的业绩。85年前是一群充满活力的身影，85年后又是一群充满活力的身影，这是中华民族伟大的传承。正是这样的身影，用柔弱的身躯撑起了祖国的天空。青年在，国不亡，我们的国家越来越昌盛！

　　我们是新时代的青年，是初升的太阳，充满着朝气与希望。前辈们已经在全力为我们开路，我们就要奋起直追，建设祖国的重任，终究是要落在我们的肩上；我们稚嫩的肩膀，能否接过这重担，关键仍在我们身上。

　　我们有自己的梦想，更承担着祖国的理想，必须脚踏实地、不忘初心，将精力毫无保留地献给祖国。我们只有历经生活的磨难，才能进行蜕变，绽放更加明亮的光芒；才能担起建设祖国的重任，造就祖国更辉煌的未来。我们要传承前辈、超越前辈。长江后浪推前浪，前辈的功绩遮不住我们的光芒，我们更有信心也更有力量去超越他们。我们从前辈手中接过传承，自然要使它发扬光大，历史的车轮不能停滞，也不会停滞。我们是车子的领航人，要以饱满的热情投入生活，让车轮滚滚向前、永不断绝！无论发生什么，我们都要坚信，我们在，国不亡！青年在，国不亡！

　　中国的青年，要一代更比一代强！

第三节　领导讲话修心

灾难磨砺精神，梦想聚集力量
——在网络升旗仪式上的讲话

（郗会锁）

亲爱的老师们、同学们，尊敬的家长朋友们：

　　大家早上好！今天，本该师生齐聚、共升国旗，然而，由于新冠疫情，我们只能用这样的方式隔空相见。此刻，我希望你们无论身在何方都能依然保持着一颗崇敬的心，向鲜艳的五星红旗致敬，向亲爱的祖国致敬，向英雄的城市致敬，向逆行的医者和爱心人士致敬，向英勇的人民致敬！

　　2020，爱你爱你，这本是一个蕴含爱意的数字，却因为一场突如其来的疫情，让这份爱增添了一份慷慨悲壮和沉重坚定。2020年，我们展开了与病毒的较量，这是一场看不见硝烟的战争，但我们却能在这场战争背后看见一个国家、一个民族为此做出的努力和付出的牺牲。从疫情暴发到一声令下，党中央迅速做出反应，国家机器高效运转，19个省份对口支援湖北，1000多万人的武汉一夜封城，9000多万名党员成为抗疫排头兵，14亿中国人令行禁止、隔离待命，创造了一天近6000名医护人员抵达武汉的纪录，更有10天建成火神山医院、12天建成雷神山医院、武汉方舱一夜投入使用的伟大壮举。每个紧闭的门口都写满坚定，每个鏖战的夜晚都托起黎明，在灾难面前，我们看到的不是杂乱无章、哀鸿遍野，而是忙碌中的井然有序、苦痛中的守望光明。

　　基辛格在《论中国》中讲，中国人总是被他们之中最勇敢的人保护得很好。鲁迅先生也曾说，我们自古以来，就有埋头苦干的人，有拼命硬干的人，有为民请命的人，有舍身求法的人。在肆虐的病毒面前，我们看到的是84岁仍带队出征的钟南山院士，看到的是每天只睡3小时与死神赛跑的李兰娟院士，看到的是身患绝症仍坚守一线的张定宇院长，看到的是武汉大学人民医院张旃的《与夫书》，看到的是剪掉一头长发的河北护士肖思孟，看到的是脸上被防护面罩勒出深深印痕的军人刘丽，更看到的是一个又一个普通而又平凡的中国人。其实，哪有什么生而英勇，只是他们选择了无畏与担当；哪有什么从天而降的英雄，有的只是挺身而出、披上战袍的凡人。他们是医生，是护士，是记者，是工人，他们是千千万万奋战在抗"疫"一线的英雄勇士。但是，他们还是丈夫，是妻子，是父母，是孩子，是舍小家顾大家、用生命守护生命的中国人。他们有着不屈的脊梁，有着伟岸的灵魂，他们身上闪耀着同心协力、英勇奋斗、共克时艰的中国精神。我们不幸突遇疫情，但我们又何其有幸生活在这样一个伟大的国家，具备着这样优秀的政治制度，拥有着这样勇敢顽强的人民。

　　灾难本身就是一剂良药，并不只带来悲伤与苦涩，也能带来重塑与光明。纵观中华民族乃至整个人类的发展史，我们可以发现，社会的每次跃迁，文明的每次升华，往往伴随着痛苦的裂变，伴随着各种形式、形态的痛苦与灾难。上古时期，中华民族战天灾就有女娲补天、精卫填海、大禹治水的传说；20年来，我们更是经历了1998年洪水、2003年非典、2006年禽流感、2008年汶川地震和南方特大雪灾等各种大灾大难……好像我们一直在夹缝中求生存，好像生活本就如此。罗曼·罗兰说，世界上只有一种真正的英雄主义，那就是在认清生活的真相后依然热爱生活。今天，很多同学都已经习惯了接受中国强大的事实，接受中国是一个大国、一个强国的事实。但是，新中国的大厦绝不是一天建成的，中华民族的伟大复兴也不是轻轻松松、敲锣打鼓就能实现的，每次灾难都是为其加固的钢筋：地震发生后，我们会建造更加结实的房子，提升抗震等级；洪水发生后，我们会建设更加坚实的堤坝，进行更科学的水源治理；疫情发生后，我们会更快地研制新药，更快地调动资源，提升防控能力。中华民族的大厦也正是在这一次次的加固中，不断巩固，不断发展，不断强大。风会吹灭火焰，但也会使火焰越烧越旺。打不倒我们的，终将会使我们愈加强大。我知道，在这次疫情当中，你们看到过忧虑，也看到过担心；看到过牺牲，也看到过泪水。但我也相信，你们还看到了无所畏惧的坚守，看到了执着逆行的勇气，看到了涓滴成河的大爱，看到了生生不息的努力。不用怀疑，这场疫情过后，我们将看到更加团结的中国人民，将拥有更加强大的综合国力。

契诃夫曾说,困难与折磨对于人来说,是一把打向坯料的锤,打掉的应是脆弱的铁屑,锻成的将是锋利的钢刀。老师们,同学们,在疫情面前,没有局外人;在雪崩之下,没有一片雪花是无辜的,每一张安静的书桌都来之不易。所以,我希望你们能够在这次疫情中学会感恩,感恩父母、感恩老师、感恩社会,感恩一个个坚守岗位的白衣天使、感恩一队队临危受命的最美逆行者,感恩他们为你们撑起的晴空万里;我希望你们能够学会敬畏,严格遵守国家的各项要求,做好个人防护,少外出、不聚餐、戴口罩、勤洗手,敬畏生命、敬畏自然、敬畏规则、敬畏人心,不因年少而自恃,不因勇敢而无畏;我希望你们能够学会担当,牢记当前保护过你们的祖国,牢记那一个个前赴后继的身影,未来一旦灾难来临,你们也要去保护他们,承担起应该承担的责任;我希望你们能够学会珍惜,珍惜生命、珍惜阳光、珍惜友谊、珍惜健康,珍惜我们现在所拥有的一切、珍惜人世间一切美好的东西。我还希望你们能够学会思考,多读书、读好书,多阅读些时政新闻,思考事件的真相,不被谣言蒙蔽;多阅读些传记故事,看看人生的百态,找到生活的乐趣;多阅读些经典作品,跟随名家的脚步,找寻生命的意义。我希望你们能够学会自律,规划好自己的学习——疫情不仅能够延长假期,也能够拉开人与人的差距。我希望你们能够学会静心,抓住这个黄金时期,实现追赶超越,不断提升自我。我也希望你们能够学会乐观,无论在什么条件下,都能尽力把生活过得生动、有趣、有意义。

  道阻且长,行则必至。同学们,寒冷的阴霾终会过去,温暖的春天必将到来,你们将会回到这个曾经想离开、现在却一直想回来的地方,回到这个你们曾经一起并肩战斗过、努力过的地方,回到这个让你追梦、助你圆梦的地方。

  加油,每一个校服背后印着"追求卓越"的学子!
  加油,每一份坚定不移、不离不弃的勇气!
  加油,每一颗胸怀祖国、火热跳动的真心!
  加油,衡中!
  加油,武汉!
  加油,中国!
  同学们,校园的迎春花就要开了,我们在美丽的校园等你们归来!

2020年2月24日

用奋斗书写青春华章
——在纪念五四运动101周年暨青年教师座谈会上的讲话

（郗会锁）

老师们，青年朋友们：

大家好！

今天是五四青年节，是你们的节日，很高兴能在这里与大家一起交流，共同纪念五四运动101周年、建团98周年。首先，我代表学校，向你们致以节日的祝贺！

101年前，中国青年振臂高呼，成为反帝反封建斗争的先锋队，用鲜血和生命谱写了中国青年爱国主义运动的壮丽篇章。101年后，青年一代临危不惧、抗疫冲锋、勇立潮头、创新创业……风云变幻，不变的是精神；沧海桑田，不老的是青春。今天，对五四运动最好的纪念，就是让五四精神在新时代放射新的光芒。同样，老师们，你们作为青年教师，作为社会主义事业建设者和接班人的引路人和"大先生"，作为衡中未来发展的主力军，更要拥有这样的责任与担当，让青春由磨砺而出彩，让人生因奋斗而升华。所以，我借今天这个机会，嘱咐大家三句话，希望大家都能在衡中实现自身的价值，创造人生的精彩。

第一句话，"先有父母心，再做教书人"。希望你们做一个师德高尚的人。

教育是国之大计、党之大计，教师是立教之本、兴教之源，是教育资源中最重要的资源。落实立德树人根本任务，离不开一批又一批好老师，更离不开一批又一批师德高尚的好老师。习近平总书记曾强调，评价教师队伍素质的第一标准应该是师德师风。中共中央、国务院印发的《关于全面深化新时代教师队伍建设改革的意见》、教育部印发的《新时代中小学教师职业行为十项准则》等无不把师德摆在首要位置，我也在不同场合多次强调过一句话："学校抓住了'德'，就抓住了教育的根本，就能更好地提高教育质量，也会得到人民群众的认可。"我们衡中之所以能取得如今的成绩就是因为抓住了师德，衡中的未来就是要看青年教师的师德如何。社会有两种职业特别讲究"德"字,一种是医生,一种是老师。医生救治生命,教师医治灵魂。然而,现在社会上"失德"事件屡见不鲜。例如,大学教授梁燕萍公然在社交平台上发布了"日本的国民素质超过了支那人不止100年"等一系列亲日、辱国的不当言论,遭到声讨。某职业学院一名女生举报该校体育教师刘某以成绩做威胁,从17岁时便开始对其进行性胁迫和性侵害。无独有偶,绵阳东辰副校长吴建峰13年来性骚扰至少50名女生,被实名举报。学生在回忆时说道:"我的初中班主任在班级群里说他要去新学校当校长了,请我们转发,请我们'像当初他照顾我们一样',现在也让我们'照顾他'。到底是怎么样的一种'照顾'呢?那就是对每个男生拳打脚踢、扇耳光、体罚跑操场,尤其对'个别'女生明目张胆地性骚扰、性胁迫。毫不夸张地说,我完全在他的掌控下活了黑暗无边的3年时间。但相对于那些女生而言,我的伤害其实不算什么。"还有被举报的全国"优秀班主任"梁岗,利用担任心理教师之便,10年间性侵害男学生逾20人。虽然之前也因为性侵被拘留过,但是事后梁岗换了学校,继续在全国演讲培训,同时继续实施性侵害行为。

这些人离我们很遥远,但他们就是教师中的一部分,信息曝光前是人,曝光后是鬼,人和鬼的转变往往就在一夜之间。家长把最重要的孩子交给你,这就是信任。衡中是名校,人们对这所名校也就有更高的期望。所以,做好自己就是最好的教育,让学生有爱,自己要先有爱。刚才提到的几位老师,如果当初能够记住自己教师的身份,记住做人的底线,那么也不会是现在的结果。但是,人生没有"如果",只有"结果"和"后果"。因此,在座的老师们一定要廉洁自律、慎之又慎,做到慎独、慎微、慎行,努力做学生高尚道德的引导者,价值思想的启迪者,心灵世界的开拓者和情感、意志、信念的塑造者,把日常行为同思想信念相统一,愿意为学生的成长成才奉献终身,正如刚刚荣获"河北大工匠"荣誉称号的王文霞副校长一样,从教37年来,对教育、教学辛勤付出,对每堂课、每节班会精心研磨、精益求精,对每位学生给予无私的爱与奉献;就像在衡中工作了10个年头的康彦华老师一样,十年如一日兢兢业业,为学校奉献了青春、贡献了本领;就像信岩、王璐两位老师一样,为了不影响教学,带着2岁多的宝宝、年近60岁的母亲,还有81岁高龄的姥姥来校隔离授课……当然，这样的榜样还有很多，我也不再一一列举，最重要的是你们能够体悟其中的榜样力量。

防人不如防己，求人不如求己。在此，真心希望你们能够少些三俗气、多上三把锁，即少一些庸俗、低俗、媚俗的三俗气息，多一些高雅、高尚、高贵的文明素养，同时，每个人都要为自己上好三把锁，"政治上跟党走、经济上莫伸手、作风上不丢丑"。要视权力为约束，不该伸手的地方不能伸，不该办的事情不能办，不该得的利益不能得。要干干净净做事、规规矩矩做人、认认真真学习、踏踏实实工作，守住做人的良心、守住处事的底线。要少图眼前利、多谋长远计，金杯银杯不如学生的口碑。一定不要与学生关系过近，一定不能违规接受家长吃请、礼物，一定不能搞有偿补课等，这样既失去了自己的骨气、尊严，又失去了纯洁的师生情谊。要少求面上光、多做务实事，一定要遵循教育教学规律和学生身心发展规律，不能为了成绩不择手段，不能为了量化教育方法简单粗暴、讽刺挖苦，甚至体罚和变相体罚学生、动不动叫家长、随意把学生开回家等。要少些小格局，多点儿大胸怀；少做任性事，多怀敬畏心；少说不能为，多想怎么办；少打口水仗，多练硬功夫；少问凭什么，多问为什么。知识分子代表了良心，而教师是良心中的良心，所以，在这个世界上，所有人都可以变坏，唯独老师不可以。真心劝告大家：不要把教育场当市场，做一个清正廉洁的人；不要把教育场当情场，做一个克己奉公的人；不要把教育场当秀场，做一个扎实干事的人；不要把教育场当斗场，做一个善于团结的人；不要把教育场当赌场，做一个踏踏实实的人。让我们共同打造风清气正的校园环境。

第二句话，"你是谁不重要，和谁在一起很重要"。希望你们做一个懂得珍惜的人。

我常说，你是谁不重要，和谁在一起才重要。骑自行车不如开车，开车不如坐高铁，坐高铁不如坐飞机，这就是平台。马云说过，你在阿里巴巴3年，任何公司你都待得下。优秀往往是以集体的形式体现，你们的优秀也是以衡中集体的形式来体现。别人会说衡中老师优秀，但不会说某个老师优秀；别人会说孩子进了衡中肯定没问题，但不会说孩子跟着某个老师学一定没问题。可以说，当你们顶着"衡中老师"的头衔时，无论你们走到哪里都会被高看一眼、厚爱一层，这就是衡中品牌的力量。人都是环境的产物，老师如此，学生也是如此。没有完美的事，选择衡中，有了平台，也就选择了付出和努力。

同样，比衡中品牌更重要的，是衡中营造的这个正能量的"场"。虽然大家在这个"场"中都很忙、很累，每天要备课、要坐班、要赛课，还要参加活动，面临突如其来的网上教学，可能手忙脚乱，可能身心疲惫；也许羡慕有的伙伴每天在家就能挣钱，羡慕有的朋友每天5点下班后有时间自由分配。但是，希望你们知道，因为衡中，年纪轻轻的你们才得以拥有这样成熟、专业、高端的发展平台；因为衡中，你们才得以足不出校便能与全国教育名家畅谈交流；因为衡中，你们紧紧张张的一年工作经历才可以抵得上别人好几年的成长经验；也是因为衡中，你们才得以享受到社会的尊重，可以拥有得天下英才而育之的机会……孟子曰："君子有三乐，而王天下不与存焉。父母俱存，兄弟无故，一乐也；仰不愧于天，俯不怍于人，二乐也；得天下英才而教育之，三乐也。"更是因为衡中，你们才得以在这个环境中被团队带着前进，在大家相互鼓励、相互督促下实现个人的成长和发展，这些都是这个平台所带来的。所以，你们要倍加珍惜，倍加呵护衡中的品牌，为学校的发展添加砖瓦。要把老教师的备课精华、优秀品质守住，要把衡中教学理念、发展成果守住，要把育人初心、伟大梦想守住，将衡中人追求卓越的精神继承下去，真正做到试卷不过夜、自习全盯守、上课早到位、陪伴不间断。一定牢记衡中人的身份，要像爱护眼睛一样爱护好、维护好、树立好衡中的形象，常常温习与落实学校的师德师风八大工作纪律，不能让事情在我这儿拖延，不能让工作在我这儿失误，不能让形象在我这儿受损，不能让腐败在我这儿出现，不能让团结在我这儿裂痕，不能让规矩在我这儿破坏，不能让谣言在我这儿传播，不能让成绩在我这儿下滑。要让衡中的精神灯塔一直照亮远方，不断滋养我们每个人的灵魂。

第三句话，"只有干出来的精彩，没有等出来的辉煌"。希望你们做一个拼搏奋斗的人。

曾国藩说过，天下古今之庸人，皆以一"惰"字致败；天下古今之人才，皆以一"傲"字致败。

因此，大家要保持饥饿，要有本领恐慌。学习力是最大的竞争力，过去的成绩只代表过去，未来的成绩需要奋斗！总之，就是不要丧失敬畏之心、失去自控能力。回溯习近平总书记的青春成长岁月，也离不开"奋斗"二字：15岁时到梁家河插队，一开始面临各种挑战，后来当上了大队支部书记；20岁挑起了梁家河大队支部书记重担，带领村民建起陕西第一口沼气池；30岁当上正定县委书记，依然骑着自行车下乡走访。路遥在《平凡的世界》中写道："人处在一种默默奋斗的状态时，思想就会从生活的琐碎中得到升华。"老师也要在琐碎中努力提升，在我们身边也不乏这样的励志榜样。高一年级主任贾拴柱2007年来到衡中，2012年便担任了高三年级德育主任；2013年所带文科班有11人考入清北，创造了文科单班清北录取人数最高纪录，并在同年担任了年级主任；2017年担任校长助理，牵头年级工作；2019年带领高三，实现了高考成绩的全面突破。由此，他也获得了衡水市第七批市管优秀专家、河北省"三三三人才工程"二层次人选、河北省德育先进工作者等一系列荣誉奖励。被问及工作心得时，贾拴柱是这样说的："我在衡中工作12年了，最大的感触就是，衡中为我们搭建了广阔的平台，只要你有目标、肯努力、能坚持，那衡中一定可以帮你圆梦！感恩衡中！"

事实上，吃苦就是享福，你经历的每一次辛苦都是人生的历练、成长，都是人生一笔宝贵的财富。工作中有很多机会，在机会到来之前你不会知晓，但是它就在平时点点滴滴的工作中，就在你认真负责对待的每一件事、每一堂课、每一次发言当中。干工作不要有所图，忌眼高手低、宜埋头苦干，只有努力工作、获得成绩、得到认可，才能获得越来越多、越来越大的机会。把握住机会，才能有更大的舞台。在此基础上，保持清醒的头脑，就会得到更大的发展。

网上有一段话这样解释奋斗的意义："不要当父母需要你时，除了泪水一无所有；不要当孩子需要你时，除了惭愧一无所有；不要当回首过去时，除了蹉跎一无所有。"所以，老师们，这世上，最强大的人，就是明知道前方有很多困难，但却依然勇往直前！

希望你们学会吃亏。学会吃亏不是忍受吃亏，是不斤斤计较于一时一地的是非得失，是有勇气在需要时放弃，是要把每一项工作当成自己成长的一种历练。希望你们学会独立思考。学校规模大，老师也很多，想混日子非常容易，也极易陷入随波逐流、不深入业务的境地。原因很简单，单个人在雪崩多发地会相当警觉，但当群体越大时，其中的每个个体就会有一种虚幻的安全感和人云亦云的判断，但现实是无论群体多大，雪崩都是不可抵抗的。正所谓"教学有法，贵在得法"。希望你们能够独立思考，不依附于老教师的路子，做到不备不听、不研不上，上出风格、上出特色。希望你们学会自律、自省。人有多自律，就有多自由，所有你糊弄的、你不重视的、你负能量处理的，不论多微小，都将作用于你的未来。路都是自己走的，明天的你要为今天的懈怠买单，高考会戳穿一切谎言，工作也是一样，时间长了，所有工作上的推托、懈怠都会被戳穿。希望你们做好示范。做好自己就是最好的教育，你想要学生成为什么样的人，首先自己要先做什么样的人。让学生自律，自己首先要自律；让学生有激情，自己首先要有激情。要用自己的爱心和真情去鼓舞、激励学生，给学生做示范，才能真正点燃、唤醒和激发学生的内驱力，从而引领他们成为真正优秀的人。什么是青春？青春是用拼搏的汗水和奋斗的眼泪酿成的琼浆，青春是用永恒的执着和顽强的韧劲筑起的钢壁铁墙，青春是用不凋的希望和不灭的向往编织的彩虹。没有经历过生活磨炼的青春不够完整，没有努力付出后的快乐不够痛快。

奋斗所到处，青春恰自来。老师们，犹记新中国成立后，毛泽东同志豪迈展望："一张白纸，没有负担，好写最新最美的文字，好画最新最美的画图。"年轻是你们的优势！今天，肩负衡中兴衰荣辱的你们就像是这张白纸，也祝愿你们能够写上最新最美的文字，画上最新最美的图画，成就衡中最新最美的未来！

谢谢大家！

2020年5月4日

第四节　学生成长心得

无体育，不衡中

（学生韩颖）

高一刚入学时，进入了一个新的学习阶段，那时的我对未来充满了憧憬，踌躇满志，准备在高中大显身手。可是，各种不适应给了我一个不小的打击，但我就像暴风骤雨中的一棵小草，倔强地生长着。

刚上高一抗压能力特别弱，遇到点儿小问题都会哭鼻子，是班会让我明白："压力是前进的助力器，是成功的催化物，自己的那份压力正来源于内心的期望，那是一种不满足、不服输的积极向上的精神""那种压力就好像去挖掘一份宝藏，虽然在前进途中困难重重，但走到胜利的终点就会惊喜万分；那份惊喜会让自己忘记一切痛苦，收获累累硕果""正因为有了压力，喷泉才比普通的溪流更漂亮"。我牢牢记住了这些话，在之后的学习和训练中更加奋力拼搏。

初中的训练和高中的训练比起来，简直就是"小巫见大巫"。教练为了增强我们的身体力量，每天进行高强度的腰部训练。一段时间后，腰疼得在床上躺不住，我就贴上膏药。即便每晚趴在床上睡觉，我也不敢耽误每天的训练。"流血流汗不流泪，掉皮掉肉不掉队。"冬日的早上，5公里拉练，湿透的衣服和头发上的冰碴形成鲜明的对比。其他同学放假回家，我们为了备战继续集训，赢得比赛的欲望胜过了想家的念头。我坚信宝剑锋从磨砺出，果然在后来的比赛中，我一次次突破对方的重围，成功完成一次次的上篮。

蔡元培说，殊不知有健全之身体，始有健全之精神。训练的艰苦让我的意志更坚定。我深知，在体育深造的这条路上，文化也占据着至关重要的位置，训练的时候就勤奋训练，学习的时候就努力学习。开始学得并不是很轻松，后来我慢慢地从失败中吸取了教训，总结了经验，改进了我初中的学习方法，及时调整心态，逐渐地能应付自如了：训练之后，争分夺秒学习文化课内容；出去比赛时，也会给自己挤出两小时的学习时间，巩固所学知识；比赛回来，及时找每科老师补习落下的功课；每天训练结束后，迅速调整好状态进入教室学习。努力才能造就辉煌，升入高一的半年时间，我的文化课成绩突飞猛进，多次获得多科单项前三名。我的体育成绩也硕果累累：加入学校篮球校队，参加河北省中学生三打三比赛，并荣获国家一级运动员证书；参加中国第二届青年运动会，取得了全国第11名的成绩，荣获国家二级运动员证书；参加Nike中国高中篮球联赛河北赛区比赛，个人取得总分第二名、三分球第一名的优异成绩。当我踏入赛场的那一刻，我便代表着河北衡水中学。比赛过程虽坎坷，但我一直秉承着衡中"有一必夺，逢冠必争"的精神，坚信下一秒就会有大逆转。以河北赛区比赛为例，在打邯郸队的时候，双方状态都很好，你来我往，比分不分上下。打到第四节时，邯郸队连续的快攻得分严重打击了我们队的士气。当队友丧失信心时，我抓住机会，跑出空位。压力如山一样压在身上，我顶住压力出手，三分篮球穿网声音响起的那一刻，大家都在为我欢呼雀跃，我为队伍拿下了赢得比赛的关键分。对战唐山队，上半场我的状态没有调整过来，导致比赛结束时落后20分。休息时队伍阴沉沉的，大家都做好了输球回家的准备，可我不甘心，一定要赢回来。上场时我拍了拍队友说："只要还剩一分钟，比赛就不成定局。"在我的激励之下，下半场大家都是饿虎扑食，不放弃任何一个机会，终于赢得了比赛，很好地阐释了"无体育，不衡中"的理念。

感谢衡水中学，教会我面对压力依旧坚持，教会我含泪播种往往会含笑收获。带着压力继续喜悦上路吧，有压力，就会有自己的脚印！

家国担当，筑梦中华

——参加一二九运动纪念活动有感

（学生魏宇洁）

心中有国，眼中有家，为我中华大好山河而勇往直前、永不停歇，这就是家国情怀。

家国情怀是什么？在光芒的照耀下，衡中在我们每个学子的心底埋下了一颗家国之种，让我们的梦想根系繁盛，在家国中体悟人生意义，让梦想扬帆远航，共筑国家未来。

华北之大，已经安放不得一张平静的书桌了。亦是今天这样的严寒冬日，震耳欲聋的呐喊声在北平城的上空回响着，热血在每个人的胸口沸腾着，听那字句铿锵的口号，无不显示出他们来自灵魂深处的呐喊。这是无数爱国青年的无限感慨和愤怒加之于天地间浩然长存的正气发出满怀热血的声音，这是天地间的浩然正气激荡出的永不泯灭的声音。"还我中华！"他们用自己的满腔爱国热情与侵略者抗衡，用鲜血唤醒了广大民众，用英勇的举动书写了青年学生以天下为己任的光辉篇章。

面对国家危亡，85年前的他们无畏反动军警的大刀、木棍，毅然发声。手无寸铁的他们用满腔的爱国热情击倒了镇压势力，震动全国，掀起了全国抗日新高潮。他们以一己之力，担当时代重任。

家国情怀是什么？是责任，是担当。千载风沙淘尽万里征程，每个人的脚印如星，连缀成国家的璀璨天河。国家是我们的灵魂之所，而我们也如雏鹰筑巢，共建家园。于此间生息，我已不单单是"我"，而是"我们"。将家国放于心间，一代人有一代人的困苦艰难和使命，一代人有一代人的青春梦想与担当。如今的我们站在两个一百年的历史交汇点，祖国的未来将交付给我们青年，唯有奋斗才可担此重任。

奋斗是生命最亮眼的底色，而作为新时代的衡中学子，我们身处培育人才的摇篮之中，更应脚踏实地、努力学习、勤奋刻苦，用汗水浇灌青春之花，以家国情怀滋养生命之泉，以梦想引领未来之路。根牵引叶的每一条脉络，国家牵动着人的每一寸心扉。家是最小国，国是千万家，一心装满国，一手撑起家，家是我们前行的动力、梦想的归依。少年的我们会为国家的每一步前行振奋，也期盼着我们早日羽翼丰满、振翅高飞，但建设国家并不在一朝一夕，充实自己就是为国蓄力，即便是国家的微小齿轮，个人的转动也能迸发万钧之力。少年强则国强，我们是祖国的未来、民族的希望。安定的环境、优越的条件并不是我们挥霍的资本，我们更应承担重任，传承一二九运动的精神，锤炼顽强拼搏的意志。中华复兴未来可期，巨龙腾飞指日可待。

国家于时代浪潮中前行，你我皆是同舟人。从点滴中积累，个人的每段音符奏成国的乐章。我们在国家的怀抱中成长，国家的臂膀也因我们更加坚实。唯有将个人命运交织进国的蓝图，休戚与共，才能构筑家国希望。

无梦想不衡中，无奋斗不衡中，无家国不衡中。心怀家国，筑梦中华！

志存高远，以学立命

（学生刘佳昊）

伴着初晨的暖阳，看着五星红旗冉冉升起，耳边不断回响那激昂澎湃的国歌，我心中的自豪感油然而生。

这自豪从何而来？无疑是强大的祖国让我感到了无限的荣耀，"蛟龙"入海、"墨子"探天、"嫦娥"奔月、"北斗"引路……这一项项的成就让列强国家看红了眼，如今的中国就像是拿破仑所说的那东方雄狮，已经觉醒了的雄狮！

从历史长河逆流而上，中国历经挫折磨难。古时有"国破山河在，城春草木深"的危难，近代又有沦为半殖民地半封建社会的耻辱。鸦片战争、甲午中日战争、八国联军侵华战争、抗日战争，单单几个汉字，就给华夏儿女带来了无限的悲痛。近代的中国，如雨中浮萍一般，风雨飘摇，危在旦夕。然而，先辈们并没有坐以待毙，其中有林则徐"苟利国家生死以，岂因祸福避趋之"的舍己为国的无私精神，有徐锡麟"只解沙场为国死，何须马革裹尸还"的豪言壮志，还有周总理那"为中华民族之崛起而读书"的伟大理想……

新中国成立初期，我们连一辆汽车、一架飞机都造不了，而今东风系列弹道导弹、歼-20战机、国产航母"山东舰"让我们不再受压迫，能够挺直腰板说话了。这一切的一切，都离不开科学家们日日夜夜的努力。被誉为"中国航天之父""中国导弹之父""中国自动化控制之父"和"火箭之王"的钱学森，让中国导弹、原子弹的发射向前推进了至少20年。美国海军部长直言钱学森能抵美军5个师的力量。当初，钱学森听到新中国成立的消息后准备回国，被美国重重阻挠，最终克服重重困难才回到祖国的怀抱……

是啊，中国历代是从不缺少爱国之士的。

如今，这份浓浓的情感传递到了我们手中，作为新一代青年的我们，更应该为祖国之繁荣昌盛而奋斗。"少年强则国强"，少年是一个国家的希望，是一个民族的希望，正如陈独秀先生在《新青年》中所说："青年如初春，如朝日，如百卉之萌动，如利刃之新发于硎，人生最可宝贵之时期也。青年之于社会，犹新鲜活泼细胞之在人身。新陈代谢，陈腐朽败者无时不在天然淘汰之途，与新鲜活泼者以空间之位置及时间之生命。人身遵新陈代谢之道则健康，陈腐朽败之细胞充塞人身则人身死；社会遵新陈代谢之道则隆盛，陈腐朽败之分子充塞社会则社会亡。"可见，青年在社会中扮演着多么重要的角色。

孙中山先生曾说过："惟愿诸君将振兴中国之责任，置之于自身之肩上。"面对列强国家对中国不停歇的压迫，正是需要我们新一代力量的时候。心怀家国，脚踏实地，自然也就成了你我的责任；志存高远，以学立命，自然也就成了你我的使命。

作为祖国的未来，我们要有"千淘万漉虽辛苦，吹尽狂沙始到金"的毅力，要有"一丝而累，以至于寸，累寸不已，遂成丈匹"的恒心，要不惧风雨，以梦为马，砥砺前行。同学们，让我们以国任为己任、以国盛为己盛，为中华民族之复兴、为中国梦的实现贡献自己的力量！

第三章
文化润心

学校文化是在一所学校内部形成的，被其成员共同遵循并得到同化的价值观体系、行为准则、思想作风等的总和，是一所学校的精气神，是一所学校的综合个性，是有别于其他社会群体的一种团体意识和精神氛围，是一种无形的精神力量。校园文化是核心竞争力，是第一教育力，是学校特色的体现，是学校建设之魂。校园文化就是一个"场"，学生一进入这个"场"，就能受到它的熏陶，即使离开这个"场"，生命里也依然有它的烙印。

衡水中学坚持以文化人，大力建设了石文化、路文化、厅廊文化、园林文化、雕塑文化、墙体文化、橱窗文化、校服文化等，让每一面墙壁会说话，让每一块石头会唱歌，让每一件衣服会育人。校园内人文精神与科学精神相互交融，优美环境与传统文化交相辉映。与此同时，衡水中学九大学科每年都会举行学科文化节，延展了课堂，丰富了形式，浓厚了兴趣。

第一节　校园文化峥嵘

我爱我家，美丽衡中
——关于校园环境文化的解读

走进衡中就被一种力量感染着，它看不见摸不着，但是给人以激情，给人以力量，这就是衡中文化、衡中精神。

清华大学副校长袁驷到衡中考察时说，衡中的学生有一种精神、一种气质，整体上有一种自强不息的精神，大家精神面貌积极向上，非常活跃，很阳光，也很健康……衡中的学生对一些古训非常熟悉，能够脱口而出，而且对它的理解也很深。这一点，不管是对他们的学习还是对他们的成长和发展都是有好处的，这体现了衡中学生很厚重的文化素养。

学校是育人的地方，是培养心灵成长的地方，每一所学校都有自己的校园文化，衡中更有着丰富的人文文化、德育文化、环境文化、制度文化、常规文化。校园文化指的是学校所具有的特定的精神环境和文化气氛，它既包括校园建筑设计、校园景观、绿化美化这种物化形态的内容，也包括学校的传统、校风、学风、人际关系、集体舆论、心理氛围以及学校的各种规章制度和学校成员在共同活动交往中形成的非明文规范的行为准则。健康的校园文化，可以陶冶学生的情操、启迪学生的心智，促进学生的全面发展。

一、园、楼、路、河、湖、亭命名

校园（含老校区和西扩校区）共有3园、15楼、7馆、3中心、2广场、1河、2湖、3亭、3桥、7路。

3园：守正园、日新园、励新园。

15楼：教学楼（格物楼、揽月楼、明志楼、致知楼、弘毅楼、敏行楼）、宿舍楼（尚雅楼、尚慧楼、尚勤楼、尚志楼、尚文楼、尚静楼、尚贤楼）、青年教师公寓（德馨楼）、其他（综合实践楼）。

7馆：图书馆、科教馆、求真馆、莘元馆、体育馆、品味馆、思味馆。
3中心：学生发展中心、体育中心、艺术中心。
2广场：卓越广场、树人广场。
1河：明诚河。
2湖：正心湖、静心湖。
3亭：怡然亭、陶然亭、卓然亭。
3桥：博学桥、慎思桥、笃行桥。
7路：立德路、怀德路、正德路、明德路、崇德路、厚德路、树德路。

二、校园内各处命名释义

（一）守正园

语出班固《汉书·刘向传》中"君子独处守正，不桡众枉"。意思是说，君子为人做事始终坚持公平正直的原则，不为众曲而自屈。

1.格物楼。取"格物致知"之意。"格物致知"语出《礼记·大学》中"致知在格物。物格而后知至"。格：推究；致：求得。指探究事物原理，从中获得智慧（或从中感悟到某种心得）。

2.揽月楼。语出《水调歌头·重上井冈山》词中"可上九天揽月，可下五洋捉鳖，谈笑凯歌还"。揽月，比喻壮举。

3.明志楼。语出《诫子书》中"非淡泊无以明志，非宁静无以致远"。意思为表明心志。

4.求真馆。语出陶行知的"千教万教教人求真，千学万学学做真人"。即追求事物发展的真理所在和寻找事物发展的客观规律，在科学的理论与方法的指导下不断地认识事物的本质、把握事物的规律。

5.莘元馆。莘指兴盛、富饶、学识丰富之义；元指正气凛然、有才能、聪明之义。

6.食堂：品味馆。语出《礼记·少仪》："问品味。曰：'子亟食於某乎？'"一指尝试滋味，二指仔细体会，三指（物品的）品质和风味。

7.女生公寓楼：尚雅楼。语出《荀子·荣辱》中"君子安雅"。雅，指有修养、有品格之人。

8.女生宿舍楼：尚慧楼。慧，指聪明，有才智。

9.男生公寓楼：尚勤楼。语出《三字经》"古圣贤，尚勤学"。寓意见贤思齐、勤奋努力。

10.男生宿舍楼：尚志楼。语出《孟子·尽心上》："王子垫问曰：'士何事？'孟子曰：'尚志。'"尚志，指高尚其志、崇尚志节。寓意衡中学子要培养高尚的品质，做仁义之事。

11.中心花园广场：卓越广场。语出《先唐文》中"故铨才授任，必求之卓越；考能核用，亦存乎望实"。与校训"追求卓越"照应。

12.进门主路：立德路。语出《左传·襄公二十四年》中"太上有立德，其次有立功，其次有立言，虽久不废，此之谓三不朽"。立德，指树立德业。

13.图书馆西侧：怀德路。语出《论语·里仁》："子曰：'君子怀德，小人怀土；君子怀刑，小人怀惠。'"寓意衡中学子拥有高尚的道德、胸怀远大、视野开阔。

14.莘元馆北侧：正德路。语出《尚书》中"正德、利用、厚生、惟和"。寓意全校师生要严格自律，正己正人；以德为先，正德树人，敬德守业，牢记公民基本道德和社会美德的规范。

15.北门口湖：正心湖。语出《礼记·大学》中"欲修其身者，先正其心；欲正其心者，先诚其意；欲诚其意者，先致其知"。正心，指心要端正而不存邪念。只要意真诚、心纯正、自我道德完善，就能实现齐家、国治、天下平的道德理想。"正心湖"表达了对衡中学子的美好期许。此外，正心湖也与格物楼相呼应。

16.正心湖的亭子：怡然亭。语出《史记·孔子世家》"有所穆然深思焉，有所怡然高望而远志焉"。意在让学生能在人生的发展中广学深思、高情远致、怡然自得。

（二）日新园

语出《礼记·大学》中"苟日新，日日新，又日新"。朱熹注解说："诚能一日有以涤其旧染之污而自新，则当因其已新者，而日新之，又日新之，不可略有间断。"寓意衡中在衡中精神的烛照之下，将日新月异、再创新高。

1.教学楼西楼：弘毅楼。语出《论语·泰伯》中"士不可以不弘毅，任重而道远"。寓意抱负远大、意志坚强。

2.教学楼东楼：敏行楼。语出《论语》经典名句中"君子欲讷于言而敏于行"。朱熹注曰："事难行，故要敏；言易出，故要谨。"意即，凡有大作为之人做事都要勤奋敏捷、勇于实践，说话却小心谨慎，少说废话、空话、大话、假话。用"敏行"一词冠以楼名富有哲理，劝学意味浓。

3.女生宿舍楼：尚静楼。静，即安静、宁静。睡眠休养之地，要"静"以修身，同时紧贴女孩特点，彰显女性之柔美雅致、沉静素然。

4.男生宿舍楼：尚贤楼。"尚贤"是指尊重有才德的人，这是墨子的一个重要主张，常与"兼爱""非攻"并称。

5.食堂：思味馆。语出明·李东阳《〈琼台吟稿〉序》："信口纵笔若不经意，而思味隽永，援据该博"。思味，指文学作品的情趣、意味。表面可以理解为回想、回味餐厅的美味佳肴，深层可以理解为感悟学习生活中的情趣。思味又谐音思维，喻衡中学子思维不止之意。

6.进门主路（操场东侧路）：明德路。语出儒家经典《大学》中"大学之道，在明明德"。明德，指光明之德、美德。

7.东教学楼东侧路：崇德路。语出《礼记·王制》名句中"上贤以崇德"。意即品质高尚之人都是崇高道德之人。崇，指崇敬、崇尚。德，指道德、德行、品德、恩德。寓意时刻告知学生要增强道德意识、崇尚美德。

8.宿舍楼北侧路：厚德路。语出《周易》中"地势坤，君子以厚德载物"。厚德，指有大德。

9.教学楼南侧路：树德路。语出《尚书》中"正德、利用、厚生、惟和"。寓意全校师生要严格自律，正己正人；以德为先，正德树人，敬德守业，牢记公民基本道德和社会美德的规范。

10.三桥：博学桥、慎思桥、笃行桥（从北到南）。语出《礼记·中庸》中"博学之，审问之，慎思之，明辨之，笃行之"。

11.河：明诚河。语出《中庸》"自诚明，谓之性；自明诚，谓之教。诚则明矣，明则诚矣"。寓意至诚之心和完美的德行。

12.湖：静心湖。此处碧水澄澈、天鹅嬉戏，是放松身心、陶冶情怀的好地方，也是静心凝神、专心思考的好去处。静心湖也与正心湖相呼应。

13.两亭：陶然亭、卓然亭。北门湖边的亭叫怡然亭，此处两亭取名陶然亭、卓然亭与之相呼应、整体和谐。

14.中心广场：树人广场。语出《管子·权修》，"一年之计，莫如树谷；十年之计，莫如树木；终身之计，莫如树人。"

（三）励新园

取自"惟实励新"一词。惟实，即求真务实；励新，即劝勉、激赏和鼓励求新求变、开拓创新、日新月异，含有艰苦奋斗、励志进取、锐意开拓、不断创新的意思。

1.教学楼：致知楼。取"格物致知"之意。"格物致知"语出《礼记·大学》中"致知在格物。物格而后知至"。格：推究；致：求得。指探究事物原理，从中获得智慧（或从中感悟到某种心得）。

2.女生宿舍楼：尚文楼。崇尚文才、文德。

（四）青年教师公寓

德馨楼。"德馨"语出《陋室铭》中"斯是陋室，惟吾德馨"。教师这一特殊职业，有着严格的思想道德和职业道德要求，新一代青年教师更加应该恪守道德，加强自身的师德修养，努力成为"有理想信念、有道德情操、有扎实知识、有仁爱之心"的四有教师。

第二节　文化长廊悠远

胸怀家国，不懈奋斗
——精神文化长廊解读

国家精神是一个国家、一个民族的魂。

几千年的发展历程中，中华民族形成了以爱国主义为核心，团结统一、爱好和平、勤劳勇敢、自强不息的伟大精神，凝结了中华民族共同的价值追求，是中华民族的灵魂。这种精神熔炼于辉煌的古代中华文化之中，也玉成于近代中国人民救亡图存、前仆后继的奋勇抗争之中，更彰显于当前建设中国特色社会主义的伟大事业之中。

这些可贵的精神契合衡中"精神立校"办学战略，引领衡中师生的价值追求。置身其中，观摩学习、领略体验、思考升华，会进一步增强广大师生对中国精神重要内涵和重大意义的理解，潜移默化地养成又红又专的精神品格，凝聚起强大的精神力量，更加坚定为实现中华民族伟大复兴的中国梦不懈奋斗的决心和信念。

一、从北向南共计四排，第一排内容（部分）

毛泽东：人是要有一点精神的。

邓小平：没有一点闯的精神，没有一点"冒"的精神，没有一股子气呀、劲呀，就走不出一条好路，走不出一条新路，就干不出新的事业。

江泽民：一个民族、一个国家，如果没有自己的精神支柱，就等于没有灵魂，就会失去凝聚力和生命力。

胡锦涛：伟大的事业孕育伟大的精神，伟大的精神推动伟大的事业。

井冈山精神：坚定执着追理想，实事求是闯新路，艰苦奋斗攻难关，依靠群众求胜利。

长征精神：把全国人民和中华民族的根本利益看得高于一切，坚定革命的理想和信念，坚信正义事业必然胜利的精神；为了救国救民，不怕任何艰难险阻，不惜付出一切牺牲的精神；坚持独立自主、实事求是，一切从实际出发的精神；顾全大局、严守纪律、紧密团结的精神；紧紧依靠人民群众，同人民群众生死相依、患难与共、艰苦奋斗的精神。

五四精神：爱国、进步、民主、科学。

二、从北向南共计四排，第二排内容（部分）

习近平：人无精神则不立，国无精神则不强。精神是一个民族赖以长久生存的灵魂，唯有精神上达到一定的高度，这个民族才能在历史的洪流中屹立不倒、奋勇向前。

延安精神：坚定正确的政治方向，解放思想、实事求是的思想路线，全心全意为人民服务的根本宗旨，自力更生、艰苦奋斗的创业精神。

抗战精神：天下兴亡、匹夫有责的爱国情怀，视死如归、宁死不屈的民族气节，不畏强暴、血战到底的英雄气概，百折不挠、坚忍不拔的必胜信念。

太行精神：不怕牺牲、不畏艰险，百折不挠、艰苦奋斗，万众一心、敢于胜利，英勇奋斗、无私奉献。

抗美援朝精神：祖国和人民的利益高于一切、为了祖国和民族的尊严而奋不顾身的爱国主义精神，英勇顽强、舍生忘死的革命英雄主义精神，不畏艰难困苦、始终保持高昂士气的革命乐观主义精神，为完成祖国和人民赋予的使命、慷慨奉献自己一切的革命忠诚精神，为人类和平与正义事业而奋斗的国际主义精神。

雷锋精神：热爱党、热爱祖国、热爱社会主义的崇高理想和坚定信念，服务人民、助人为乐的奉献精神，干一行爱一行、专一行精一行的敬业精神，锐意进取、自强不息的创新精神，艰苦奋斗、勤俭节约的创业精神。

焦裕禄精神：亲民爱民、艰苦奋斗、科学求实、迎难而上、无私奉献。

三、从北向南共计四排，第三排内容（部分）

"两弹一星"精神：热爱祖国、无私奉献，自力更生、艰苦奋斗，大力协同、勇于登攀。

老西藏精神：特别能吃苦、特别能战斗、特别能忍耐、特别能团结、特别能奉献。

载人航天精神：特别能吃苦、特别能战斗、特别能攻关、特别能奉献。

青藏铁路精神：挑战极限、勇创一流。

"三牛"精神：为民服务孺子牛、创新发展拓荒牛、艰苦奋斗老黄牛。

科学家精神：胸怀祖国、服务人民的爱国精神，勇攀高峰、敢为人先的创新精神，追求真理、严谨治学的求实精神，淡泊名利、潜心研究的奉献精神，集智攻关、团结协作的协同精神，甘为人梯、奖掖后学的育人精神。

探月精神：追逐梦想、勇于探索、协同攻坚、合作共赢。

兵团精神：热爱祖国、无私奉献、艰苦创业、开拓进取。

四、从北向南共计四排，第四排内容（部分）

抗洪精神：万众一心、众志成城，不怕困难、顽强拼搏，坚韧不拔、敢于胜利。

抗击非典精神：万众一心、众志成城，团结互助、和衷共济，迎难而上、敢于胜利。

抗震救灾精神：万众一心、众志成城，不畏艰险、百折不挠，以人为本、尊重科学。

劳模精神：爱岗敬业、争创一流，艰苦奋斗、勇于创新，淡泊名利、甘于奉献。

劳动精神：崇尚劳动、热爱劳动、辛勤劳动、诚实劳动。

工匠精神：执着专注、精益求精、一丝不苟、追求卓越。

抗疫精神：生命至上、举国同心、舍生忘死、尊重科学、命运与共。

华为精神：以客户为中心、以奋斗者为本，长期坚持艰苦奋斗、坚持自我批判。

衡中精神：责任担当、激情实干、团结精进、和谐共生。

责任担当：胸怀家国，持恒追远；直面挑战，奋勇向前；激情实干：蓬勃向上，斗志昂扬；爱岗敬业，艰苦奋斗；团结精进：众志成城，高效执行；精益求精，创新进取；和谐共生：立己达人，美美与共；开放包容，合作共赢。

第三节　年级文化竞放

学为家国，行有天下
——高二年级教学楼文化设计方案

一、指导思想

为了给学生营造一个良好的生活氛围，打造一个卓越的学习平台，提供一个高品位的成长环境，衡中高二年级始终践行学校"文化治校"的管理理念，重视年级文化布置，突出年级氛围营造，完成了以"家国天下"为核心布局的年级文化，彰显了品位，丰富了内涵，浓郁了情怀，放大了格局。

二、设计理念

教学楼文化紧紧围绕主题"时当少年、启心养志、学为家国、行有天下"进行整体布局，以"赓续传统、厚植红色、投身时代、放眼未来"为推进方向，以"铸家国之高远情怀，成天下之阔大格局"为终极追求。

主题中"时当少年"即学生现在处于少年时期（11~17岁），同时又可按照古汉语中"少年"的意思做解，古汉语"少年"指"青年男子"，与老年相对。比如，《少年中国说》中的"少年"就是"青年人"（18~39岁）。

主题中"启心养志"即学生正处于"启发心智、养培志向"的人生阶段，用知识丰盈大脑、破除蒙昧，拥有智慧、明心正身；用见识开阔眼界、看小自我，心怀人民、高情远志。

主题中"学为家国、行有天下"取《大学》中"修身、齐家、治国、平天下"与《三字经》中"幼而学，壮而行；上致君，下泽民；扬名声，显父母；光于前，裕于后"之合意形成。"学为家国"即在青少年时代心怀家国之志，用学习筑牢人生发展的根基，让学生明晰学习的目的，回答好"为何学习"这一问题；"行有天下"即打好人生根基的学生到了壮年时代积极入世、大胆实践，用忠于家国之志，成恩泽天下之功。

推进方向"赓续传统、厚植红色，投身时代、放眼未来"。纵观中华五千多年，"传统"即1919年五四运动之前的中华优秀传统文化，涉及诸多方面；"红色"即从中国共产党诞生之初直至今日所形成的红色精神、红色文化、红色人物、红色实践等革命文化；"时代"即当今新时代；"未来"即眼前的"两个一百年""中国梦""中华民族的伟大复兴"以及"中国遥远的未来——共产主义社会""天下大同"等。"赓续、厚植、投身、放眼"意在让学生不忘本来、奋进未来。

终极追求即培养人的追求。"铸家国之高远情怀，成天下之阔大格局"主要着眼于培养社会主义的"家国情怀、天下格局"，让学生永远忠于党、爱吾国、为人民。一个有大情怀、大格局的人往大的角度看，可以建立大功业、造福全民族，进而推进人类文明发展；往小的角度看，可以和谐家庭、教化儿女，进而融洽社会。

三、文化内容

基于以上认识，布局年级文化，共分为十部分。

其一，LOGO的灵感来自"渊源共生，和谐共融"的"祥云"图案，象征着年级共融、向上、朝气、祥和的精神品质，在衡水中学厚重文化和光辉历史的基础上融合国外的简约元素，改变色值，簇拥成一个阿拉伯数字"Z"，在色彩和光影的铺陈中给人一种灵动之感、华美之姿，彰显了青春的活力、少年的奔放。

其二，200名人展墙分为5个系列，在一二号教学楼一至五层进行呈现。其中，一层为千秋大家，二层为时代楷模，三层为革命英雄，四层为汗青忠魂，五层为少年英才，让学生在榜样中成长，让灵魂在追求中升华。

其三，班级文化阵地由31个精心挑选的育人成语组成，再从每个成语中取一个字，构成如下文字：一层为"修齐治平"，二层为"铸家国情怀"，三层为"成天下格局"，四层为"人民至上"。让学生始终以"人民"为行为的出发点和归宿点，以浓厚的家国情怀和强烈的天下意识去实现人生的修身、齐家、治国、平天下。

其四，年级公告栏印刻上活动主题（"时当少年、启心养志、学为家国、行有天下"）、推进方向（"赓续传统、厚植红色、投身时代、放眼未来"）、终极追求（"铸家国之高远情怀，成天下之阔大格局"），由级部事务、模范榜样、思想阵地、活动展示四部分构成。四部分与主题"时当少年、启心养志、学为家国、行有天下"分别相对，左上角镶嵌着漂亮的LOGO，让学生时刻对号入座、反思自身，在学习中提升、在提升中卓越。

其五，社会主义核心价值观张贴在教室后墙上，白底红字，分外显眼，字体清晰，苍劲有力，浸润着每一个学生，印刻在每一个学生的头脑中，让学生学会自觉履行公民义务并不断鞭策自己，努力让自己成为新时代呼唤的能够担当民族大任的栋梁之材。

其六，楼梯版画由古今中外名家大作构成：一侧楼梯为中国山水画，另一侧楼梯为国际名作，在给学生以美的享受的同时，给以艺术的熏染，让学生置身高端文艺的殿堂，吸引他们去感受用厚重人生点画的生命律动。

其七，"横渠四句"抬头即见，天天浸润，引航人生：为天地立心，为生民立命，为往圣继绝学，为万世开太平。

其八，按照"赓续传统、厚植红色、投身时代、放眼未来"逐层在连廊分别布置为"九雅：琴棋书画诗酒花茶印"水墨意境（二层：赓续传统）、"从红船至改革开放"的红色精神（三层：厚植红色）、"一群人、一辈子、一件事"的榜样（四层：投身时代）、"探秘人类，追寻世界"的前沿科技振奋精神（五层：放眼未来）。以"精神立校、精神育人"为主线的备课区、会议室文化静心收心。

其九，教学楼绿植装点在每一个角落，目之所及，生意盎然，行走在自然之中，感受生命的美妙，了解生命的成长。

其十，标识标志着每一个场所，规划着教学楼的秩序，让学生每一天都在有序和谐的环境中体验设计师的细致严谨。

年级一直致力于为少年学生打造一个"家国天下场"，浸润心灵，燃烧青春，为每一个人的未来发展奠基，为每一个人的成人成才护航。

第四节　校服文化荣身

校服寓意解读

习近平总书记强调，要抓住青少年价值观形成和确定的关键时期，引导青少年扣好人生第一粒扣子。

衡中校服有一粒"德"字扣，中央刻着篆体"德"字，两旁雕刻忍冬纹，宛如承载知识的书籍上盛开着永不凋零的花。中华文明源于江河，衡水中学紧临衡水湖，校训"追求卓越"以形似水纹的篆体绣于校服门襟位置，彰显衡水中学与中华五千年历史文明的完美结合。

"衡"字用繁体篆为标志做出的装饰唛，彰显衡中持续发展的生命力；定制织唛设计为地球图案，寓意衡中学子立足中国、放眼世界的广阔眼界；以校训作为专属的姓名贴，是精神文化的一种体现，同时可防止拿错遗漏的情况；以衡中校徽为原型的领带和领花，寓意学校文化的延伸。

赫尔巴特说"使教育过程成为一种艺术的事业"，教育是教人向真、向善、向美，而学生装是教育的延伸，是美育的载体。相信衡中的每一个人，无论以后身在何方，都会将美好的品德、蓬勃的朝气、追求卓越的精神贯穿始终。专属设计展示如下。

1."衡"字用繁体篆为标志做出的装饰唛，不仅时尚美观，同时也能体现出衡水中学的文化内涵。

专属装饰唛

2.在款式的门襟处以校训"追求卓越"为文本，用经典的繁方篆设计的专属刺绣，体现了学校的专属感与文化底蕴。

门襟处的校训　　　　　　专属刺绣

3."德"字扣中央刻着篆体，直观地体现出中华传统文化的内涵；"德"字两旁雕刻忍冬纹，宛如承载知识的书籍上盛开着永不凋零的花，寓意学生在今后的人生中将美好的道德品质坚持到底。

校服上的"德"字扣　　　　　　专属扣子

4.以校训作为专属的姓名贴，是精神文化的一种展现。在款式内侧放有专属的姓名贴，可防止学生的校服有放混拿错以及遗落丢失的状况发生。

专属姓名贴

5.定制织唛设计为地球图案，寓意学生立足中国、放眼世界的广阔眼界。

专属装饰唛

6.以衡中校徽作为原型，印于领花、领带上，寓意衡中文化的延伸，也体现了衡中的专属感。

专属领花、领带

衡中校徽

7.藏青色，象征着谦恭有礼、清新爽朗，寓意衡中学生在追求学业的过程中能保持一种谦恭有礼的态度和清新爽朗的性格；灰色是严谨的，是沉稳和坚毅的象征，表达了衡中学生对学习报以严谨的态度、坚毅的精神和沉稳的处事态度。

藏青色

灰色

一、校服设计理念

本系列校服设计款式为具有民族与校园特色的中山装，结合多功能的衬衣设计满足了学生四季穿着的需求。中华文明源于江河，衡水中学紧临衡水湖，本系列以衡水湖为灵感来源，将校训"追求卓越"以形似水纹的篆体用机绣的方式绣于校服门襟位置，展现出衡水中学与中华五千年历史文明的完美结合。校服作为学生的统一着装，代表着学校形象和学生风貌，能够传承文化、展现朝气。

男生校服　　　　　　　女生校服

二、校服细节

校服细节

1. 短裙、裤子腰处内部采用调节扣，可根据身高情况进行调节。
2. 板型区分男女，立体修身，挺括有型。
3. 女裙内为优质棉质面料安全裤，方便活动。

三、衬衣设计说明

1. 衬衣：款式简洁大方，板型上符合学生气质，袖子里侧袖带挽起后可变为短袖，满足学生四季需求，彰显品质。

2.上装：从服装板型及立领设计上区分男女，面料色彩为谦恭有礼、清新爽朗的藏青色。

3.配饰：蕴含着学校精神和办学理念的定制校徽佩戴在左胸处，体现爱校尊师、规范举止。

4.特色：校训"追求卓越"以刺绣的方式绣于校服门襟位置。

男生衬衣　　　　　　　　女生衬衣

四、衬衣细节

1.衬衣可调节袖口，提高手腕处的穿着舒适度，袖口内部采用深色面料，增强抗污功能。

2.第一粒扣采用绿色的配色扣，既融合学校文化，同时也体现出了人生第一粒扣子的寓意。

3.合理的板型与剪裁符合人体结构学，穿着更加舒适。

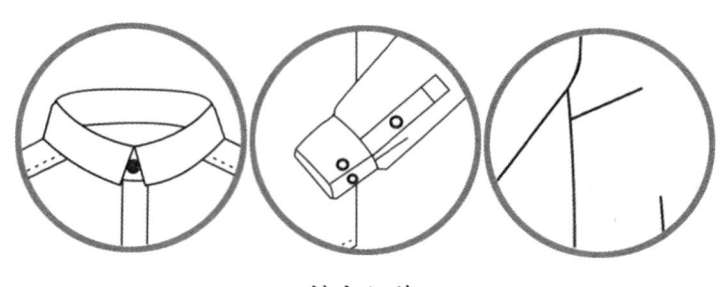

衬衣细节

第五节　文化节放异彩

语文文化节活动方案

为了传承并弘扬中华民族的优秀传统文化，提升学生的语文文化素养，培养学生的家国情怀，献礼70周年校庆，衡水中学高一年级特举办2021级语文文化节活动。

一、活动目的

赓续中华优秀传统文化，弘扬新时代先进文化主旋律，展示盛世中国恢宏文化气象，厚植中华少年成长文化沃土，激发广大学子对祖国传统文化热忱。

二、指导思想

本次活动将围绕高中语文学科核心素养开展，将"语言建构与运用、思维发展与提升、审美鉴赏与创造、文化传承与理解"贯穿到活动之中，同时结合当下高一的语文教学特点，以学生为首要对象，注重培养学生对语文学科的兴趣，发散语文学科学习的思维，提高理解文字文本的能力及语感，顺利完成高一到高二的过渡。

三、活动安排

系列活动一："书字修心，红楼墨香"

1.参赛范围。高一年级全体学生。

2.参赛时间。自即日起正式开始。

3.参赛形式。书法习作，硬笔、毛笔均可。将成品拍照，放入指定文件夹。

4.活动流程。

①在各班级内集中开展书法大赛动员。学生利用每天习字练习，提升对字形间架笔画的书写水平。

②3月11日前每人挑选一幅个人最满意的作品拍照上交老师。

③截止到3月12日,各班级内部选出3份优秀书法作品上交各部语文组。

④各部筛选。10份优秀作品统一进行打分、评级并展示,3月13日完成。

5.活动要求。

①书写内容限定为《红楼梦》中的经典诗词楹联,以便感悟红楼魅力。

②作品内容积极向上,充满正能量,具有引领性,符合社会主义核心价值观的基本要求。

③对优秀作品进行评奖、微信公众平台新闻外宣、各级部制作展牌、结集送印。

④作品需有标题、班号、署名、指导老师等必要内容。

6.预计效果。经过两周的书法练习,学生的书写习惯将有所改善。在练习汉字的过程中提高观察力和专注力,提高对于日常书写的要求以及对汉字的鉴赏能力。同时,抄写《红楼梦》经典诗词便于深入体悟红楼文化,培养学生的文化自信,更加热爱语文、热爱汉字。

系列活动二:"复活经典,体悟人生"

1.参赛范围。高一年级对表演感兴趣的同学。

2.参赛时间。3月15日—27日。

3.参赛形式。化装表演,拍摄视频。每个级部至少排练一个短剧,以校区为单位进行会演。

4.活动内容。对新教材必修下册第二单元课文进行改编并化装表演、拍摄视频,进行会演。

①要求内容健康向上,弘扬正能量,作品主题鲜明,可以进行适当的加工、改编、再创作。

②内容10分钟左右。

③对优秀作品进行评奖、微信公众平台新闻外宣、录像存档、剧照展示。

④在班级内部充分动员,保证参与度,海选演员,排练精品。

5.预计效果。课本戏剧排练,可以和第二单元教学有机结合,便于打破僵化的"讲授"模式,激发学生的学习兴趣,在改编、排练、观看、品评等各环节充分锻炼学生的表达、理解、沟通等语文思维能力,全面提升语文素养。

系列活动三:"文学种子,大咖开讲"

1.报告时间。3月20日15点。

2.活动内容。利用衡水中学承办第18届"叶圣陶杯"作文大赛现场决赛的契机,组织师生观摩学习著名作家何郁老师的写作指导讲座。

3.预计效果。何郁老师是北京市朝阳区教研中心语文学部负责人、高中语文教研员,北京市特级教师、中学语文学科带头人,北京市作协会员,诗人,作家。上学期开学前,全体高一语文老师已经在线上学习过他的讲座,此次现场一定会有更多的收获与启发。

系列活动四:"远足放歌,青春礼赞"

1.参赛范围。高一年级全体学生。

2.参赛时间。3月底高一年级"80里远足"活动前后。

3.参赛形式。电子稿件。

4.活动内容。

形式一:诗歌。可以是古典诗词,也可以是现代诗,要求取材于远足前后的见闻及感触,抒发真实情感,展现个性风采,主题积极向上。

形式二:散文。抒情散文或记叙性散文均可,要求取材于远足前后的见闻及感触,抒发真实情感,展现个性风采,主题积极向上。

5.活动流程。

①远足前让学生欣赏往届优秀作品,对学生进行动员并发布正式征文启事。包括老师在内,全员参与。

②远足结束后趁热打铁,鼓励师生创作诗文。利用假期形成文字版,开学后进行评选。

6.活动要求。

①以"青春·求索"为主题,要求内容健康向上,弘扬正能量。

②每班3篇,在班级内部张贴展示;每个级部3篇,推荐到学校公众号发表并结集刊登到活页上。

③作品需有主题、年级、班级、署名等必要内容。

7.预计效果。郗书记曾指出,远足是奋斗的号角,是探索的旅程,更是青春的诠释、梦想的演绎,是衡中把思政课搬到大自然的最佳实践。语文学科天然与学生的精神成长、人格塑造、灵魂丰盈息息相关，结合远足开展征文，既能引导学生深入体悟远足的意义，又能提升学生的语文综合素养。

四、前期准备

活动周期较长，师生需提前做准备。

活动分工表

活动名称	活动负责人	总负责人
"书字修心，红楼墨香"		
"复活经典，体悟人生"		
"文学种子，大咖开讲"		
"远足放歌，青春礼赞"		

其他事项

活动名称	活动时间	班级上交时间	各部评选时间	成果形式
"书字修心，红楼墨香"	3.6—13	3.11	3.12	图片（专门设计的习字纸）
"复活经典，体悟人生"	3.15—27	3.27	3.28	会演+10分钟视频
"文学种子，大咖开讲"	3.20	3.20	3.20	录像
"远足放歌，青春礼赞"	3.28—4.3	4.1	4.2	电子文稿

1.作品收集与提交路径：班级学科课代表及科任老师。

2.各部评委团、活动负责人。

3.活动完成情况监督组。

4.成果展示模块形式及途径。

衡水中学语文文化节组委会
×年×月×日

政治文化节活动方案

为进一步落实学校"责任教育年"的计划要求，推动政治教师向学习型、专家型教师转变，丰富学生的校园文化生活，提高学生的政治素养，深化新课程改革，努力培养学生的责任意识和实践能力，政治中心教研室立足现有教学资源，集思广益，积极探索，举办衡水中学政治文化节。文化节的举办将进一步营造浓厚的学科氛围，普及政治常识，激发同学们的学习兴趣，全面展示并提升学科素养，进一步提升学生的思想道德水平和责任意识。政治文化节特开展以下系列活动。

一、活动主题

"我的青春，我的责任"。

二、组织机构

总负责人和高一、高二负责人，成员为高一、高二所有政治老师。

三、活动安排

第一项：弘扬五四精神主题黑板报评比

五四运动是一场彻底的反帝反封建的爱国革命运动，也是一场伟大的思想解放运动和新文化运动。这场以"爱国、进步、民主、科学"为核心内容，以一批先进青年和知识分子为先锋、广大人民群众积极参加的伟大运动，振奋了中华儿女的精神，奏响了改变中国历史命运的序曲。青年是五四精神的继承者，青年兴则国家兴，青年强则国家强。五四精神所推崇的精神是爱国、进步、民主、科学。

1.活动目的。黑板报是校园文化的重要组成部分，也是班级风貌的展示平台。为充分发挥黑板报阵地在教育宣传活动中的作用，同时进一步弘扬五四精神，增强学生的担当意识和责任意识，特举办此活动。

2.评比小组成员。活动范围为高一年级所有班。组长为政治老师，副组长为各班班长，成员为团支书、政治课代表、班委会成员。

3.活动流程。

①确定活动主题："弘扬五四精神"。

②5月6日下午第八节团活动时间进行现场评比。

③评委由一名班级代表和政治老师组成。

④3位老师负责给每个黑板报进行拍照、留档。

⑤统计评比结果，公布成绩。

⑥评比结果：A部1个一等奖、2个二等奖、3个三等奖，B、C部2个一等奖、4个二等奖、4个三等奖。

4.评比细则。

①出刊情况：总分在80分以上。未按计划时间完成的为0分。

②版面内容。

A.整体版面15分。要求：版面整洁，设计美观大方，创意新颖，色彩协调，图文及装饰布局合理，版面之间的间隙恰当。

B.选材25分。要求：符合五四精神，有教育意义，有时效性，主题鲜明。

C.刊头25分。要求：刊头在醒目位置，大小适中（约占黑板报总面积的六分之一），精致、新颖，讲究艺术性，突出主题。

D.文字20分。要求：板书整洁、美观、清晰、间距适中，适当加以艺术效果、运用多种字体增加它的美观性，无错别字。

E.题花、尾花及插图15分。要求：选择图案和花纹时要注意结合黑板报的性质和该期的主题内容，考虑到与刊头相呼应，装饰恰当得体。

评比打分表

班级	板报主题	得分	备注
……	……	……	……

第二项："模拟政协"提案评比活动方案

通过模拟政协的活动，让高中生跳出政治课本的局限，亲身体验和理解国家的政治运作和中国民主政治的发展，唤起学生的社会责任感，同时探索一种新的综合实践性课程。通过亲身参与提升学生的社会责任感、归属感和参与意识，在涉及民生的公共政策问题的寻找和改变的过程中关注民生、社会责任，尽一份国家公民的义务。通过规范的活动流程感受"政协"议事制度，在对话政策、对话同伴、对话政要及其他国际对话的过程中熟悉政策制定和完善的流程。通过团队合作的形式，在分工合作、团队听证的过程中分享个人的创意、团队的智慧。

1.组织单位。政治中心教研室。

2.活动对象。高一年级全体学生。

3.活动时间。5月15日之前将档案交给各自的政治老师，15—20日各班级内部开展选评（将选出作品放入07\高一政治文件夹中），21日进行评选并公布结果。

4.活动形式。

①高中生模拟政协委员，就社会热点及自身关注的问题提出提案（成立自己的团队）。每班提交2~3个高质量的提案。

②邀请不同专业的老师组成评委团，对所有提案进行点评以及初审，从中选出10个优秀提案。

5.参与方式。于5月15日24点前将提案以电子版形式发到指定的邮箱。联系人为本班政治老师。

6.提案要求。

①须知。

A.提案应当坚持严肃性、科学性、可行性，围绕国家大政方针、中心工作和经济、政治、文化、社会生活中的重要问题以及人民群众普遍关心的问题建言献策。

B.提案须一事一案、实事求是、简明扼要，做到有情况、有分析、有具体的建议。

C.提案人数不限，联名提出的提案优先考虑。

D.提案人自行决定是否请指导老师，有指导老师的提案优先考虑。

E.提案人可以收集有关提案的资料（如录像、照片、新闻材料等）作为提案的论据，和提案一并发到邮箱。

F.提案必须按照规定的格式提交。

②基本格式。

A.类别：提案所属类别，如政治、经济、文化、社会等。

B.提案者：提案人的班级、姓名、联系电话等信息，如为联名提案，则发起人作为第一提案人。

C.现状及问题：主要包括问题、分析。

问题：提出提案的理由、原因或根据。

分析：根据问题、情况对照有关法律法规、伦理道德等进行分析。分析是提案的核心部分，要有理有据，实事求是，简明扼要，切忌笼统、空泛。

D.改善提议（也称建议）：针对案由反映的问题，提出解决问题的具体建议和办法。

E.预期效果：预期解决办法实施后产生的效果。

③评选细则。

A.提案的社会价值。

B.提案的现实性与可行性。

C.提案的创新性。

D.提案人的陈述和答辩表现。

7.奖项设置。设一等奖2名、二等奖4名、三等奖6名及最具价值奖、最佳创意提案奖若干名。

第三项："欢乐淘宝，魅力市场"——校园跳蚤市场活动方案

1.指导思想。为进一步在深化实践中体验思想、创设情境，让学生在跳蚤市场中体验角色（如售货员、顾客、收银员、导购员等）的同时，学会交流、合作、关心他人、帮助伙伴，培养队员的表达能力、组织能力、应变能力、理财能力，提高学生参与社会实践活动的能力。

2.活动目的。本着"您的多余，我的需要"的理念，引导学生将自身不用的书籍、文化用品、运动器械和自己的小发明、小制作等拿到跳蚤市场展示、交流、拍卖，从而培养学生的商品意识和经济头脑，提高参与经济生活的能力。

3.活动意义。

①现实生活处在一个商品极度丰富的社会中，学生每天都要和各类商品打交道。全面认识商品、了解商品的流通环节，有利于学会正确地选购商品、体验金钱获得的不易，懂得"一粥一饭当思来之不易，一丝一缕恒念物力维艰"；有利于培养真诚待人、诚信为本、公平交易的精神和品质，为终身发展奠定基础。

②对旧物进行再利用，变废为宝，节约有限资源，是社会进步和文明的标志；在交易中学会理财、学会沟通、学会诚信，可以体会创造价值的乐趣；从小培养节俭、自主创业意识，有利于在交易中增长才干、学到本领。

③推广"循环经济"的理念，创设情境，让学生在体验环保的同时，学会交流、合作，学会关心环境、旧物循环利用，树立节约意识。

④通过跳蚤市场为学生搭建了闲置物品交易的平台，不仅使闲置的资源得到了充分利用，增强了市场经济意识，培养了社会交际沟通能力，也达到了养成节俭习惯的目的，减少了因为闲置造成的浪费和环境污染，促进了学生之间的交流，构建了和谐校园。

4.活动形式。通过跳蚤市场活动，学生可将各种闲置物品（如杂志、课本、工具书、辅导书或者饰品、挂件、球拍、毽子以及各种小制作、小发明等）陈列在摊位上，推销自己的商品，其他学生可以在市场中对自己喜欢的商品自由讨价还价、交易或交换。

5.活动对象。高一、高二文科全体学生。理科学生自愿报名。

6.活动细则。

①拍卖物品以价廉物美、富有价值、健康实用为佳。

②物品在交换时以自愿为原则，不能强买强卖。

③参加人员可自由发挥、各展其能、运用销售策略，场面力求生动灵活，可简单设计广告语。

④活动结束后各班负责清理展台周围的卫生。

7.时间地点。5月22日（周五）下午体活课（暂定），学校操场。

8.系列流程。

①准备阶段。

A.准备商品。学生罗列出自己不需要但是别人可以用的书籍、磁带、文化用品、生活用品、运动器械和自己的小发明、小制作等物件。每个学生准备的商品项目、数量最好不超过8件,每件商品实际价格不得超过50元。一旦发现携带违禁物品,当场没收。

B.商品登记。由政治组统一印发商品登记表,每班1名市场总监负责填写。

C.商品营销。每班1名市场总监、3名导购。

D.广告设计。建议针对自己的商品设计卡片广告,可写广告语、价格、功能等,内容、形式不限。

E.货款准备。建议每个学生准备30元以内的现金。

F.场地划分。××老师找级部协助划分好场地,保证各班都有一个交易区域。

②实施阶段。

A.各班就位。学生携带商品进入指定区域,由班长和政治课代表负责。

B.交易过程。学生把商品放在指定区域,市场总监和导购负责营销和记录。如果卖主和其他同学谈妥以物换物,需进行登记。在交易过程中,买卖双方要保护好自己的财物,如有损失自行承担,活动举办方不负任何责任。卖方在收取现金时自行辨别真伪。买卖双方应本着公平、诚信、自愿的原则进行交易,严禁不正当竞争。交易中买卖双方对物品价格、质量如存在异议应协商解决,切不可发生争执甚至打斗。此类现象如有发生,情节严重者将上报保卫处。

C.巡视辅导。高一、高二政治老师注意学生的安全,并关注和处理好在交易过程中出现的意外问题。

D.爱心捐赠。活动现场设置爱心捐赠箱,参与者可以捐赠一些自己的闲置衣服等物品,由志愿者(高一2名、高二2名)进行登记。

E.摄影:××。

③结束阶段。

A.卫生保洁。活动结束后,各班做好操场卫生清理工作,学生会进行检查。

B.情况摸底。政治老师要对本班的交易情况逐一了解并进行总结。

C.评价报道。活动结束后，各班认真总结，写好班级通讯报道（或活动收获心得）并留下精彩瞬间。

第四项："追求哲学智慧，描绘美好人生"——原创哲理漫画大赛活动方案

1.活动背景。本次大赛旨在培养学生的思维能力，学会用哲学的观点看待生活学习，提升学科素养，丰富课余生活；通过漫画作品将哲学道理、人生智慧以生动的艺术形式展现出来，让学生真正从漫画作品的含义中体验到哲学智慧，从而达到净化心灵、提升思想境界的目的。

2.活动目的。优化学生的心理品质，增强学生的思维能力，促进学生身心和谐、健康成长。

3.主办、承办方。主办方为政治中心教研室，承办方为高二政治组。

4.活动对象。高二全体文科学生，理科生自愿参与。

5.参赛要求。

①每班至少要报送15幅漫画作品。

②作品要紧紧围绕"追求哲学智慧，描绘美好人生"主题展开创作。

③作品内容积极向上、有启发性，纸张大小为A4纸以上。

④参赛作品要有标题，也可以配相关文字，内容可以是学习过的哲理也可以是其他人生哲理。

⑤发动各班课代表做好宣传工作。

⑥作品必须为原创，绝不允许抄袭，一经发现违规立即取消其参赛资格。

⑦所有参赛作品均不退稿，请自留底稿。

6.征集时间。5月1—10日。

7.征集方式。作品上交至课代表处，再由各班课代表交至政治组老师处。

8.评选时间。5月11—13日。

9.奖项设置。一等奖5名，二等奖10名，三等奖20名，均有证书+奖品。

10.其他。本活动解释权归政治中心教研室所有。

衡水中学政治文化节组委会

×年×月×日

历史文化节活动方案

为了更好地传承并光大中华民族优秀文化，陶冶历史情操，感受古代圣贤的家国情怀，更多地了解中华民族的奋斗史，提升历史文化素养，铸就中国梦，我校特举办历史文化节。

一、活动背景

历史是一个民族的过往和记忆，对于中华民族而言，中华民族的历史是每一个中华儿女安身立命的精神根基。对于初接触历史学习的中学生来说，他们的世界观、人生观、价值观尚未完全确立，同时由于缺乏必要的人生经历和沉淀，对历史的学习和理解是浅层的、碎片的、感性的。

随着我国日益扩大开放、日益走向世界舞台中央，同世界的联系更紧密、相互影响更深刻，意识形态领域面临的形势和斗争也更加复杂。"为学须先立志。志既立，则学问可次第着力。立志不定，终不济事。"中学生要成为社会主义的建设者和接班人，必须树立正确的世界观、人生观、价值观，把实现个人价值同党和国家的前途命运紧紧联系在一起。因此，在历史文化节中开展马克思主义理论教育，用习近平新时代中国特色社会主义思想铸魂育人，引导学生增强中国特色社会主义道路自信、理论自信、制度自信、文化自信，厚植爱国主义情怀，把爱国情、强国志、报国行自觉融入坚持和发展中国特色社会主义、全面建成社会主义现代化强国、实现中华民族伟大复兴的奋斗之中。

二、活动目的

1.青少年是祖国的未来、民族的希望，希望通过这次活动，更多的同学能够更多地了解、体会历史，在历史的阅读中获得更多的人生感悟，从而丰富中学生活；通过组织各项有趣的活动张扬自己的思想、开阔视野，让大家可以在活泼有趣的氛围中真正地走进历史，并且逐渐地喜欢上历史，在历史的宝库中收获属于自己的精神感悟和生活快乐，从而让自己的中学生活更加绚丽多彩。

2.为了以史为鉴、勿忘国耻、奋发图强，丰富同学们的课余生活，加强爱国主义教育；为了引导学生立德成人、立志成才，教会学生科学的思维，让学生学会辩证唯物主义和历史唯物主义，善于运用创新思维、辩证思维，善于运用矛盾分析方法抓住关键、找准重点、阐明规律，给学生深刻的学习体验；为了引导学生全面客观地认识当代中国、看待外部世界，善于在批判鉴别中明辨是非、树立历史视野，既不封闭保守，也不崇洋媚外。

3.让学生充分认识和利用历史文化节来提高自身综合素质以及建设良好学风。在讲授中国历史时，要注重引导学生传承民族气节、崇尚英雄气概，引导学生学习英雄、铭记英雄，自觉反对那些数典忘祖、妄自菲薄的历史虚无主义和文化虚无主义，自觉提升境界、涵养气概、激励担当。

三、活动主题

"寻找历史的美"。

四、活动时间

×年×月×日—×年×月×日。

五、活动形式

此次活动由若干主题活动和展演活动两部分组成。

主题活动由五大活动组成，注重历史的真实性、趣味性、可感性。作品以"征集令"为主要形式，学生自主选择完成。优秀作品通过衡水中学微信公众平台进行宣传推广。

展演活动涵盖歌曲、舞蹈、相声、历史剧等多种表演方式，旨在通过丰富多彩的演出重现历史场景，唤起学生的家国情怀，从不同视角展现当代中学生对历史的理解，增强学生对历史的热爱、对祖国的热爱。参演节目均由同学们自编自演，经过认真筹备、教师指导和多次演练，充分展示历史学科的魅力和衡中学子的风采。通过本次活动，希望同学们能够主动了解历史、学习历史、弘扬历史文化，做一个有理想，有本领，具有中国心、世界眼的新青年。

六、活动对象

全体学生。

七、活动组委会

成员略。

八、主题活动

对优秀作品进行评奖，衡水中学微信公众平台新闻外宣，结集成册，作品展览。

（一）历史漫画活动方案

1.参赛范围。全体学生。

2.参赛时间。自即日起正式开始。

3.参赛形式。单幅漫画、连环漫画。

4.参赛要求。

①漫画题材应来自现行高中学段古代、近现代史教材或博物馆文物。

②作品应有史实依托，主题鲜明，可以对史料进行适当的加工、改编、再创作。

③作品应当具有发人深思、启人心智的作用。

④作品应有200字左右的文字简介，说明作品的主题内涵或创作意图。

⑤漫画须在1~2页B4纸内完成，不允许同时使用纸张反面。

⑥漫画线条勾勒要清晰，最好使用钢笔、油性笔或签字笔定稿后进行上色。

⑦严禁参赛者下载抄袭，一经发现取消其评奖资格。

⑧作品需有主题（标题）、年级、班级、署名等必要内容。

（二）三行情书活动方案

1.参赛范围。全体学生。

2.参赛时间。自即日起正式开始。

3.参赛形式。书写三行情书。

4.参赛要求。

①以中外历史人物、事件等为主题。

②作品内容积极向上，充满正能量，具有引领性，符合社会主义核心价值观的基本要求。

③60字以内，排列成三句。

④作品提交包括但不限于手抄报、书法等形式，可自行在诗句旁添加插图。

⑤严禁参赛者下载抄袭，一经发现取消评奖资格。

⑥作品需有主题（标题）、年级、班级、署名等必要内容。

举例：

写给祖国：汉字那么多/中华人民共和国/是我最爱的那几个；

写给疫情：今日顽疾，举国共抗/来年春光，黄鹤楼上/齐目长江滚滚，再叹神州苍苍；

写给汉字：若我是仓颉/首先造出的字/一定是你的名字和"我爱你"。

（三）唱响历史之音活动方案

1.参赛范围。全体学生。

2.参赛时间。自即日起正式开始。

3.参赛形式。视频录制。

4.参赛要求。

①内容健康向上、弘扬正能量。围绕历史展开即可，主题不限。

②歌曲的演唱方法、风格、形式不限，可以采用独唱、合唱、说唱、京剧等表演形式，拍摄过程中可以设置转场方式，体现出不同的风格面貌。

③提交的参赛歌曲格式应为横屏录制、高清MP4视频格式，时长不超过5分钟，同时提交1~2张录制视频时的图片。

④作品需有主题（标题）、年级、班级、署名等必要内容。

（四）国宝独白活动方案

1.参赛范围。全体学生。

2.参赛时间。自即日起正式开始。

3.参赛形式。视频录制（统一规定为抖音形式）。

4.参赛要求。

①选取一件历史文物，录制一段介绍文物的视频。

②横屏录制，保证录制背景明亮整洁，时长2分钟左右。

③可参考《国家宝藏》《假如国宝会说话》等历史纪录片进行题材选取和讲解参考。

④严禁参赛者下载抄袭，一经发现取消评奖资格。

⑤作品需有主题（标题）、年级、班级、署名等必要内容。

（五）历史微小说活动方案

1.参赛范围。全体学生。

2.参赛时间。自即日起正式开始。

3.参赛形式。微小说。

4.参赛要求。

①以历史人物、历史事件为题材进行创作。

②要求内容健康向上、弘扬正能量、作品主题鲜明，可以进行适当加工、改编、再创作。

③作品内容不超过1000字。

④严禁参赛者下载抄袭，一经发现取消评奖资格。

⑤作品需有主题（标题）、年级、班级、署名等必要内容。

九、展演活动

1.展演范围。全体学生。

2.展演时间。待定。

3.展演形式。歌曲、舞蹈、相声、历史剧等多种表演方式。

4.展演要求。通过丰富多彩的演出重现历史场景，唤起学生的家国情怀；从不同视角展现当代中学生对历史的理解，增强学生对历史的热爱、对祖国的热爱。参演节目均由同学们自编自演，经过认真筹备、教师指导和多次演练，充分展示历史学科的魅力和衡中学子的风采。通过本次活动，希望同学们能够主动了解历史、学习历史、弘扬历史文化，做一个有理想，有本领，具有中国心、世界眼的新青年。

5.拟定展演主题。"传承弘扬华夏文明，共筑共享中国梦"。

6.拟定展演节目。歌曲《朝代歌》，历史剧《董仲舒》，时装秀（从古代史到近代史），历史剧《走向共和》，歌曲串烧（《北伐军歌》+长征歌曲+抗日歌曲+新中国成立歌曲+改革开放歌曲），改革开放40年快板展示（家庭、家乡、老照片），"平语近人"。

十、其他事项

活动具体内容由历史文化节活动组委会负责解释。

衡水中学历史文化节组委会
×年×月×日

附：三行情书精品展

寄情历史，涵养担当

三行情书是三行诗的一种，通过三行情诗的书写活动，让同学们体会历史的温情与厚度，培养同学们正确的民族观和历史观，树立起同学们为社会主义现代化建设和民族复兴贡献力量的民族责任感和担当意识。

下面就让我们来看看同学们的作品吧。

[历史典故]仓颉造字，中国古代神话传说之一。仓颉，也称苍颉，复姓侯刚，号史皇氏，曾把流传于先民中的文字加以收集、整理和使用，在汉字创造的过程中起了重要作用，为中华民族的繁衍和昌盛做出了不朽的功绩。

张晗：若我是仓颉/首先造出的字/一定是你的名字和"我爱你"。

[历史典故]分封制是西周分封诸侯的制度，宗法制是与分封制密切相关的政治制度。宗法制是分封制实行的基础，分封制是宗法制的具体体现。

贾舒雅：你若是西周宗法制/我必是分封制/不离不弃，相存相依。

[历史典故]司南是中国古代辨别方向用的一种仪器，是古代华夏劳动人民在长期的实践中对物体磁性认识的发明。

宋双奇：不要担心我不爱你/因为我早已将我的心化为司南/无论你在什么地方都将奔赴你。

[历史典故]霍去病，西汉骠骑将军（汉武帝封霍去病为"骠骑大将军"），曾率领1万骑兵进攻匈奴。霍去病的军队和匈奴接连战斗六七天，匈奴败退。

韩家瑞：金戈指北疆/铁马踏河川/匈奴不灭不为家。

[历史典故]诸葛亮，字孔明，号卧龙，琅琊阳都人，三国时期蜀汉丞相，杰出的政治家、军事家、文学家、书法家、发明家。

侯一航：名高天下，何须辨襄阳南阳/两表一对，鞠躬尽瘁西川三顾/鼎足七出，威德咸服足千秋。

[历史典故]李白，字太白，号青莲居士，又号"谪仙人"，唐代伟大的浪漫主义诗人，被后人誉为"诗仙"，与杜甫并称为"李杜"。

穆子涵：你就像皓月天边半步青莲/愿你把酒执剑/归来仍是少年。

[历史典故]武则天，自名武曌，唐朝武周时期的政治家，武周开国君主，

也是中国历史上唯一的正统女皇帝。

刘晴：你是非常女子/做了他人未想之事/当了女帝。

[历史典故]文艺复兴是指发生在14世纪到16世纪的一场反映新兴资产阶级要求的欧洲思想文化运动。

郭思阳：你是我的文艺复兴/带我走出黑暗/给我带来新的信仰和救赎。

[历史典故]林则徐主持了虎门销烟，这次禁烟运动大大增加了中国广大民众对鸦片危害性的认识，使很多人看清了英国向中国贩卖鸦片的本质，唤醒了中国人民的爱国意识。

刘汉英：如一抹烟云/遥望虎门/你是林则徐。

[历史典故]1840年鸦片战争爆发，敲开了中国的大门，中国人民从此进入了屈辱史、抗争史和探索史，腐朽的清政府和封建制度终将被人民所抛弃，伟大的中国人民将觉醒，开始百年的艰苦奋斗。

崔明月：资本主义的铁蹄踏进中国/残暴的英法联军毁了圆明园/漫天黑雾却熏不醒无能的清政府。

[历史典故]2019年年末，武汉疫情暴发，全国人民同心抗疫，发起了一场可歌可泣的疫情防控阻击战。

刘沛然：隔离病毒不隔离爱/隔离疫情不隔离关怀/中国加油。

第六节　欣赏爱国影视

故人犹在，山河可依
—— 观《我和我的家乡》有感

（学生赵婉玲）

无论身处何时何地，家乡永远是我们最温暖的牵挂、最长久的眷恋。长大后，我们离开年少时曾厌弃甚至想逃离的地方，却在不经意的某个瞬间念及，心头顿时注入苦涩、思念及怅惘，那是年幼无知、年少轻狂，是魂牵梦萦、烟水茫茫。我们会一直坚定地朝前走，但内心最柔软的地方永远留给过去那片永恒的土地，载着梦里的记忆——《我和我的家乡》。

影片由5个故事构成，每一个故事都刻画了主人公与家乡的点滴——鲜花与荆棘布路，欢笑与泪水齐飞。好人张北京帮患病亲戚顶替医保的受益者，经历了一番波折与误会，农村亲戚被家乡的好政策帮助，有了医保并成功手术恢复了健康。国外高等学府大学教授患了阿尔茨海默病，每天都想象自己在20年前任职的家乡山村小学里上课。为了帮老师实现心愿，当年的学生组织起来，为老师重现了20年前的一课。过程惊心动魄，结局温馨动人。为家乡脱贫致富留学俄罗斯的马亮，致力于打造家乡特色的"科学怪人"……所有的角色和情节都传递了一个主题——热爱家乡，奉献青春为家乡。

故人长留故乡情，观影后我的心情久久不能平静，酸涩、辛辣的感情冲击五脏六腑，我是能感同身受的，"不用诉离殇，痛饮从来别有肠。"离家求学多年，我也曾思念，也曾痛苦，也曾彻夜难眠。孩提时代的稚气脱落，在我身上染上真正的情怀，我真正感到自己的归宿是我身后永远坚固的避风港——它的名字叫家乡。好在衡中这个温暖的大家庭，能够治愈我的思念，淡化我的忧伤，让我知晓世事沧桑，也明了应面向何方。

衡中在某种意义上是我的第二故乡，在这里也曾彷徨忧伤、失去方向，但我收获了一群并肩作战的家人、伙伴。我们一起成长、共同进步，一起奋斗、相互扶持，一起为衡中建设添砖加瓦。有一天我们终将各奔东西，当我们在各自的逐梦路上前行，怀念起当时年纪尚轻却足够坚定为梦想拼搏的青春最好模样，仍会感谢故乡衡中，那是青春起航的地方，让我们永远期待，永远挂怀。

小时候总渴望离开这个小城，飞向更高更远的蓝天，如今才明白，遥远的他乡有未知的山高水长，飘零的落叶终将聚于尘土——落叶总要归根，相逢的人终会再相逢。

人生岂敢耽离别，怀着对家乡的爱，我们更加坚定地步履向前，毕竟，锦书可寄，云雨有凭，故人犹在，山河可依。

我心中的毛主席
——观《毛泽东去安源》有感
（学生魏子程）

"太阳最红，毛主席最亲，您的光辉思想永远照我心。"这首歌唱出了一代人的心声。

他，才华横溢，写下了一首首惊天地、泣鬼神的诗篇；他，热爱人民，救穷苦百姓于水火之中；他，历经长征，创造了一个又一个的奇迹；他，忠于祖国，建立了一个伟大、崭新的中国；他，就是我们的伟大领袖——毛泽东。

"中华人民共和国中央人民政府今天成立了！"1949年10月1日下午3时，毛主席在宏伟的天安门城楼上，用他那洪亮的标志性湖南口音向全世界做出了庄严宣告。全中国沸腾了，全世界震惊了。这位集政治家、思想家、军事家、文学家于一身的时代伟人，创造了中国的神话，书写了中国新的篇章。回首望，他不忍看到中国人民生活在水深火热之中，带领无数中国共产党人抛头颅、洒热血、翻雪山、越草地、穿沼泽，历经千辛万苦，走过万里长征，才真正扭转乾坤，彻底改变了中国人的前途，彻底改变了中国"人为刀俎，我为鱼肉"的命运，彻底唤醒了中国这头沉睡已久的雄狮，让中国在世界的舞台上抬起了头，不再是"东亚病夫"，而是一颗璀璨的明珠，永远照亮世界的东方。

他不仅是开国领袖，是中国党魂、军魂、国魂的缔造者，更是一代文豪。他的"俱往矣，数风流人物，还看今朝"激励了多少人的斗志，他的"命令昨颁，十万工农下吉安"坚定了多少工农武装力量必胜的信念，他的"踏遍青山人未老"振奋了多少人不断奋斗、永不言败、永不服老的精神，他的"红军不怕远征难，万水千山只等闲"表达了中国工农红军不畏艰险、英勇顽强的英雄气概和乐观主义精神。

然而就是这样的一个伟人，一生艰苦朴素，最奢侈的食物就是一碗"红烧肉"。他清正廉洁、大公无私，高瞻远瞩、料事如神，在无数次重大历史关头，一次次创造奇迹。

毛泽东，作为一个时代的伟人，值得人们敬仰；作为一个诗人，值得人们怀念。毛主席虽然已经逝去，但他的丰功伟绩，永在；他的精神，永存……

第四章
活动育人

没有活动就没有参与，没有参与就没有体验，没有体验就没有内化，没有内化就没有升华。没有活动便没有教育。活动是德育的生命，过程是活动的关键，唯有重过程、强体验、撼心灵的精品活动，才能让学生终生难忘、受益终身。衡中德育活动的理念是使学生终身受益，德育活动的原则是重过程、抓细节、强体验，德育活动的目标是培养适应未来社会发展的素质全面的现代人。

我们遵循"给学生终生难忘、受益终身的教育"的德育理念，不断创新德育方法，努力拓宽德育途径，把成长自主权归还学生，把发展主动权交给学生，让学生体验探究过程，让学生亲历教育活动，唤醒了学生的求知欲望，激发了学校的创造活力，形成了独具特色的常态德育、主题德育。

近年来，郗会锁书记提出"无体育，不衡中；无活动，不衡中；无歌声，不衡中。无梦想，不青春；无激情，不青春；无奋斗，不青春"，主张用活动点燃激情，用活动启迪智慧，用活动凝聚力量，用活动陶冶情操，用活动净化心灵，用活动提升素质。

第一节　品牌德育活动

青春逐梦，扬帆远航
——高一年级远足活动课程实施方案

2020年是我校的"绿色发展年"，为进一步扎实践行"大德育观、大考试观、大安全观、大课程观、大发展观"的总要求，紧紧围绕"立德树人"的根本任务，深入贯彻"六知六爱六荣"教育，切实培养学生"8+1"，年级决定开展本次活动。

通过学生80里远足课程的实施，旨在对学生进行爱国主义教育、集体主义教育、革命传统教育、环境教育、劳动教育和励志教育，培养学生的爱国意识、环保意识、集体意识和顽强意识。本次活动是我校开展社会实践活动、促进素质教育、推进新课标实施的重要组成部分，通过本次活动，进一步让全体学生投身立德树人实践，为开启学生人生精彩征程不断奠基，为建设百年特色名校持续努力，为实现中华民族伟大复兴不懈奋斗。

一、课程目标

1.抓住国庆契机，培养学生"知国爱国荣国"意识。

2.宣传学校历史，增强学生"知校爱校荣校"观念。

3.亲近自然，观察社会，锻炼学生的意志品质，提升学生"知我爱我荣我"思想。

4.增进团队合作，增强班级凝聚力，增强学生"知班爱班荣班"思想观念。

5.师生同行，增进情谊，强化学生"知师爱师荣师"意识。

6.感知家长关怀，进一步提升学生的"知家爱家荣家"感恩意识。

二、课程内容

1.出发前誓师大会。

①升国旗。

②学生代表发言。

③年级主任讲话。

④校长给年级主任授旗。

⑤校领导为学生代表佩戴远足徽章，台下同学同时自行佩戴，主持人解读徽章含义。

⑥全体同学宣誓。

⑦书记下达远足出发命令。

2.宿营地活动。

①介绍出席领导嘉宾。

②团市委领导讲话并为学校授旗。

③滨湖新区领导讲话。

④校领导做重要讲话。

⑤学生代表演唱《我和我的祖国》，全体学生合唱《歌唱祖国》。

⑥书记代表、学生代表演唱励志歌曲。

⑦集体宣誓。

⑧返程。

3.返校后活动。

①颁发远足纪念卡片印章。

②制作签名墙，制作远足相框，以班级为单位合影。

③回班召开活动总结班会。

三、课程实施

1.活动主题及关键词。主题为"青春逐梦，扬帆远航"，关键词为绿色、梦想、激情、坚持。

2.活动时间。9月30日。

3.路线及时间安排。

①时间安排略。

②行程路线。前往路线：从西南门出发→左转横一路北行→穿行韩赵常村（研学小镇）→进村第一个路口右转→滏东排河大坝→滏阳新河上南大堤西行→横过东湖大道→步行道→中湖大道左转过后韩家庄桥后左转至衡湖北堤连接线→绳头村宿营地。返回路线：宿营地→衡水湖北侧环湖路→东湖大道→园博园北门→纵一路南行→从南门回校。

四、课程评价

各级部针对远足过程中的情况，针对性地梳理亮点和问题，体现在远足后的总结中，及时呈校领导阅；纪律督察组对各班级进行精神文明评比；各级部面向学生和学生家长进行活动感想征文，评选出优秀征文实施表彰，并在学校公众号、网站展示。

衡水中学高一年级
×年×月×日

附一：学生感受

756班同学远足语录摘编

"80里的远足，迎着风，顶着雨，让看似不可能的事成为自己16岁成长经历中的现实。出征门只是开始，追梦石是驿站，凯旋门是今天不懈付出的收获——因有梦，在心中！80里真走过，才会懂！"

"出发时我们欢声笑语、兴高采烈，一路引吭高歌，好像浑身有使不完的劲儿，任它道阻且长也无法阻止我们前进的步伐。"

"我们从未怀疑终点会错过这么卓越的我们，我们有相互鼓励与搀扶的同学们，有相伴同行关怀备至的老师们，有翘首以盼加油助威的家长们，我们还有在衡水中学锤炼出来的钢铁般的意志，这些一定能帮助我们克服一切困难。"

"务必抱有期望，务必战胜自我，务必跨过这道坎！请坚信，坎坷过后是平地，理想的高地在前方！"

"互帮互助，永不言弃；亲近自然，增进友谊——这就是这次远足的收获和意义。它让我们成长，给予我们责任与荣誉感。只有毅力与坚持，才能担当青春责任、逐梦远航。"

"80里，用脚步丈量，我们每个人都是胜利者，每个人都是勇士，只要锲而不舍，金石可镂。"

"远足精神，是不妥协、不放弃，是坚持不懈、砥砺前行。"

"强健的体魄和必胜的信念让我们走得稳健，走得有力量，走出了自己的精彩！"

"一次远足，一次思考；一分历练，一分收获。一字言之：'值'！"

"乌云密布，遮不住我们冲天的理想；瓢泼大雨，淋不灭我们燃烧的激情；强劲力风，阻挡不了我们前进的步伐。"

"我们经历了远足，756班比以前更加亲密，更加团结，更加顽强！坚持就是胜利，团队力量无穷！80里，一路有你！"

"80里的每一步路都结结实实地踩在脚下，冲进校门的那一刹那才真切地感受到了胜利的喜悦，之前的疲累在此刻都值得！"

"一路上从生命的起点到步入大学，从18岁到24岁再到30多岁，从牙牙学语到走上人生巅峰，我们走了80里，却参悟了80个春秋的人生路。"

"我们会延续远足的火热与执着，拼搏努力，追求卓越，在学习之路上也同样携手到达成功的彼岸。"

"'让大地记录我们的足迹，让花香凝结我们的汗水，让绿树见证我们的团结，让阳光沐浴我们的朝气。''青春责任，亮我青春风采；逐梦远航，展我衡中雄风。''80里，我行，我能行，我一定行！'句句令人振奋的誓词鼓舞我们前行。"

"这次远足，让我深刻体会到了衡水中学大家庭的温暖及'没有比脚更远的路，没有比人更高的山'这句话的深刻含义，我会加倍努力，追求卓越，用执着与智慧超越自我、冲刺新一年！"

"远足的路就像我们的人生路，有风霜雨雪，也有温暖感动，生命于我们只有一次，我们一定会书写出精彩的人生！我们深深体会到，一个人可能走得快，但一群人走得更远！"

"从出征门到凯旋门，栉风沐雨，我们一路前行，凭着团结进取的团队精神，我们再苦再累也无惧无畏，征服了远足，战胜了自己。"

附二：家长感受

"见证远足，见证成长"随想曲

（王艺睿家长）

随着孩子们的远足活动落下帷幕，我久悬着的心，终于可以放下了！从知道衡中孩子们远足那天，作为家长的我就一直牵肠挂肚，毫不夸张地说，晚上睡觉都是半醒的——怕天公不作美，雨水也去凑热闹；怕孩子受不了，中途退场……结果从老师、家长辛苦上传的照片就能看出，那一张张洋溢着青春的笑脸，稚气中带着坚强，纯真里透着果敢，我的担心纯属多余！孩子们远比我们想象的坚强！

那天下午5点多，女儿打来电话，说他们已经顺利返回学校。女儿虽然拖着灌铅的腿、起了血泡的脚，连上楼都非常吃力，但言语中依然流露着兴奋与自豪，为自己的学校、自己的老师、陪同的家长极力点赞，庆幸自己选择了这样一所人气十足的学校，对这次活动更是终生难忘。电话挂断后，我的心也久久不能平静，思绪被拉回最初来到衡中的那一刻——

记得第一次带孩子走进衡中，孩子就下定决心，一定要到那里就读高中。先是考美术，再是中考，一路下来，孩子终于得偿所愿。那时候，作为家长的我，心情真的好复杂。早就听说衡中有着严格的管理制度，在家一直被宠的女儿能吃得消吗？最初10天军训过后，孩子回家眉飞色舞、滔滔不绝地和我讲着他们苦乐参半的日子：站军姿、打靶……言语中没有叫苦不迭，却说很喜欢她即将就读3年的学校。我心里窃喜，兴许女儿的选择没错？那时我想，只要孩子能坚持下来就是最棒的。孩子果然没让我失望，每次来电话都告诉我，已经逐渐适应学校特别规律的作息，也特别喜欢那种浓浓的学习氛围，各科老师的责任心也让她折服。每每孩子电话里积极的言语，对我触动都很大。是啊，一所好的学校，如果管理到位、赏罚分明，各项活动如火如荼、有模有样，那么学习再苦，对孩子来说，那里也是他们一个温暖的家，是他们成长道路上一道亮丽的风景线。

自从孩子去了衡中，我感觉她突然就长大了。每个家长开放日，由于离得远，家里条件又有限，除非有特别重要的事，否则我不能每次都去看望孩子。

孩子打电话时总和我说，"妈妈，您不用总来，我在这里挺好的。您来一趟得花不少钱，你们挣钱挺不容易的"，每次都说得我鼻子酸酸的，也打心里欣慰。我偶尔去看她时，她也从不把脏衣服让我带出来。孩子知道疼人，懂得感恩，这些不都是我们做父母的所期待的吗？而这，就是衡中的老师们给予孩子们最无价的精神财富，我们还有什么理由不感谢这个快乐、团结、共进的大家庭呢？

  这次远足活动，更坚定了孩子们无论何事都要做好的决心，在很大程度上给我们做家长的也打了一剂强心针，孩子们对未来更是不容置疑、信心满满！80里的路已经被他们甩在了身后，青春的身影已映在了清凉的衡水湖畔。无论未来有多少个80里，回想起这些，对于他们应该都不算什么了吧！敬爱的老师、亲爱的孩子们，我们所有的家长，永远会为你们鼓掌、加油！亲爱的孩子们，你们要不松懈、不倦怠！但愿几年后，你们那一张张笑脸，能给"青春"这个名词闪亮地涂抹一道斑斓的色彩！孩子们，加油！

逐梦青春心向党，感恩家国勇担当

——高二年级成人礼课程实施方案

一、课程背景

  成人礼是我国重要的传统礼仪，也是我校的品牌德育活动之一，旨在给学生们终生难忘、受益终身的教育，提示学生们需要告别青涩与依赖，宣告成熟与独立，完成身份的转变。2021年是中国共产党建党100周年，恰逢衡水中学建校70周年，这一年的成人礼活动处在了历史的交汇点上，意义非凡。

二、课程目标

  为了充分发挥成人礼课程的感恩励志教育功能、责任担当培养功能、厚植家国情怀功能、激发追梦动力功能，从而激励学生生命热情、提升学生人文素养、落实五育并举，引导学生"六知六爱六荣"（知我爱我荣我、知班爱班荣班、知家爱家荣家、知师爱师荣师、知校爱校荣校、知国爱国荣国），逐步成长为能够担当民族复兴大任的时代新人，真正实现成人、成长、成才、成功。

  1.主题解读。

①逐梦。18岁，是告别懵懂的孩提时代，肩负起责任与梦想的人生新起点，它标志着人生追梦之旅的启程。追逐梦想，是坚定自己的信念，完成理想的欲望和永不放弃的坚持，是每个拥有它的人最伟大的财富。成人有梦更追梦，我们都是追梦人！

②青春。18岁，是青春激扬的年纪，是人生崭新的起点。因为正青春，所以昂扬自信；因为正青春，所以相信未来；因为正青春，所以充满力量。同窗三载青春梦，最美记忆在衡中！

③心向党。18岁，要熟知党的历史；18岁，要铭记党的恩情。红星光照百年春，华夏巨变容颜新；青年学子心向党，矢志建功永奋进。党的事业要继往开来、与时俱进，就需要我们青年学子的朝气和锐气，需要我们青年学子的勇气和智慧；党的组织要永葆先进性，始终走在时代前列，就需要我们青年学子的激情和热情，需要我们青年学子的创造和活力。

④感恩。18岁，学会了珍惜，懂得了感恩。感恩祖国和人民，与我们同甘共苦；感恩英雄先烈，为祖国的繁荣昌盛和人民的幸福生活抛头颅、洒热血；感恩父母和亲人，给予我们大海般的深情；感恩良师益友，为我们指引前进的道路，教给我们做人的道理。

⑤家国。18岁，要深植家国情怀，勇担家国责任。青年学子，与时代同行，享受着祖国繁荣发展的硕果，也理所应当让自己与国家民族同呼吸、共命运，关注国之大事，深植家国情怀，以更高远的目标来规划自己的人生，将个人的奋斗融入国家的发展伟业。

⑥勇担当。18岁，肩负着民族复兴的重任，承载着中国人民的未来。青年兴则国家兴，青年强则国家强。我们青年一代将担当使命、脚踏实地，为实现中国梦而不懈努力。中华民族伟大复兴的中国梦，终将在一代代青年的接力奋斗中变为现实。

2.关键词解读。

①感恩。感恩祖国和人民，与我们同甘共苦；感恩英雄先烈，为祖国的繁荣昌盛和人民的幸福生活抛头颅、洒热血；感恩父母和亲人，给予我们大海般的深情；感恩良师益友，为我们指引前进的道路，教给我们做人的道理。

②责任。自尊、自信、自律、自主、自强，以独立的人格承担对自己的责

任、他人的责任、班级的责任、家庭的责任、社会的责任；谨记训诲，修身养性，勇往直前，直面挑战。

③梦想。坚强忍耐，顽强奋斗，追逐梦想，创造价值，获得自由；确立目标，坚定信念，立足实际，制订计划，勤学实干。

④奋斗。厚植家国情怀，成为党和人民需要的人：心无旁骛，乐观自信，勤学实干，激情冲锋；端正态度，调控情绪，优化习惯，坚持不懈。

三、课程内容

1.举行成人教育月系列活动：启动仪式、主题升旗仪式、学生大会。

2.成人教育月以4个关键词为主题周开展活动：板报设计、常规评比、主题班会、每周之星评比。

3.利用团活课，开展"对标伟人青年时代"的活动。

4.成人典礼（4月17日）。

四、课程实施

1.高二年级本着仪式要足够隆重、注重实效高效、全员深度参与、能让参与者受到真正的触动和改变的原则，在学习历届成人礼优秀经验的基础上，守正创新制订本方案。

2.典礼时间。略。

五、课程保障

1.领导小组。略。

2.前期准备。由年级主任负责以下工作。

①成人礼纪念物对接及揭幕。

②18岁成人帽、纪念物、徽章，印制一封信的信封、信纸；设计印刷教师成人祝福寄语卡片；准备18岁成人礼礼物：徽章、宪法、党史；为每班制作成人礼蛋糕；博艺馆内大蛋糕的包装（蜡烛、火柴）。

③操场家长和学生位置打点，主席台领导座位桌准备、座位牌准备，场馆第一排就座领导座位牌准备。

④确定成人礼各个环节，主持流程和主持词。

⑤确定成人礼具体的时间、场次，场馆座位统计，学生家长位置的确定。

⑥成人门内容敲定及制作。

⑦确定活动的主持词，修改《18岁畅想》稿件。

⑧场馆内墙上条幅、操场看台条幅、主席台上方条幅，主席台背景、正门处海报喷绘，主侧屏、条屏。

⑨操场到场馆的成人门以及成人门上的内容，拱门之间的绿植。

⑩各个环节使用的课件和视频、音乐的准备，以及各环节发言词、诗朗诵的词。

⑪国旗班、礼仪、活动志愿者确定及培训，联系艺术教研室鼓乐队、体育教研室彩旗。

⑫冠礼播音员、推蛋糕教师的确定，宪法宣誓、《18岁畅想》《青年家国梦》朗诵学生、吹蜡烛学生等人员确定、培训。

⑬表演、朗诵、礼仪服装落实。

⑭学校门口大拱门1个、操场上立式充气拱柱6个、礼炮车1辆（18响连放）。

六、实施过程

1.班主任工作。

①通知家长准备写给孩子18岁成人礼的一封信，要能感动孩子、给孩子责任、给孩子目标。

②通知家长给孩子准备成人礼的礼物，要有纪念意义。礼物不在于是否贵重，而在于是否有价值，需要家长精心谋划准备。

③准备18岁成人礼班会，制作班级18岁成人礼视频（开班会时用）。

④确定能到校参加成人礼家长的具体人数，确保每个孩子都有考虑。

⑤收集成人礼当天班级活动的精彩照片和视频。

⑥成人礼学生收获感想以及活动后布置材料的收集。

⑦积极谋划成人礼后班级的创新特色活动。

2.家长工作。

①提前准备好写给孩子18岁成人礼的一封信（各准备一张孩子成长过程中最有意义的照片、全家福、家长年轻时的照片）。

②精心准备送给孩子18岁成人礼的礼物，要具有纪念意义，能感动、激励、引导孩子成长、成才。

③制作电子版成人礼班级视频、成人礼班级成长纪念册。
④有途径的家长联系各界名人为成人礼录制祝福视频。
⑤按学校安排到校参加学生的成人礼活动，并配合学校完成相关工作。

七、课程评价

各级部分工完成前期准备和彩排工作，针对活动进行亮点和问题梳理，体现到活动后的工作总结中，及时呈校领导阅；每周扎实推进各项主题周活动并对活动中的先进班级和个人实施表彰，在学校公众号、网站展示。

衡水中学高二年级

×年×月×日

附：朗诵稿

青年家国梦

（闫乐）

浩浩九州，山河万里；悠悠华夏，文明千年。天地钟灵，秀风流于西岳；日月凝华，育圣贤乎汉水。德艺双馨者，修身、齐家、治国、平天下，灿若星河；功成名垂者，扶危济困除乱安圣朝，难以胜数。纵观之，无不少壮立伟志，均为青年有情怀，其常念家族之宏愿，常怀爱民之真心，常忧社稷之繁重，常虑天下之困窘，固己之精神，尚德之高隆，克忠尽孝，砥砺进取，不以时伤，不以己悲，终身不怠，而后有成。

青年者，千秋之脊梁，万代之寄托；天下之魂魄，家国之归所；中华之未来，民族之兴勃。故青年唯高青年之修养、扬青年之精神、韧青年之意志、磨青年之气节、鼓青年之奋斗、培青年之根基，方不愧青年之声名、不费青年之身体、不负青年之韶华、不辱青年之使命，乱世亦然，治世亦然。

百年五四，初试啼声。以青春之我，创青春之家国、青春之民族、青春之人类、青春之地球、青春之宇宙，岂不壮哉！

烽火狼烟，去家赴远。革命理想高于天，民族独立终生愿，报国杀敌，不惜生命，击日寇东归扶桑，败国军南下台湾，岂不雄哉！

祖国新建，举国悦欣。听党之命令，应国之号召，投身于建设，进军于荒原。工农倍进生活善，科技有成国防强，岂不大哉！

改革开放，蓝图初绘。经济用力，贫脱而富至；科教兴国，民智而国强。国之英姿展于四海，邦之文明传于八荒，岂不伟哉！

而今，吾辈青年生于新时代，身在大征程，当有大作为。

立志鸿鹄：人民幸福，我之追求；民族复兴，我之方向；天下大同，我之理想。

绳其祖武：文安天下，武定乾坤；传礼兴乐，教化万民；光大传统，重振国风。

赓续精神：铭记红船，传承基因；勿忘耻辱，不惧牺牲；敢为人先，勇立潮头。

永久奋斗：担家之责，负国之任；勇为先锋，不当看客；但为斗士，不做绅士。

以青年习近平为终身楷模，以领袖习近平为人生榜样，致敬总书记之情怀，学习总书记之精神，牢记总书记之嘱托，响应总书记之号召。

青年兴，则家国兴；青年强，则家国强。青年有理想，则家国有理想；青年有本领，则家国有本领；青年有担当，则家国有担当；青年有前途，则家国有前途；青年有希望，则家国有希望。

青年怀梦，心许家国；箫剑藏身，但报中华！

责任·拼搏·追求
——高三年级毕业典礼方案

一、活动部署

1.活动目的。在毕业季，为了让学生进一步感受到学校的温暖、升华对母校的情感，更为了营造"知校爱校荣校"文化氛围，通过毕业典礼活动，传递学生对母校浓浓的感恩之情，并带着学校、老师的寄语和期望踏上新的征程。

2.活动主题。"责任·拼搏·追求"。

3.活动地点。莘元馆。

4.活动时间。6月20日9点30分—11点30分。

5.参会人员。高三毕业生，高三全体教职工。

二、活动内容及要求

1.内容。暖场篇"我们毕业啦"、第一篇"匆匆这三年"、第二篇"感恩衡中，感谢有你"、第三篇"师生谊"。

2.要求。所有节目（歌曲和配乐诗朗诵）以情动人，围绕"感恩奋进，放眼未来，拼搏进取"的精神内涵。

三、典礼程序

1."我们毕业啦"。

①颁发毕业证地点。莘元馆。

②方案。按照统一规定的时间进入莘元馆相应位置就座，场馆播放暖场音乐《毕业季》《最后一个夏天》《同桌的你》等。教育处在活动前提前下发毕业证，以班级为单位上台整队接受毕业证，校领导给第一排的10名学生颁发，后面的几排由班主任和科任教师代发。合影后，学生从舞台下去，回到班级所在区域。

2."匆匆这三年"。

①播放开场视频《我们的这三年》（视频包括学生从高一军训、远足到高二的成人礼等一系列活动）。

②主持人开场词，宣布毕业典礼现在开始。全场起立，升国旗，唱国歌。

③请出国旗。24名着正装的国旗手拉着国旗从观众席走过（国旗划过馆中间区域），走上舞台继续展开国旗，然后快速收国旗（背景大屏幕上出国旗图片，背景音乐为特定出场音乐）。介绍领导和来宾。

④高三年级主任致毕业贺词。

⑤节目一，《同桌的你》。

3."感恩衡中，感谢有你"。

①节目二，配乐诗朗诵《毕业情思》。朗诵人：学生4人、老师一男一女、家长2人。

②校友、家长和毕业学生的感恩视频集锦。

③校友代表讲话。

④献给学校的一份礼。学生代表向学校献出礼物，主持人采访互动，学生代表说说礼物的寓意，对母校表达深深的感恩之情。

4."师生谊"。

①高三教师致叮咛词。（大屏幕播放短片）

②节目三，演唱《长大后我就成了你》。

③向老师献礼。

④向校领导献礼。中间由主持人串联词。（背景音乐《思源》）

⑤成立本届校友会。高三学生会主席接受校领导颁发的本届校友会会长聘书。校领导向全体本届校友发出邀请，颁发80周年校庆邀请函。主持人互动采访接受邀请函的学生会主席。

⑥校领导讲话。

⑦全体起立合唱校歌。

⑧最后环节由主持人主持（同学喊："老师，我爱你！""衡中，我爱你！"），宣布毕业典礼结束。（音乐起，《毕业季》等）

典礼结束，同学们出场，自由合影。

衡水中学高三年级
×年×月×日

劳动教育实践方案

为深入学习贯彻习近平总书记关于劳动教育的重要论述，落实《关于全面加强新时代大中小学劳动教育的意见》的指示精神，进一步全面推进素质教育，促进学生的全面发展，结合我校加强劳动实践教育、开展课程建设的要求，特制订如下方案。

一、活动目的

通过劳动实践使学生树立正确的劳动观，形成热爱劳动、热爱人民、热爱生活的思想感情，养成勤俭节约、认真负责、遵规守矩、爱护公物、珍惜劳动成果的优良品质和良好的劳动习惯。在家庭、学校、社会的劳动实践中通过以劳树德、以劳增智、以劳强体、以劳益美和以劳创新等促进学生全面发展。

二、参加人员

全体学生。

三、活动安排

1.校内劳动教育。

①每周开展一次劳动课，每次一个年级部。具体方案、时间、地点、形式由相应级部根据本年级实际情况自行选择。

②每学期开展一次"八大"体验活动，包括楼管体验、班级执勤体验、电车摆放清理体验、食堂体验、箱子管理员体验、学生会体验、隐患排查体验、班主任/班长体验。

③利用劳动节等时间节点，各年级根据实际情况开展形式多样的校内劳动实践活动。

2.校外劳动教育。

①利用假期开展家庭"亲子劳动课"等实践活动，如让学生参加家务劳动、为父母做"四菜一汤"、为家长数白发、家庭大扫除等让学生体会父母的辛苦，学会感恩，珍惜家人的劳动成果，养成勤于劳动的好习惯。

②学生可以根据实际情况制订相应的家务劳动计划，如在家时每天做一些家务劳动并把当天所做的家务记录下来，让家长对其在家的劳动进行评价，并及时进行小结，写出自己的收获。

③利用假期开展社会职业体验劳动实践活动，和父母一起，走上父母的工作岗位，走向车间厂房、铁路商场、田间地头、工厂医院……学生不仅体验了这些职业，了解了职业特点，更走进了父母的心灵世界，体会到了父母的艰辛与不易。

四、活动评价

1.劳动实践完成后，参加的学生要撰写劳动心得并附上能证明活动的照片。

2.学校根据劳动实践开展的情况开展成果展示活动，对劳动实践突出者进行表彰，以此鼓励。

3.将表现较好同学的优秀事迹在学校网站、公众号上宣传。

五、注意事项

1.无论校内还是校外劳动实践都需有负责人陪同，保障安全。

2.劳动结束后要及时清点学生人数。

3.劳动实践前制定安全预案，预防突发事件。

共青团衡水中学委员会
×年×月×日

附：劳动感言

有劳动才有远方

（学生崔淑涵）

有一种味道，是时间冲不淡、记忆抹不去的味道，不只是美食的味道，还有最难忘的劳动味道。

——题记

一首童谣"老祖先做的酱，你也吃我也吃他也吃，醉了江醉了月醉了河……"让人心有所动，如朗月照花。"酱者，百味之将帅。率百味而行。"奶奶是做酱的好手，小小酱瓶，轻轻打开，酱的香味便开始在空气中氤氲，醇香的酱味扑鼻入肺，缠绕心间。追寻着这酱香中那种独特的味道，我缠着奶奶开始了豆酱的制作。

奶奶拿出了少许黄豆炒，黄豆刚拿出来时非常硬，仿佛预兆着这次酿酱并没我想的那么轻松。黄豆炒好后，我捧着一碗黄豆去磨粉。黄豆在碗中仿佛坚硬的石头，随着时间的流逝我感到越来越无能为力，奶奶抽出空来轻轻拍了拍我的肩膀："别停啊，知道做得不容易了吧，这就是酱道，你要好好体会一下这劳动的滋味啊！"听了奶奶的话，我抹了一把汗，将袖口高高撸起，走，停，走，停……残阳落日，我一鼓作气，把黄豆磨破、去了壳，这时天空中那隐隐约约的星辰仿佛也在鼓励我，闪耀着肯定我的劳动成果。奶奶把剩下的步骤做完,将黄豆平铺于平底箕里。几天后小小的黄豆发酵了,这时豆酱虽未成,却仿佛已经闻到了酱香中那种独特的味道,也许那种味道,就是劳动的味道吧。

半个月后,豆酱呈红褐色或棕褐色,鲜艳有光泽,黏度适中,味鲜醇厚,咸甜适口,其中那劳动的味道是如此独到。酱香,将我劳动的心盈满。

我们看到了劳动的梦想,就像种子一样,在每一张犁中绽放,在繁忙的春日中穿行,在我们强壮的骨骼中发芽。然后,茁壮成长成灿烂的希望,幸福地站在金灿灿的秋天,咀嚼着流淌在沉重的谷穗里的喜悦,体会着那弥足珍贵的美味。

劳动,体悟"刺绣五纹添弱线,吹葭六琯动浮灰";劳动,体悟"晨兴理荒秽,带月荷锄归"……以心中的酱道,去悟劳。有劳动,有远方。

品烹调之味,享劳动之乐

(学生吴相帅)

虽然这么说显得不留情面,但确实已经有很多同学养成了衣来伸手、饭来张口的毛病。于是,为了提高同学们的自理自立能力,培养感恩意识和勤奋品质,丰富居家学习生活,我们老班组织了一次下厨做饭活动。同学们踊跃参加,有的是第一次走进厨房拿起炒勺,有的之前只泡过方便面,当然也有已经下过很多次厨、经验相当丰富的"小厨师"。在做饭还比较生疏的同学中,西红柿炒鸡蛋绝对是最受欢迎的简单菜肴。

我们班的孙思诺同学说:"真的开始打鸡蛋,才发现绝非家长做的那么容易,一边要防着蛋液溅出,一边又要斟酌着放盐。真正下一次厨房,我才意识到,这世上没有什么事是轻而易举的。"

同样做西红柿炒鸡蛋的张梓廷同学这样说:"我决定做一道最简单的西红柿炒鸡蛋,这道菜我小学就会做,可走进厨房我才发现,我什么都找不到,什么都不熟悉了。平时总是以学习紧张为借口,不记得多久没做过饭了。在妈妈的指导下,西红柿炒鸡蛋顺利上了餐桌,可吃了一口我就红了脸——根本没有放盐!"

是啊,万事开头难,或许炒菜的姿势不是十分熟练,或许味道不是很好,但勇敢地迈出第一步，就是最大的进步！相信同学们经过以后的锻炼肯定会厨艺大长。

在这次活动中，最吸引人眼球的还是厨艺精湛的同学之间的比拼，他们的一招一式都熟练至极，可以看出已经下过不少次厨。

做丸子的是刘天琪同学："我用左手把和好的肉馅攥在手里，多捏几下，肉馅就从虎口处挤出来，呈小丸状，右手再用小勺将小丸放进盘内……虽然看着简单，可每个动作都要重复去做，很难一下子熟练起来。"

卢梓恒同学做起了米饭："妈妈特别喜欢让我蒸米饭，因为我放米和水的比例比较合理，食指一指头的水量不多不少。米饭蒸出来，有点糯糯的，特别香，这算是我最得意的事了吧。做完饭有一种成就感和满足感，自己吃着自己做的饭菜，特别香。"

看了这些不禁让人惊叹，竟然有这么多同学身怀绝技、厨艺精湛，做出的饭菜让人垂涎欲滴，实为大家学习的榜样。

一天的活动结束，看着桌子上摆着自己亲手做的饭菜，同学们都非常开心，就像郭烨明同学说的那样，"吃到自己的劳动果实，即使味道不尽如人意，也会笑着吃完"。这是一节劳动课，在我们品尝自己成果的时候，劳动的乐趣已然显现，自己动手永远比饭来张口开心、舒畅。

通过这次劳动体验，大家意识到了生活的不易，也懂得了感恩和责任。王思颖同学这样写道："一边吃着自己亲手做的打卤面，一边听着父母的称赞，喜悦和自豪感荡漾在心头。想想父母平时工作都挺忙，还总是为我精心准备饭菜，而我有时还挑食，真是不应该。我想跟父母说：'你们辛苦了！你们的女儿已经长大，作为家庭的一员，我要尽量多分担一些家务，承担起自己的责任。'谁言寸草心，报得三春晖。我也会更加努力地学习，以更优异的成绩，报答父母的养育之恩！"

第二节　国旗下的讲话

崇尚英雄，立志报国

（王建勇）

亲爱的老师、同学们，尊敬的家长朋友们：

　　大家上午好！疫情尚未解除，战"疫"尚未成功，今年的清明节也赋予了更加深刻的意义。为了表达对抗击新冠疫情斗争中牺牲烈士和逝世同胞的深切哀悼，为了铭记那些为革命成功抛头颅、洒热血的前辈，今天，我们在这里隔空举行悼念仪式。希望你们无论身在何方，都能保持一颗崇敬的心，为逝去的生命默哀，向义无反顾的大爱致敬！

　　"记住那些山河，那些闪光的人。"在中国援助世界之时，在中国逐渐下降的病例数字面前，许多人都献出了宝贵的生命。梁武东、李文亮、刘智明、彭银华、夏思思……他们中有医务人员、基层干部、退役军人、民警辅警、志愿者。"寂寞嫦娥舒广袖，万里长空且为忠魂舞。"让我们永远记住他们的名字，记住这些生命绽放出的温暖光辉，记住中华儿女开拓的精神疆界。和平年代里，这些离去的背影，用生命为我们撑起一片祥和的蓝天。

　　没有人生而勇敢，他们只是选择了无畏向前！截至今天，美国有27万确诊病例，意大利有11万确诊病例，西班牙有11万确诊病例，而中国作为一个拥有14亿人口的东方大国，将确诊人数控制在了8万，特别是死亡人数控制在了3000余人，远远低于西方发达国家。这些数字背后都是一个个鲜活的生命，一个个不畏艰险、逆行而上的勇者。如果没有离开，他们应该还会穿着防护服在战斗，或是在家线上办公，或像同学们一样居家学习；如果没有离开，他们应该还会多陪伴一会儿家人、逛一下公园、吃一顿火锅。他们为人父母，他们也为人子女。他们英勇奉献，烙印在最美的逆行中，镌刻在冲锋的道路上，谱写在奋斗的岗位上。他们舍己为人、救死扶伤，不惧病毒、勇敢面对，舍我其谁、冲锋在前，是社会的价值基石，是国家的宝贵财富，是新时代的精神坐标，是新时代最可爱的人。他们不需要被神化，但是需要我们永远铭记，永远悼念和礼敬。

"出师未捷身先死，长使英雄泪满襟。"告慰英灵的最好方式就是打赢这场抗疫斗争！就是在他们逝去的地方，接续奋斗，奋勇向前！默哀，是致敬！更是学习！希望同学们继承"碧血丹心、精忠报国"的爱国精神。在当前疫情防控形势逐渐明朗的重要阶段，听从指挥，服从命令，学习好、锻炼好、防控好、生活好，就是对祖国最大的贡献。同时，同学们要树立远大理想，将个人小我融入祖国大我，努力学习，早日成才，将未知疫情扼杀在萌芽状态，将个人所学运用到重要领域，为中华民族的伟大复兴而不懈奋斗，让青春的理想抵得住风浪、经得起考验。希望同学们继承"砥砺奋进、自强不息"的奋斗精神。自律、自立、自强、自信，用震天口号叫醒东升旭日，迎来每一个黎明；用俯身挑战点亮繁星朗月，送走每一个深夜。用舍我其谁的豪迈代替彷徨迷茫，用我必成功的坚韧打败自卑恐惧，把学习作为第一使命、第一要务，强读强记、学深学透、多思多想、真学真用，注重学习的强化、理解的深化、内容的消化、实践的转化。在实现中国梦的生动实践中放飞青春梦想，在为人民利益的不懈奋斗中书写人生华章。希望同学们继承"使命在心、责任在肩"的担当精神。要知国爱国荣国，立鸿鹄志，做奋斗者；要知家爱家荣家，守忠孝礼，做仁义者；要知校爱校荣校，练奋进功，做领跑者；要知师爱师荣师，敬恩师情，做感恩者；要知班爱班荣班，知诗书义，做奉献者；要知我爱我荣我，强个人能，做搏击者。让父母因为你的成功而欢欣鼓舞，让学校因为你的荣耀而名扬四海，让国家因为你的创造而繁荣富强。

春回疫去萌新色，无情苦难有情人。同学们，默哀，是让我们铭记！默哀，是让英雄不再孤单！默哀，更是激励大家前行！高考延期，成长不延期。让我们珍惜生命、好好学习、天天向上，迎接这场高考加时赛，珍惜每一个来之不易的春天！

谢谢！

2020年4月4日

时代之青年要担得起时代之责任

（闫乐）

青年同学们：

  早上好！今天，在国旗之下，诸位不应只把自己当作一名学生，更应该把自己定位为时代青年！

  时代青年的首要品质在责任。今天我在这里讲的责任不是简单地对自己负责、对家庭负责、对老师负责、对学校负责，它应该是社会责任、国家责任、民族责任，往大里说，更应该是天下责任。天下责任就是胸怀天下、忧乐天下，以天下为责，以苍生为任。它是一种气质，是一种情怀，是一种境界。项羽是英雄，但他的境界定格在"不能锦衣夜行"上；梁山好汉是英雄，但他们的境界定格在"大碗喝酒、大块吃肉、大秤分金银"上；唐宗宋祖是英雄，但他们的境界定格在"溥天之下，莫非王土"上……这样的境界不免太小家子气了！

  最近，在我们的语文课本中，老师给大家讲了生于南宋、困顿一生却始终没有忘记天下责任的辛弃疾。这是一个铁骨铮铮的男子汉，是一位顶天立地的伟丈夫，是一个敢为自己的责任付出一生矢志不渝的含泪英雄，是青史的爱国俊才、国之栋梁。同时代的陆游、韩世忠、文天祥、陆秀夫等，哪一个不是时代俊杰、国家英雄，他们把自己的生死置之度外，将自己的人生托付于天下苍生，岂不令人敬佩，令我辈汗颜！再看我们伟大的领袖毛泽东，他的天下情怀，是追求四万万同胞解脱于水深火热，是追求中华民族自立于世界民族之林，是追求社会主义、共产主义理想的实现。青年毛泽东辞别父母留下的"孩儿立志出乡关，学不成名誓不还"的诗，充分反映了从小志存高远、胸怀天下的抱负。还在长沙第一师范读书时，毛泽东就发出了"天下者我们的天下，国家者我们的国家，社会者我们的社会，我们不说谁说？我们不干谁干？"[1]的呼声。此后，从上海建党到安源罢工，从农运讲习所到挥师井冈山，从反"围剿"到长征，从抗战胜利到解放全中国，从解放全中国到建设新中国……这一

---

1 1919年《湘江评论》创刊词。

切的一切，都源自毛泽东的"天下气质"。天下气质的背后是担当，是境界，是责任，是胸襟，也是对大势的把握和驾驭。领袖的这种以天下为己任的气质同他的革命实践相结合，领导中国人民取得了新民主主义革命、社会主义革命和社会主义建设的伟大胜利。

各位青年，我想说，在困难时代，我们的英雄、我们的领袖忧心国家，矢志不渝，成全了天下，成就了自己，生在盛世中国的我们又有什么理由放弃进取，又有什么资格坐享其成呢？

之所以说现在是盛世中国，说我们赶上了好时代，我想用3个历史阶段进行对比：雄汉、盛唐与当今中国。

自公元前206年刘邦建立汉朝，历经六位帝王65年进取至汉武帝，汉武帝执政54年，共119年，汉王朝达到了前所未有的强大。唐王朝自公元618年李渊建立，历经9位帝王95年的进取至唐玄宗，唐王朝达到极盛。而我新中国自1949年毛泽东主席建国，到习近平总书记，用时60多年。我们发现3个时代有些相似。对比盛世到来前，时代发展从困境中走来，都有一个发展的小高潮——汉代文景之治，唐朝贞观之治，新中国改革开放。当今的中国，在习近平总书记的领导下，取得的成绩更是令世界瞩目：中国方案、中国声音、中国智慧、中国智造，大飞机首飞、航母下水、首艘货运天舟一号成功升空、世界首台量子计算机问世、"一带一路"国际高峰论坛……一切的一切都让我们感到了生在盛世中国的自豪和使命。现在，虽说中国走在时代的前沿，但还只是刚刚起步，每一个时代青年只有浓厚家国情怀、勇担天下责任，才能不让中国再出现近现代百年的屈辱——任人宰割，被人欺凌，生灵涂炭，国将不国……

习近平总书记是我们青年人的航标，回看总书记走过的人生之路，我们发现，这是一条执着进取、永久奋斗之路。

1969—1975年，习近平在梁家河插队。青年时候的习近平很能吃苦，下雨刮风在窑洞里跟村民铡草，晚上跟着看牲口，然后跟他们去放羊。在艰苦的生活中，年轻的习近平得以锻炼、成长。当时在报纸上看到四川在搞沼气，习近平就跑去取经，回村建了陕北第一口沼气池。再忙，他也没有放弃读书。在村民的记忆中，习近平经常边吃饭边看砖头一样厚的书。7年的农村生活使他有了坚定的人生目标，"那个时候我就说，今后如果有条件、有机会，我要从政，做一些为老百姓办好事的工作"[1]。

　　1982年，习近平到正定任职。工作中的习近平很拼，短短几年，他便跑遍了正定所有村。"那个时候我年轻想办好事，差不多一个月得大病一场。为什么呢？老熬夜，经常是通宵达旦地干。后来我感觉到不行，这么干也长不了，做到12点就不做了，睡大觉，第二天重新来过。"内在有激情，外在从容不迫，担任总书记后，他仍然保持着这样的工作状态。从梁家河到中南海，他始终不忘年轻时的初心。"我们要继续努力，把人民的期待变成我们的行动，把人民的希望变成生活的现实。"[2]虽然工作繁忙，但他保持着年轻时的活力。他喜欢与青年交朋友，常走到青年中间与他们谈心。对青年朋友，他充满期许："青年时光非常可贵，要用来干事创业、辛勤耕耘。要敢于做先锋，而不做过客、当看客，让创新成为青春远航的动力。每一代青年都有自己的际遇和机缘，都要在自己所处的时代条件下谋划人生、创造历史。我相信，当代中国青年一定能够担当起党和人民赋予的历史重任，在激扬青春、开拓人生、奉献社会的进程中书写无愧于时代的壮丽篇章！"

　　同学们，青年们，通过时代的对比和对习近平总书记经历的回望，我们知道了时代的美好，知道了心怀家国、志存天下的青年人应有的作为。我们应该庆幸，现在的高考让我们有更多的机会去实现我们人生的价值。相对来说，古代的李白、孟浩然、柳永、辛弃疾等人，他们所处的时代并没有给他们提供很多施展才华的机会，他们终生困顿，却没有因此对人生失望，现实的困难激励他们将人生的志向、心中的块垒倾泻在笔端，写成了一篇篇传世的诗文，从某种程度上也实现了孔子所提的"立功、立德、立言"中的立言，让我们后世之人能够去体会他们，去敬仰他们。

　　历史上也有人不思进取、逃避责任。哪怕给这样的人一个江山，他都会败光，更何况金山银山。以大明朝为例，都说现今时代"坑爹"的不少，那时"坑子孙"的更多。明朝灭亡不是亡于崇祯多疑，而是亡于万历怠政。万历皇帝最初也是个勤勉的皇帝，他的老师张居正、母亲李氏、明朝第一太监政治家冯宝对这个皇帝很严厉，期望他有一番作为，可这个皇帝很懒，在老师和冯宝去世后，开始暴露自己的本性，坚持不上朝达28年，实在让人惊叹。万历的怠

---

[1] 选自《梁家河》。
[2] 2015年新年贺词。

政,后人经过多角度分析,最后总结,他的怠政实质就是超乎常理、缺乏恒心的懒惰行为的极致表现,曾国藩那句"天下古今之庸人,皆以一惰字致败"不正是这位皇帝一生的真实写照吗?

大家盼望着,盼望着,这个懒惰的皇帝终于因为自己的懒惰而亡,本想着可以有一个优秀的皇帝出现,盼来的却是一个短命的皇帝和一个很会做木匠活的皇帝。万历的儿子光宗只做了29天皇帝就一命呜呼了,万历的孙子朱由校坚持做了7年木匠活,也因为太累归天了,最后明朝的重担压在了他的另一个孙子朱由检身上。崇祯帝在位17年,励精图治,可是这个皇帝先后下发了6次罪己诏,也没能把这个千疮百孔、内忧外患的国家给救活,最后,这个有良心的皇帝,在崇祯十七年三月十九日凌晨,天将曙明,登上皇家禁苑煤山,在一株老槐树下自缢身亡,时年33岁。他死时以发覆面,白袷蓝袍白细裤,一足跣,一足有绫袜,衣上以血指书。崇祯帝的临终遗诏这样写道:"朕自登基十七年,逆贼直逼京师,虽朕薄德匪躬,上干天怒,致逆贼直逼京师,然皆诸臣之误朕也,朕死,无面目见祖宗于地下,自去冠冕,以发覆面,任贼分裂朕尸,勿伤百姓一人。"

崇祯是一个悲催的皇帝,他的悲催不在自身,不在不进取,而在父辈太不进取。同样,自公元前361年秦孝公嬴渠梁登位到公元前221年秦始皇灭六国、一统天下,秦王朝用140年的进取,换来的仅仅是14年后的灭亡。中国人常讲穷不过五、富不过三,应该就是这样吧。

那么,一个心怀家国、志存天下的人,如何才能成为时代的骄子、众人的楷模,担起时代的责任?我觉得不外乎两点:一是超强的自信乐观,相信自己能够成功,笑对一切苦难;二是守原则、懂规矩。

先说自信乐观,在毛泽东13岁就读东山学堂时,一首"独坐池塘如虎踞,绿荫树下养精神。春来我不先开口,哪个虫儿敢作声"[1]就呈现出一种少年的豪气与自信。他在重庆谈判期间发表的《沁园春·雪》中的"江山如此多娇,引无数英雄竞折腰"不知令多少人折服。据李银桥在《走下神坛的毛泽东》中回忆,毛泽东转战陕北期间,率领300人同百倍于己的国民党部队在陕北捉迷藏时,竟敢于冒险同追捕他的国民党部队相向而行,大有十万军中探囊取物的

---

[1] 出自毛泽东《七绝·咏蛙》。

气概。抗战后期，美国向日本投放了两颗原子弹，一时间全世界"谈原子弹色变"，延安的《解放日报》也在头版报道了这一消息。毛泽东得知后，立即将《解放日报》的负责人叫到窑洞进行严厉的批评。他知道原子弹的厉害，更知道信心的重要。此后，他多次谈到"一切反动派都是纸老虎""原子弹也是纸老虎"。1947年6月，他转战城南庄，国民党的飞机投下炸弹，在炸弹尚未爆炸、一些人连拖带拽拉他进防空洞时，他偏要指着嗞嗞冒烟的炸弹说"还可以打两把菜刀嘛"，这就是充溢着英雄气质的毛泽东——"泰山崩于前而色不变，麋鹿兴于左而目不瞬"。三大战役后，卫士给他梳头，发现他头上生出一根白发，他幽默地说"打了三大战役，害得我白了一根头发"，这种自信和乐观值得我们去学习。

再说规矩，把权力关进制度的笼子，就是国家在昭示自己的决心，也是在强调守规矩、讲原则的重要性和必要性。王阳明告诫，破山中贼易，破心中贼难，就是在强调我们应该从心底去重视问题，去尊重规矩。常言"像不像，三分样"，做学生就要有学生的样子，在学校，每个人都要注重自己的一言一行。要知道，一个人的精力有限，你在无关紧要的事上投入得多，大事自然投入不足，以致影响主要事情的进度。

同学们，生在盛世中国，好儿女当志在四方，成就一番功业，造福当代中国，泽被子孙万代。希望今天国旗下的讲话能够留在同学们心中，能够为我们自己、国家、民族、天下担起青年的责任。

林则徐曾言"苟利国家生死以，岂因祸福避趋之"，请大家牢记！

谢谢大家！

勇于揭榜挂帅，敢于责任担当

（张博）

亲爱的老师、同学们：

大家早上好！

今天是2020年11月16日，太阳直射点在南半球并逐渐向南移动，以后的一段时间我们将一起经历昼短夜长的冬三月。但是，永夜不曾到达过北纬37°

的此时此地，因此只要光明存在，我们就没有停下的理由。毛泽东在莫斯科演讲时曾说过"世界是你们的，也是我们的，但是归根结底是你们的，你们青年人朝气蓬勃，正在兴旺时期，就像早晨八九点钟的太阳，希望寄托在你们的身上"[1]，所以我希望无论何时见到高二的青年们，我们都是能量满满，脸上有笑，眼里有光，心中有方向！

6月22日，清华大学2020年研究生毕业典礼举行，医学院硕士研究生伊瓦娜作为毕业生代表之一现场发言。她出生于战火中的波黑，从高中起就在波黑医疗机构和多个非政府组织中帮助弱势群体和残障人士。她说自己从未见过任何一个国家像中国这样，为扭转困境，人民心甘情愿、团结一致，牺牲个人利益、奉献个人力量。事实证明，中国的治理和医疗体系是世界上效率最高的体系之一，数以百万计的人为抗击疫情这个共同目标而团结起来。拥有14亿人口的中国不仅成功控制了新冠病毒的传播，还向世界许多国家提供了援助。在抗击疫情过程中，每个人都能发挥作用，每个人微小的力量汇聚在一起就是强大的力量，这是中国人的责任与担当！

爱国，是每个人心中最美丽的底色。从屈原的伟大事迹到1919年五四运动，再到疫情期间无数医务人员义无反顾地冲到前线，"爱国"这个词早已深深地烙在我们每一位中国青年的心中。2020年改变了多数人的学习、生活和工作方式，同学们度过了一个漫长的相守相望不能相见的日子，老师们不断摸索线上教学的方式，身边的爸爸妈妈则开启了在家办公的新模式。尽管如此，每个人的角色没有变，大家依旧是在不同岗位上尽职尽责。爱国与担当，是永恒的主题，是支撑我们前行最坚定的力量。

人民有信仰，民族有希望，国家有未来。责任感犹如一个人的钙，精神缺钙，就会得软骨病。世界经济合作和发展组织的测试结果显示，中国期望进入科技领域从业的学生比例为16.8%，与发达国家相去甚远。因此，我们必须坚定自己的理想信念。一个思想滑坡的人，在成长的道路上必然会被现实所击垮。没有大担当的人能走到几时？脚下的步子虚了，人生的路就坎坷了；心中的梦没了，现实的山就大了。

报国，是每个人心中最真挚的行动。我们深感祖国的发展速度之快，同时

---

[1] 1957年毛泽东在莫斯科大学对中国留学生讲话。

也看到了各个领域、各个行业对人才的需求，看到了尖端科技领域需要我们、科研学术行业需要我们、贫困山区的孩子也需要我们。多年的教育，让我们的羽翼日益丰满，也让我们有能力去报答祖国。中华民族自古以来就是一个伟大的民族，勇于直面困难和挑战。站在新时代，中国更有能力屹立于世界的舞台，因为一代又一代的青年人用臂膀扛起了时代的担当与责任。如今，中国战胜一个又一个困难，迎接我们的，必将是更加自信强大的中国！

世上从来没有喊口号就能实现的信仰，也没有走形式就能确定的理想。

说一千，道一万，两横一竖是关键。同学们，早睡早起，是对自己最好的负责；保持微笑，是对自己最好的宽容；仪表干净，是对自己最好的尊重；有所喜好，是对自己最好的温柔。人活着，一定要爱点什么。爱国使我们心有底气，爱校使我们荣辱与共，爱班使我们心中温暖，爱学习使我们坚定积极！我们为什么如火如荼举办"十佳班长"活动？这批元气满满的青年不仅仅是一班之长，同时更应该是爱国、诚信、责任、担当的代名词，他们口中讲述的是一个个班级浴火奋战的心路历程，是将自己的宝贵时间牺牲后收获的振奋激昂。勇于揭榜挂帅，敢于责任担当，不是一个人的写照，而应是高二全体学子的大合影！要努力，要低头学习，学习是一切的武器！为了想要的生活，为了人间烟火，为了明天的风和月，同学们，加油！

勿忘国耻，圆梦中华

（学生王晓桐）

尊敬的各位老师、亲爱的同学们：

大家好！

我是301班的王晓桐，我演讲的题目是《勿忘国耻，圆梦中华》。

每逢9月18日，凄厉的警报声总会响起。时间上溯至1931年9月18日，日本侵略者炮击东北军营，占领沈阳城，发动了震惊中外的九一八事变，点燃了长达14年的侵华战火。日军铁蹄肆虐下，930余座城市被占领，4200万难民无家可归，3500多万人或伤或亡……中华儿女付出了沉重的代价。谁忘记历史，谁就会在灵魂上生病。今天，我们更应牢记由鲜血和生命铸就的伟大历史，捍卫来之不易的和平与殊为珍贵的民族尊严。

靡不有初，鲜克有终；不忘初心，方得始终。九一八是烙在中华民族心上的一道伤疤，也是一个警钟。今天我们纪念这段历史，就必须始终铭记"落后就要挨打"的教训，发愤图强、奋发向上，用实实在在的行动来捍卫祖国利益和民族尊严。

以史为鉴，必须珍惜来之不易的和平。遗憾的是，时至今日仍有别有用心的人不断地歪曲历史，日本还在准备修改它的宪法，还在祭拜战争的亡灵，还在支持"台独"，还在不停地制造麻烦。中华民族用鲜血和生命写就的抗战史决不允许被抹黑颠覆，付出了巨大牺牲的中国人民将坚决捍卫国家安全、维护地区和平稳定。

殷忧启圣，多难兴邦。建设与发展的道路不可能一帆风顺，我们总会经历挫折与困难，但我们中华儿女不曾被困难压垮，我们移山开海，我们化困境为机遇。而今神州大地响起的凄厉警报声是对历史记忆的再擦亮，能够让我们认清走过的路、认准前进的目标，向着中华民族的伟大复兴不断迈进。

同学们，历史的耻辱是昨日的惨痛记忆，更是今日我们前行奋进的不竭动力。今天我们站在这里，纪念这段历史，就是要让我们铭记历史，不做胸无大志、庸庸碌碌的无能之辈。我们应当明白，真正的爱国不是单纯的耻辱记忆，也不是简单的纪念仪式，更不是偏激的仇恨，而是居安思危、奋发勇为。"志存高远，胸怀家国，为中华崛起而努力奋斗。"郗书记在开学典礼上对我们的期待犹在耳畔，我们应当树立远大理想，为中华民族的伟大复兴而读书。当今国际形势严峻，美国对我们百般挑衅，封锁高端技术、单方面挑起贸易战，甚至对我国领土问题指手画脚。作为青年，作为祖国的未来、民族的希望，我们有责任艰苦奋斗，砥砺前行，挑起发展的重担。史路迢迢，多有一鉴："兢兢以强，迤迤乃亡""盛世不息，奋发图强"。唯有人人不息，才有举国不息；唯有举国不息，我们的民族才能长盛不衰，明天才会更加美好！

同学们，勿忘国耻，圆梦中华，愿民族复兴之火，永远照亮你我！

我的演讲完毕，谢谢大家！

第三节　年级特色活动

我和我的家乡
——高二年级研学思政课程活动实施方案

一、课程目标

2020年是我校的"绿色发展年",为进一步扎实践行"大安全观、大德育观、大课程观、大考试观、大发展观"的总要求,紧紧围绕"立德树人"的根本任务,深入贯彻"六知六爱六荣"教育,通过学生研学思政课程的实施,培养学生的爱国意识、环保意识、集体意识和顽强毅力,进一步让全体学生投身立德树人实践,为开启学生人生精彩征程不断奠基,为建设百年特色名校持续努力,为实现中华民族伟大复兴不懈奋斗。

具体目标:抓住研学契机,培养学生"知国爱国荣国"意识;通过了解当地历史,进一步提升学生的"知家爱家荣家"感恩意识;增进团队合作,增强班级凝聚力,增强学生"知班爱班荣班"思想观念;师生同行,增进情谊,强化学生"知师爱师荣师"意识;亲近自然,观察社会,锻炼学生的意志品质,提升学生"知我爱我荣我"思想;宣传学校历史,增强学生"知校爱校荣校"观念。

二、课程内容

1.出征大会。介绍参加本次活动的各位领导;升国旗,奏唱国歌;教师动员,学生发言,高二年级B部主任讲话;校长为年级主任授旗,班主任为班长授班旗;书记下达出发命令。

2.宿营地活动。主持人为高二年级B部主任。

①队伍:班级列队。

②歌曲:《没有共产党就没有新中国》《衡中校歌》。

③返校后活动：研学成果展示；各班级集合；回班召开班会。

三、课程实施

1.活动主题为"我和我的家乡"。

2.关键词为绿色、激情、研学、坚持。

3.活动时间为10月16日。

4.位置分配及行程路线。

位置分配表

编队	园区	编队	园区	编队	园区	编队	园区
1	冀州园	8	武强园	15	揽翠轩	22	秦皇岛园
2	工业新区园	9	深州园	16	廊坊园	23	辛集园
3	安平园	10	桃城园	17	承德园	24	石家庄园
4	故城园	11	枣强园	18	沧州园	25	邢台园
5	景县园	12	植物科普馆	19	张家口园	26	邯郸园
6	阜城园	13	武邑园	20	定州园	27	保定园
7	饶阳园	14	桃李春风园	21	衡水园	28	唐山园

前往路线：东南门出发→右转106国道西行→106国道→106国道南转→园博园北门口。

返回路线：宿营地→园博园北门口→右转106国道→106国道→北转过106国道和纵一路路口→西门进入。

四、课程评价

各级部针对研学过程中的情况，针对性地梳理亮点和问题，体现在研学后的总结成果中，及时呈校领导阅；纪律督察组对各班进行精神文明评比；各学科对优秀成果进行展示。各级部面向学生进行活动感想征文，由级部评选优秀征文实施表彰，并在学校公众号、网站展示。

衡水中学高二年级

×年×月×日

寻根问祖，争做贤人
——高二年级姓氏文化研究报告会活动方案

中华文化源远流长，中华姓氏文化是其中的典型代表，中华民族是世界上最早使用姓氏、确立姓氏制度的国家。

本活动为了让学生深入了解与生俱来的自身姓氏与中华姓氏，强化"中华姓氏同根一脉"的意识；为了弘扬祖宗广德，彰明先辈功绩，探本溯源，让学生知其所出、晓其所归；为了让学生了解更多本姓古今名人，坚定绳其祖武的信念，约束自身思言行，铭记先辈教诲，积极投身时代，响应国家号召，争当本姓贤人，誓做时代新人。

年级部立足于文化研究、立足于精神传承、立足于境界发扬，特开展"寻根问祖，争做贤人"姓氏文化研究报告会，具体安排如下。

一、活动铺垫

寒假进行的"志学处世，家国为先"综合实践活动部署任务如下。

1.探求个人（家人）姓氏起源，寻根问祖，不忘来所。

2.收集个人（家人）姓氏名人，知其名，晓其事，记其德，忆其功，铭其言。

3.收集并抄写（硬笔、毛笔均可）个人（家人）姓氏家风家训。

4.研究个人（家人）姓氏族谱，研究族谱文化。

5.追念先人，思量自己，结合时代，明确人生追求，定位百载目标、家庭宏愿。

6.完成《说说我家的姓氏起源及姓氏名人》一文。

7.雕刻属于自己的印章。

二、活动启动

1.动员讲话：①利用升旗仪式或晨会进行倡议动员；②公布参与人员方案（最终确定12个姓氏代表）。

2.氛围营造：①制"中华姓氏同根一脉"姓氏树；②精美姓氏图腾展示；③制作班主任姓氏图腾旗帜；④公布参与报告会展示的同学；⑤书画卷轴、

印章卷轴、书法卷轴内容如下:"寻根问祖,争做贤人""华夏同宗,炎黄一脉""修齐治平,家国天下""贻厥孙谋在俭勤,绳其祖武唯耕读""忠孝传家一树发千叶,诗书继世万脉汇同宗""积善之家,必有余庆;积恶之家,必有余殃"等。

3.展示家训:①学生们收集上交的个人家风家训;②在线装印谱上用毛笔抄写20个名家名训:周公旦《诫伯禽书》、孔子《孔子家语》、刘邦《手敕太子文》、司马谈《命子迁》、诸葛亮《诫子书》、琅邪王氏家训、颜之推《颜氏家训》、钱镠《钱氏家训》、欧阳修《诲学》、范仲淹《家训百字铭》、包拯《包孝肃公家训》、司马光《家范》、袁采《袁氏世范》、朱熹《朱子文集》、陆游《放翁家训》、王阳明《示宪儿》、高攀龙《高氏家训》、朱柏庐《朱子家训》、曾国藩《曾氏家训》、左宗棠《与陶少云书》。

4.座位安排:①将年级同学按照同姓氏划分座位;②制作姓氏、家训手举牌;③年级所有姓氏代表前五排就座,进行姓氏接龙准备。

5.大屏内容:①主屏:"寻根问祖,争做贤人"(毛笔字体);②左屏:"修齐治平,家国天下"(小篆字体);③右屏:"华夏同宗,炎黄一脉"(小篆字体)。

三、演讲流程

1.开场视频放《中华百家姓》宣传片。

2.4人一组,按序进行。

3.第一组后姓氏接龙。

4.第二组后现场书法展示(内容为"华夏同宗,炎黄一脉")。

5.第三组后《中华百家姓》歌曲演唱。

6.颁奖合影。

衡水中学高二年级

×年×月×日

附：姓氏起源及其文化的演讲精选

黄河万里源有头，绿树千丈叶连根
——郭氏起源及其文化

（学生 郭梓湘）

尊敬的各位老师、亲爱的同学们：

大家好！我是郭梓湘，今天与大家交流的题目是《黄河万里源有头，绿树千丈叶连根——郭氏起源及其文化》。

在中国，每个人都有姓。人们初次交往，总会问"您贵姓"，可见，姓氏在我们生活中的重要性。

郭姓作为中华民族姓氏大家庭中的重要成员，在华夏大姓里排名第18位，郭姓族人在海外亦是人口众多，在东南亚地区更是影响极大。

"黄河万里源有头，绿树千丈叶连根。"追根溯源，郭姓出自姬姓，古代"郭"与"虢"两字相通，郭氏即为虢氏，为黄帝姬姓后裔。因郭、虢音同，其后代遂以郭为氏，虢叔为郭姓的受姓始祖。

郭姓的迁徙史要从春秋战国时期来看，郭姓主要有两个发源地：一个是夏商时的古郭国，另一个是周文王所封的"虢"国。它们在春秋战国时灭亡后，其族人开始了历史上的第一次大迁徙。中山国是他们聚居的州郡之一，而它附近的常山郡、广平郡等地也有郭氏族人活动。这些郭氏族人经过不断的繁衍发展，渐渐人多宗大，形成了中山望族。

以上两种说法都是有据可循的，故被历代学者同时采纳。所以，后世的郭姓人不管系出哪一支，用源远流长这4个字来形容一点也不为过。

郭姓作为当代中国大姓之一，尊荣显赫，在长达3000多年的历史长河中，形成了具有明显家族文化特色的美德。在历史上，郭姓的名人有很多，如郭威、郭子仪、郭守敬、郭小川等。我来自河北邢台，以上我提到的几位郭姓的名人中，郭威就是河北邢台隆尧人，是后周太祖。他在位期间，崇尚节俭、虚心纳谏、改革弊政，促进北方地区的政治经济形势趋向好转；郭守敬是邢台县人，元朝著名的天文学家、数学家、水利工程专家。说来也巧，我的父亲和后周太祖同名，也叫郭威。他是一名纪检干部，工作勤勤恳恳、爱岗敬业，每天工作很辛苦，他就是我心中最敬佩的人。

这就是我的姓氏来源，我为我具有这样的姓氏而感到骄傲与自豪。从今天开始，在今后的学习中，我要向身边的榜样们学习，勤奋刻苦，追求卓越，在广阔的知识领域里不断开拓进取，不为姓氏抹黑，做一名出彩的郭姓人！

参天之木，必有其根；寻根问祖，争做贤人
——任氏起源及其文化

（学生任嘉鑫）

敬爱的老师、亲爱的同学们：

大家好，我是任嘉鑫。今天我为大家说说"任氏"。参天之木，必有其根；怀山之水，必有其源。通过这次"寻根问祖，争做贤人"的活动机会，我有幸和大家一块儿了解任姓的起源与分布及灿烂的文化。

《史记》记载，任姓出自黄帝的少子禹阳的后代，属于帝王赐姓，以国名为氏。西周初期，有10个姓氏，都是任氏后裔的封国，是由任氏分支出来的。《左传》有云"不敢与诸任齿"，其中所谓的诸任，指的是这10个姓氏。任氏为西周贵族大姓，因此诸国不敢与其争辩，可见当时任姓氏族的显赫。

另一种说法，任姓起源于官位，出自商、周初期官史壬，属于以官职称谓氏。壬即西周初期六卿之一，就是后世的大司徒，后加偏旁俗称任。任即壬，大司徒之职，主要职责是掌管土地和国民，负责国内田地耕作和征发劳役。

任姓是一个多民族、多源流的姓氏，在当今姓氏排行榜上排列在第58位，属于大姓系列。先秦时期，任姓主要活动于重庆、河南、湖北、山东滨州等地；秦汉时期，任姓已扩散到陕西、四川、甘肃、广东、江苏、浙江等地；三国两晋时，任姓的分布更为广泛，但其主体在北方和中原地区；宋朝时期，任姓已移民福建；清初，任姓进入台湾。

任姓在历史上人才辈出，如孔子七十二贤弟子之一、著有《任子遗书》《为学》的任不齐，西汉御史大夫任敖，东汉将领任尚，唐朝管国公任环，近代中国共产党和中国人民解放军的卓越领导人任弼时，华为技术有限公司主要创始人、总裁任正非等，不胜枚举。

《任氏家训》明确了6个方面的做人原则。立德：尊师重道，敬长礼朋，宽

衡中带你学思政

厚待人，以直抱怨；立志：自尊自重，三省慎独，自立自强，穷且益坚；立行：举止儒雅，谈吐文明，谨慎择友，常伴贤良；立事：当识时务，贵通权变，理能屈伸，行敢冒险；立人：忠厚诚信，乐观豁达，淡泊宁静，宠辱不惊；立家：教子以德，训诫从严，书香门第，积善之家。

任姓有悠久的历史，有杰出的先人，有灿烂的文化。身为任姓后裔，我一定不辱先人，做人光明磊落，做事公平公正，做学问勤奋刻苦！

第四节　特色团队教育

社团活动方案

　　学生社团建设是实施素质教育的重要途径，是培养学生综合素质的重要载体，也是展示校园文化特色的重要窗口。为进一步发挥社团活动在学校教育中的积极作用，切实引导我校广大学生在社团活动中发挥潜能、培养能力、提高素质，推进我校学子多元化发展进程，特制订本社团建设实施方案。

　　一、指导思想

　　坚持以习近平新时代中国特色社会主义思想为指导，全面贯彻党的教育方针，在学校党政领导下，把立德树人融入社团活动工作各环节，深入践行一个中心、两个提升、三个利于、四大战略、五大指南、"六知六爱六荣"教育，整合新资源，开阔新思维，增添新动力，积极以学生社团活动为载体，进一步加强社团的组织管理和活动指导，发挥社团在校风、学风、文化建设及素质教育等方面的积极作用，促进广大学生全面发展。

　　二、总体目标

　　1.积极整合校内外课程资源，努力实现学生社团活动校本课程化，使社团活动成为学校课程设置的重要组成部分。

　　2.繁荣学校的文化生活，提升办学品位，丰富文化内涵，展示办学特色。

　　3.坚持学生自主选择、自我完善与教师有效指导相结合的原则，进一步培养学生的实践能力，激发学生的创新精神，提升学生的综合素质，为每一位学生的终身发展奠定基础。

　　4.建设一支敬业奉献、有创新意识、熟悉学生社团工作的指导教师队伍，打造衡水中学社团课程新格局。

三、组织管理

1.学校成立社团领导小组，定期研究、部署相关工作，协调各方面关系，确保学生社团工作的顺利实施。组长、副组长为××、年级主任、科室主任，组员为各年级德育主任、科室活动负责老师。

2.团委会负责制订学生社团活动的总体方案，并对各社团及其活动进行协调、管理和评价，努力促使各社团活动规范化、课程化、特色化、创新化。

3.各社团原则上设指导教师数量不少于2名。指导教师具体进行社团活动的组织与指导，在工作中既要注重育人效果，又要注重活动资料（如社团章程、活动计划、工作总结、学生获奖情况、活动图文记录等）积累，每学期末将活动资料交团委会存档。

4.各社团原则上设社长1名、副社长1~2名，负责定期召集本社团成员召开会议、举办活动。各社团社长、副社长由社团成员推选，上报团委会备案。

5.社团分为校级社团和年级社团，统一由团委会协调工作。

校级社团课主要是由各处室和中心教研室推出的品牌社团课。校级社团课根据处室和中心教研室老师安排情况在不同校区开设，处室和中心教研室负责业务指导，团委和年级部检查社团课上课情况。年级社团课由年级老师或学生自主开设，年级部负责指导管理。团委会和年级部检查社团课上课情况。

四、实施步骤

1.社团申报。学校每学年9月初接受社团申报。

①老师申报，需要填写《衡水中学社团申报表》并交至团委会备案审批；学生申报，需要填写《衡水中学社团申报表》并交至团委会，提请学校有关部门审批。

②上报内容含上述表格、开课地点、社团介绍（100字）、上报条件（如需要具备什么基础、购买什么设备等）。

③团委对接人为××，办公地点为志公楼101室。

④上报完成时间为9月26日下午5点前。

2.社团实施。

①实施步骤。

第一步，团委会根据各科室在各校区开设社团的名单确定校级社团开设情况。

第二步，各级部向本年级老师发社团申报表征集社团。同时，各级部也可以让学生自主申报社团，但要安排负责老师，做好监管。

第三步，团委会将学校社团、年级上报社团于9月27日梳理后对接现教处，确定报名链接，明确社团上报限定人数（一般为40人）。

第四步，发送链接给各年级，年级利用10月1日国庆节假期让学生公开选择心仪的社团。团委会将根据各社团报名情况和各年级做好协调（微调各社团人数，确定上课地点），推进社团工作。

②注意事项。先统计社团数量和社团容纳学生人数，再根据学生人数安排选修课门类：学生只能选择1个社团或者1门选修课，不能多选；每个社团要规划好容纳学生的数量，人数不宜太多，建议为40人。考虑到校区的社团教室紧张的情况，年级部需要将本年级已经安排年级社团的上课教室和未安排年级社团的上课教室进行上报，以确保学校社团有开设地点。开设地点务必固定化，如有变化，及时协调。

3.社团上课。按照学校上课时间进行上课，团委会、年级做好督查，确保课程按时有序开展。上课时间由高一、高二年级德育主任、教学主任协调安排。原则：①同一年级固定在一节课上，不同年级分开时间，如以上条件不能满足，也可多个年级同时开课，且和选修课同时开课，每周一课时；②尽量不要安排在第八节课以后，以免影响艺术、体育训练；③如遇考试或学校重大活动耽误，社团课可不上。

4.成果展示。每学期期末以年级为单位，高一、高二年级分别对本年级的校级、年级社团进行统一评价，各评出十佳社团5个、优秀社团5个。评价参照学生问卷、检查量化、成果展示、材料上交等进行综合排名，不照顾年级平衡。

五、其他要求

1.学校各部门应统一思想、提高认识，共同坚持以下基本工作原则，通力支持学生社团各项工作的开展。

①坚持实事求是、循序渐进的原则。学校应充分考虑学校的实际情况和学生的实际水平，研究、制订切实可行的社团活动方案，有目的、按步骤地稳妥

推进，逐步实现社团活动规范化、课程化、特色化、创新化的目标。

②坚持学校推动、处室管理、研课组指导的原则。在学校社团工作领导小组的领导下，团委会等相关处室及各研课组、社团指导教师应明确分工、各司其职、各尽其责，努力促使各社团活动顺利开展、取得实效。

③坚持发展特长、创建特色的原则。各研课组、社团指导教师应定期研究社团建设目标、辅导计划，认真围绕目标构建内容，深入开展社团工作，促使学生发展特长，创建富有特色的社团校本课程，全面提升社团活动水平。

④坚持创设条件、保障安全的原则。学校应切实保障经费，有关处室具体协调、安排各社团活动的时间和场地，整合资源，提供设施，为社团活动的开展创设条件。指导教师应重视对社团成员的安全纪律教育，确保各项活动的安全有序。

⑤坚持优质优酬、奖励先进的原则。学校应通过进一步制定《衡水中学学生社团考评细则》等配套制度，对各社团指导教师履行职责及社团活动开展情况及时做出评价，落实待遇，表彰先进，推动社团活动向高层次、高品位方向发展。

2.筹建社团时可参考常见学生社团名录。

①科技类：机器人社团、3D打印社、创客空间、科技社、航模社团等。

②社科类：模拟联合国、模拟政协、领导力、商社、心理剧、微电影社等。

③文学类：国学社、话剧社、书画社、锦绣阁、辩论社等。

④体育类：篮球队、足球队、棋牌社、健美操队等。

⑤艺术类：金话筒社、合唱团、舞蹈社、古琴社、手工剪纸社、街舞社等。

3.各研课组、社团指导教师指导社团开展活动应做到"五定"，即定活动目标、活动时间、活动地点、活动内容、指导教师，同时注意做好活动内容校本课程化的相关工作。有关处室应加强常规指导和管理，避免社团活动随意化、虚无化。

4.各年级段、班级要积极配合学校做好各社团活动的宣传、发动工作，鼓励、支持学生参加社团活动，同时注意及时与家长沟通，赢得家长的理解和支持，扩大社团活动的影响力。

衡水中学
×年×月×日

附：社团活动感悟

立己达人，兼济天下

（学生李文迪）

子贡曰："如有博施于民而能济众，何如？可谓仁乎？"子曰："何事于仁，必也圣乎！尧舜其犹病诸！夫仁者，己欲立而立人，己欲达而达人。能近取譬，可谓仁之方也已。"

回首前路，即使大夜弥天，亦有千千万先辈在泥泞里胼手胝足，在黑暗中积蓄力量、等待曙光。看而今，那个积贫积弱、百废待兴的中国已成为东方翘楚。也许今日我们已不再需要抛洒热血，但仍应传承那份抛头颅、洒热血的赤子之心，铭记那份立己达人、兼济天下的情怀——模拟政协，正将我们那份沉睡的情怀徐徐唤醒。

自高一入学伊始，我就深深被学校的四大社团之一——模拟政协所吸引，最终经过小问答的纸上筛选，如愿进入模拟政协社团。常言道"物以类聚，人以群分"，果真，在模拟政协的这方天地里，我们未曾畏畏缩缩，而是各抒己见，享受思维的碰撞与融合，在清澈而略显稚气的眸子里擘画祖国未来的模样。

终于，小组成立。几经调换，欣喜与失落交织，我也越来越发现同行者陪伴的重要，总会予以大家心安与勉励。后来，疫情突袭，一点一滴的消息都紧紧牵动着我们的心，我们也因此确定了议题"关于完善捐赠运行体制的提案"。如此选择，并非抱怨、谴责，只因疫战是中国之制磅礴力量的最好证明。模政让我明白，要做提灯前行、勇于开拓的积极力量，故我们希望有一分热，发一分光，摆脱冷气，昂扬向上。

讨论、调研、问卷、展示，我们力争在每一环节坚守追求卓越的校训，努力看清事物的全貌、真貌，走入时代的画卷，借此寻求问题的解决之道。其间，不免坎坷迷途，但与此同时，我的能力亦在种种沟通和实践中突飞猛进，也曾备受质疑："这些事情是你们高中生可以插手的吗？不过是浪费学习时间。"我微微一怔，种种经历如海潮般裹挟万般滋味汹涌而来——初定议题的雄心壮志，屡被否认的失魂落魄，探寻有果的欢呼雀跃，学业任务的繁重压力和矛盾产生的无奈叹息……我们为何要走到这一步？是完成任务的驱动，或是对证书、荣誉的向往？这些显然都不足以支持我们走过那么多苦苦探寻的时日，那个答案终在脑海中渐渐明晰——立己达人，兼济天下，于是坚守初心、素履以往。

盼望着，盼望着，开幕式在全国各地不知多少高中生的殷殷期盼下拉开帷幕。在一位教师代表娓娓道来的阐述中，"立己达人，兼济天下"，这熟悉的8字箴言令我心灵为之颤动，竟牵引了不禁热泪盈眶的情怀，微微一笑，更坚定来时路。

在这场比赛中，同学间的关爱与切磋、老师的关怀与支持尤令我难以忘怀。线上比赛的方式，给了参赛同学更多交流交往的空间，我亦因此结交了不少同道之人，虽隔着迢迢千里的距离，我亦能从字里行间感受到大家的温暖、智慧和善良。"模政707""舌尖上的清华二字班"都是我们在社交软件上新开辟的洞天。对于上百个正值青春期的青葱少年，各位指导老师、技术老师都给予了我们足够的包容和关怀，尽其所能地为我们营造参政议政、大展身手的平台。

少年强则国强，少年智则国智。我们是最有活力的少年一代，应积极担当未来建设祖国的责任。愿我们可以不忘初心，不忘来路；立己达人，兼济天下。

以吾少年意气，担国家之责任

（学生龙艺菲）

网络上有一段话讲得非常好："江河之所以奔腾浩荡，是因为每一滴水都肩负着向前奔跑的使命；河谷堤坝坚不可摧，是因为每一块石头虽承受着重重的压力却坚定不移。"一百多年来，中华民族从水深火热中走来，在这片土地上扎根生长，是因为无数前辈担当起英雄的角色，扛起了"救亡图存"的重担，带领一代代中国人砥砺前行。如今，我们作为新时代的高中生，更应该将理论化为实践，国事、家事、天下事，事事关心。

我曾经以为，我离"两会"很远，也曾经以为"两会"只是人大代表、人民政协委员商讨国事的盛会，我曾经以为政协对于我而言可望而不可即。但这些，从我选择进入模拟政协社团的那一天起就悄悄改变了，我开始关注社会热点问题，真正地担当起作为青年人的时代重任。

经过对社会热点问题深切的调查与研究之后，我们最终确定了选题，着眼于农村的经济发展，最终确定了"促进乡村民宿健康发展的提案"。

一切都要从实践中来到实践中去，探求问题的根本在于深入社会，走到群众之中，听听百姓的声音。道理虽懂，但实践起来却没有那么容易。我去了河北省承德市兴隆县天子山风景区。这个村庄在最近几年发展了乡村旅游，许多农民转行开了乡村民宿。我一家民宿一家民宿地走访，其中不乏一些有价值的信息，给我以很大的启发。

经过我与同组成员不断的讨论与头脑风暴，提案终于有了雏形，但以我们现有的水平不足以将提案写得尽善尽美，我只能一次又一次地去与从业者沟通，与相关产业专家对话，在实践调查中丰富自己。

全国会议期间，小委员积极向上的风貌、各组切实可行的提案、在新闻发布会上各模拟政协委员的提问以及界别讨论会上堪称神仙打架的辩论，无一不让我热血沸腾。在竞选主席团主席的活动中，我用心准备，发言前非常紧张，但当真正打开话筒时，一切紧张和忐忑都已散去，剩下的只有对模政的热血以及一种责任感。

这样的经历对我来说是一笔财富。当今社会，农村的发展道路应该是多元的，在决胜脱贫攻坚的最后一年，在农村未来的发展上，在贯彻"绿水青山就是金山银山"的理念中，发展乡村旅游无疑是一个好方法，这让我们意识到撰写这个提案、提出解决方案的重要性。我看到了太多太多优秀的同学在为这个社会发声、在为社会发展贡献出自己的一份力量，为创造更为和谐美好的家园而献出自己的努力，这是让人极为感慨和感动的。同样，在写提案的过程中，我感受到了团队合作的重要性，也培养提升了我的团队合作素养，我认识到只有团结一心、众人皆努力才会为我们的提案更好地注入生机和活力，我们的结果才会更精彩和丰富。

"天高海阔万里长，华夏少年意飞扬，发愤图强做栋梁，不负年少。"参加各种社会实践活动不仅全面地提升了我的综合能力，更重要的是让我感受到了正与时代同呼吸、共命运。中国梦是由一个个青年梦组成的，我们怎样，中国就怎样。模拟政协社团是展现自我的舞台，是将我们与国家联系在一起的纽带，真正让我们有机会去关心国家大事，为国家建设建言献策。作为模拟政协委员，我们在社团里指点江山、激扬文字，尽情展示自己的青春风采。

青春，当是一种生机勃勃、百折不挠的人生，是一种以天下为己任、饱藏奉献的爱国精神。而少年，是时代的先锋，是国家繁荣昌盛的有生力量，新时代的少年当在社会实践中学习、思考、提高。

衡中模联，有你无悔

（学生李佳阳）

从闻所未闻到参与其中，从不知所措到熟练自如，一个多学期的时间，模联已经成为我不可或缺的一部分。

记得在报名时，面对一张几乎是全英文的测试题，我大致能读懂题目，但对所问内容几乎一无所知，只能一边百度搜索一边做题，可就算这样，我还是心中忐忑。

到了金秋时节，模联的学哥学姐教授我们议事规则，然后召开了一次模联会。当时由于我测试题做得不好，分配的国家席位是"肯尼亚"，一个几乎没有什么发言权的国家，但模联的魅力之一就在于此，一个在现实中不可能起到大作用的国家，在模联中却可以大放异彩。那次会议上，我抛弃了羞涩，大部分时间都有我的发言。从那之后，我便真正地陶醉于模联。

在模联课上，学哥学姐教授我们资料查询、会场协商、文件写作等技巧。为了争取获得校外会议的参加资格，我在每一节模联课上认真学习，在每一次作业中努力将所学运用其中，并终于有了展示自己的机会。元旦之后，模联社团举行了一次新手会，议题是"中东难民安置问题"。也许是因为我之前作业做得好，也许是因为学哥学姐想考验我的能力，我这次被分配到了"美国"代表团。在会议中，展开了一场"美国""欧盟中对难民强硬国家"以及"叙利亚等难民输出国""中国等对难民较宽容国家"之间的博弈，各方代表唇枪舌剑、互不相让，而我也将之前所学悉数运用，虽然不是非常熟练自如，但已有很大进步。

随着世界疫情越发严峻，模联秘书长在线上开展了"抗击疫情，世界下半场"直播授课，结合一些学者的研究，为我们深入分析了疫情发生后出现的问题与带来的影响。几天后，模联社团对"疫情下人员流动管控安置""疫情下疫苗研制应用"两个议题，召开了线上模联会，全校模联人参与其中。我思考再三，决定申请团长一职，最终担任"中国代表团"团长一职。在前期的沟通中，我们也出现了一些因误解带来的不愉快，但最终都在交流中化解。我每天抓紧完成作业，然后开始查找资料，准备会议。最终，"中俄巴"三方结成了同盟，一同撰写了动议清单并提交，主席团的动议清单也基本选择了我们这一份。于是，我们抢到了先手优势。在会议中，"各国代表"发言各具风格，"新闻媒体"针对"代表们"的发言刊发新闻，"各国团长"也利用质询机会向"其他代表"发难。新闻发布会上，"新闻媒体"犀利提问，"代表们"从容应答。会后，每个"同盟"都在紧张地撰写决议草案，体现"各国"利益立场，并提交给主席团。最终，这次线上模联会圆满结束。

模联不仅是一种经历，更是一种历练，一种升华。模联让我看到了更大的世界，关注更有意义的事情，尝试更远大的事业。

这才仅仅一个多学期啊，模联却已成为我热爱以至于不可或缺的活动。

衡中模联，有你无悔。

青春的颜色，青年的责任
——采访国家林业局老科协王占峰爷爷有感
（学生 刘鸿琳）

2017年7月13日清晨，我们怀着激动的心情出发。那时的我们还不知道，将有一路温暖醉人的风景等待着我们去欣赏，将有一路的惊喜与感动等待着我们去拾取、珍藏。

我们在紧张的学习生活中利用课余时间悉心准备采访并说服父母，自行前往距离家乡几百公里的地方。4个稚气未脱的少年在偌大的北京城中跌跌撞撞，相互扶持，为了我们共同的梦想，伫立在热风中，奔跑在骄阳下。当我们几经波折找到王占峰爷爷时，所有的汗水都化成了脸上绽放的笑容。

一个八旬老人，笑着对4个孩子讲述他和中国林业的故事。他口中的森林花海令人神往，而他口中的护林人员的艰难困境让我们黯然神伤。我们静静地听，老爷爷动情地讲，听到的是不容乐观的林业现状和他内心深处对现代化林业的呼喊，他说："我一辈子就干了这么一件事，就要走了，看见这林业现状，我急啊！我担心林业给咱们脱贫攻坚拖后腿啊……"

每个灿烂活过的人都努力给后人的路添些光亮，也许是巨星之辉，也许是火炬之芒，也许只是蜡烛含泪之光。王爷爷不甘做一支带来微弱光芒的蜡烛。夕阳红似火，余热再生辉，他没有了牙齿，但那铮铮铁骨依旧在；没有了青春韶华，但那份赤红色的情怀依旧在。王爷爷曾是北京交通大学铁路专业的学生，因为国家需要，被当时的国家副主席刘少奇调到林业部工作。这样一份工作，他无怨无悔地做了一辈子，为新中国的林业建设立下了汗马功劳。老骥伏枥，他倾一己之力，践一生之诺，他要为之奉献一生的事业、为他深爱的祖国再做些什么。就是这样一个老人，一个身子硬朗、笑声爽朗、爱折腾、不服老的八旬老人，谈及护林人员艰苦的生活条件时，流下浑浊的泪；说到近代中国林业取得的成就时，露出灿烂的笑。也是这个老人，触动了我们内心柔软的地方，这个老人的赤子之心，让我们的青春染上鲜红的底色，那是家国情怀的红色。

王占峰爷爷说："现在有些年轻人只顾自己，不管他人，这是很危险的。"他叮嘱我们要努力学习，希望我们将来报考林业大学。在他那红润的面颊背后，我们读到一个风烛残年的老人的重托和厚望。

鲁迅先生说："愿中国青年都摆脱冷气，只是向上走，不必听自暴自弃者流的话。能做事的做事，能发声的发声。有一分热，发一分光，就令萤火一般，也可以在黑暗里发一点光，不必等候炬火。"从那刻开始，我相信，我所站立的地方，就是我的中国，我们光明，中国的未来将更加美好。也是从那一刻开始，采访的初心变成了一份沉甸甸的责任，也因此，我们从青年真正成长为中国青年。

这就是我们的故事，关于我们的模拟政协社团，关于成长，关于一份失而复得的美好，关于一种赤红色的青春印迹。

志愿服务实施方案

为加强思想引领和价值引领，培育践行社会主义核心价值观，传播青春正能量；贯彻党的教育方针，坚持立德树人，全面实施素质教育，促进学生健康成长；开展团员意识教育，提升团员先进性，凝聚广大团员学生力量的时尚载体，丰富学生的文化生活，提升学生的发展水平，大力弘扬"奉献、友爱、互助、进步"的志愿精神，不断加强和完善我校志愿服务体系建设，切实发挥志愿服务在学校发展和构建卓越校园及建设美丽社会中的积极作用，特制订实施以下方案。

一、指导思想

贯彻落实习近平总书记系列讲话精神和共青团中央、教育部关于志愿服务的相关实施意见。

以"奉献、友爱、互助、进步"的志愿精神为指导思想，以系列德育活动和常规管理为载体，强化志愿服务建设，推进学校志愿者服务向系统化、规范化、标准化发展，帮助和引导学生健康成长、发展。

二、宗旨和目标

1.宗旨：学生志愿者服务活动以"自管、自理、奉献、监督、友爱、互助、交流、进步"为主旨，为学校公益活动服务，强化自主管理责任意识，提高学生的社会实践能力和综合素质。

2.目标：通过志愿者服务活动，激发全校师生关爱互助的热情，激励和引导全体学生积极向上、乐于助人并见诸日常的行为，为师生的学习和生活创造一个和谐、宽松、健康的环境。

三、学生志愿者的定义

志愿者指任何自愿贡献个人的时间、精力、金钱及精神，在不谋求任何物质报酬的情况下，从事社会公益与社会服务事业，为改进社会和推动社会进步而提供服务的人。

河北衡水中学注册学生志愿者是指按照一定程序在我校教育处注册登记、参加管理和服务活动的志愿者。

四、学生志愿者条件

衡水中学学生志愿者必须是在我校正式注册登记的学生，必须满足以下条件。

1.身心健康，具有奉献精神；

2.具备与所参加的志愿服务相适应的基本素质；

3.有强烈的责任心、高度的服务热情，在学生中有较高的威信；

4.根据自身愿望和条件至少选择一个志愿服务项目，从事一定时间的志愿服务工作。

注：受到年级、学校通报及以上处分者不能注册成为学生志愿者。

五、学生志愿者的权利

1.参加学生发展中心、团委及学生志愿者组织提供的培训；

2.申请成为各志愿者协会个人会员；

3.就学生志愿服务工作对学校、志愿者组织提出建议和意见；

4.相关法律、法规及共青团组织、志愿者组织所制定的有关规定赋予的其他权利。

六、学生志愿者的义务

1.履行志愿服务承诺；

2.不以志愿者身份行使任何特权；

3.自觉维护学校、志愿者组织和志愿者的形象；

4.相关法律法规、学校相关规章制度及团组织、志愿者组织规定的其他义务。

七、招募与注册

1.招募时间。每年9月，用大约15天时间完成全部招募工作并召开成立大会。

2.注册机构。衡水中学团委会。

3.注册方式和程序。

①本组织实行自愿申请注册制度，先由申请人向教育处提交书面申请。

②经学校教育处审核同意后方可注册学生志愿者，注册时要填写注册登记表并签署学生志愿者注册协议。

③注册成功后将获得学校统一使用的注册号，即学生志愿者的会员号（每名志愿者的注册号永久使用，因未履行志愿服务义务等情况而取消注册志愿者资格的应注销其注册号，被注销的号码原则上不重新使用）。协会将为所有成员颁发标明会员号等内容的"志愿者志愿服务证"。

④学生志愿者协会（简称学协）为每名志愿者建立个人档案，并纳入学生个人成长档案，由学校教育处统一组织管理。

⑤学生志愿者注册期为一年，学校鼓励连任，特殊情况及时调整。

八、组织机构

1.机构设置。名誉总会长、副总会长略，总会长为各校区聘任学生会主席，副总会长为各校区主席团成员。

2.主要组成。学生志愿者协会由200名志愿者（高一、高二各100人）组成，面向高一、高二年级全体学生，招募时不考虑年级平衡。由校团委具体指导，主席团成员具体负责安排工作，在校党委和团委的支持下开展各项志愿工作。

九、主要职责

1.自主管理类志愿服务。主要服务校内，配合学校管理。设置服务于维护学生上下楼秩序的学生志愿者团队，服务于维护校园教室卫生的学生志愿者团队，服务于学生仪容仪表督导的学生志愿者团队，服务于节水节电督导检查的学生志愿者团队，服务于宿舍开窗通风消毒的学生志愿者团队，服务于学校高校校园行、高校招生咨询会、校园开放日、全国班主任年会等学校重大活动的学生志愿者团队，服务于学生学习管理督导的学生志愿者团队，服务于校园失物招领的学生志愿者团队，等等。

2.社会服务类志愿服务。主要服务校外，就某些方面进行宣传引导讲解等。比如，到衡水市交通繁忙路口进行交通疏导的志愿者团队，去衡水市敬老院看望老人们的志愿者团队，在衡水马拉松比赛现场服务的志愿者团队，在衡水市宣传室内空气净化知识的志愿者团队，到衡水市农村宣传节水灌溉知识的志愿者服务团队，到衡水市特教学校支教的志愿者服务团队，为衡水武强县贫困村捐款捐物的志愿者服务团队，等等。

3.文化宣传类志愿服务。主要侧重于文化宣传保护方面的宣传。如衡水是董子故里，也是冀州所在之处，有着深厚的文化底蕴。为了更好地了解本土文化、传承传统文化，组织衡水孙敬学堂宣讲汉文化的志愿者服务团队、衡水内画艺术博物馆讲解内画制作的志愿者服务团队、衡水武强年画博物馆进行宣讲的志愿者服务团队、衡水老白干酒厂进行学习宣讲的志愿者服务团队、宣传董仲舒董子文化的志愿者服务团队、发掘宣讲衡水革命事迹的志愿者服务团队；等等。

4.环境保护类志愿服务。主要侧重于环境保护方面的宣讲。为增强学生的环保意识，引导学生关注环境问题，组织成立了很多环境保护方面的志愿者服务团队。组织衡水湖环境保护志愿者团队，志愿者到衡水湖边上捡拾固体垃圾，到衡水湖边上宣传环境保护知识；到衡水湖边上植树，进行入侵植物黄顶菊的实践调查，向游客宣传环境保护知识；等等。组织到衡水发电厂调研学习的活动，到衡水市休闲广场宣传环境保护的活动。另外，邀请衡水市气象局的专家做报告，向衡水市气象局争取气象设备落户校园的活动，宣传防霾治理雾霾的活动，调研衡水水资源匮乏的活动，宣传节水灌溉的活动，等等。

5.其他各类志愿服务。参加校团委及其他处室组织的其他志愿活动，并在参加活动后及时做好记录并写出感悟与收获；市政及学校安排的其他临时事务助力工作。

十、考核与表彰

1.对组织成员的考核，由团委和教育处具体组织进行。原则上每年在国际志愿服务日（12月5日）前进行"十佳学生志愿者"评选活动。对当选的"十佳学生志愿者"颁发荣誉证书、奖品，给"十佳学生志愿者"家庭及初中毕业学校寄发喜报，将"十佳学生志愿者"的事迹在橱窗展出宣传。

2.凡当选的"十佳学生志愿者"是本学期的校级优秀学生干部，在今后的省、市级优秀学生干部、三好学生评选中，都要相应加分；凡是获得"十佳学生志愿者"的均可作为今后评优选模的重要参照条件，都要相应加分。

3.各志愿者协会还可以依据志愿者的服务业绩，参考服务时间，定期开展评选表彰活动，授予志愿者荣誉称号。

十一、相关说明及要求

1.自愿接受学校团委的领导和监督，认真遵守组织章程，维护组织声誉，宣传组织宗旨，执行组织决议，完成组织交办的任务。

2.日常例会和服务检查应按时到位，如有事应向会长请假（请假应具备书面假条，请假条由专人管理）。无故两次不到者给予批评，有三次或三次以上无故缺席或两次以上拒不完成工作任务者给予组织内警告，并将情况记入学生个人档案。

3.注册的学生志愿者要有爱心、责任心和奉献精神，要严格自律，要有不计个人得失的奉献精神；要团结互助，时时处处事事做学生的表率；工作要认真负责、坚持原则、公平公正，不考虑个人或小集体利益，积极配合学校开展各项工作。

4.服务时必须佩戴专门的标志（帽子或专用标志等）履职，注意文明服务。

5.每学期定期召开学生志愿者培训会三次、工作交流会两次和工作总结会。

6.各志愿者协会根据本实施方案制定相应的详细可行的管理办法，做好本协会的组织、管理、培训及日常服务工作。

十二、出现以下情况之一的会员志愿者，教育处有权取消其会员资格

1.上一年度服务时数不足20小时的；

2.培训无故缺勤两次及以上的，例会或培训无故迟到五次及以上的；

3.由于主观原因未完成志愿服务工作的；

4.志愿服务中出现有损学校形象、有悖志愿者精神行为的；

5.受到年级、学校通报及以上处分的；

6.本人主动提出申请退出的。

团委于每年6月视会员空缺名额酌情进行增补。

共青团河北衡水中学委员会

×年×月×日

附：志愿服务资料整合

  2016年6月1日，共青团中央、教育部联合印发了《关于加强中学生志愿服务工作的实施意见》（以下简称《意见》）。《意见》指出，中学生志愿服务工作是加强思想引领和价值引领、培育践行社会主义核心价值观、传播青春正能量的有效途径，是贯彻党的教育方针、坚持实践育人、全面实施素质教育、促进学生健康成长的重要抓手，是开展团员意识教育、提升团员先进性、夯实基层组织、凝聚广大团员学生力量的时尚载体。

  为了更好地贯彻"立德树人"教育方针，丰富学生的文化生活，提升我校德育水平，加强团员先进性，凝聚广大团员学生力量，我校申请并最终被团中央确定为首批全国中学生志愿服务示范学校创建单位，这既是上级领导组织对我校以往志愿服务工作的肯定和认可，也是进一步提升我校志愿服务工作水平、加强引领带动作用的重要契机；这也让我校能更好地梳理志愿服务工作，反思以往的志愿服务工作，借鉴其他学校机构的先进做法，从而提升我校志愿服务工作的水平，促进志愿服务工作的新发展。

第一部分　志愿服务组织建设

一、成立新的领导机构，加强学校志愿服务工作领导力量

  从我校被确定为首批全国中学生志愿服务示范学校创建单位以来，学校领导特别重视，召开专门的研讨会议，决定成立由德育副校长牵头的衡水中学志愿服务领导小组。领导小组组长为德育副校长，副组长由团委书记担任，小组成员由团委，教育处，高一、高二年级部等处室主任参加。志愿服务领导小组每两个月召开一次志愿服务协调碰头会，通报阶段性志愿服务工作总结和计划，对志愿服务工作提出意见和建议，协调解决志愿服务工作中出现的问题。相较之前，志愿服务的领导级别大大加强，纳入的处室更多了，组织机构的人员增加了，更有利于以后志愿服务工作的开展。

二、学习建立规章制度，明确志愿服务中的权利和义务

  一项活动能常态化、规范化，就需要建立相应的完善的规章制度。

  一方面，我校带领学生学习现有的法律、上级组织下发的规章制度。我校以班级为单位，利用团活课、班会课时间，组织志愿者、全体团员积极学习《中华人民共和国慈善法》、共青团中央和教育部联合下发的《关于加强中学生志愿服务工作的实施意见》、共青团中央下发的《关于推动团员成为注册志愿者的意见》、新修订的《中国注册志愿者管理办法》等法律和规章制度。我校还通过校园展牌、校园大屏幕、教学楼展牌、餐厅大屏幕、学校微博及微信平台等形式展示宣传志愿服务相关的法律和规章制度，让志愿者、团员了解志愿服务相关的法律和规章制度，明确志愿服务中的权利和义务，以利于更好地开展志愿服务工作。

另一方面，我校依据相关法律和规章制度制定了《河北衡水中学志愿服务工作暂行管理办法》（以下简称《管理办法》）。《管理办法》对志愿服务工作做了定位，明确了资金保障，完善了组织建设，规定了志愿服务与学分挂钩等。各个社团也建立了社团章程，让活动更有序，更有据可依。

三、完善志愿服务分工，壮大志愿服务队伍

在我校志愿服务领导小组的统一领导下，学校团委会统筹志愿服务工作，侧重负责志愿服务社团的管理，教育处负责以校学生会为主体的服务组织，教科处负责志愿服务课程管理，年级部和班级团支部负责具体的实施管理、活动组织。

我校注重发展壮大志愿服务队伍，在高一、高二年级学生中积极组织宣传团员注册成为志愿者工作，在学习相关规章制度的基础上，推动团员注册成为志愿者工作。按照共青团中央、中国青年志愿者协会于2013年修订的《中国注册志愿者管理办法》的有关要求，认真做好志愿者注册登记表、服务项目登记表及相关资料的管理工作，并组织团员在河北志愿者服务网上注册。我校团员注册为志愿者的比例大大提升，目前达到86%左右。由于学生升学的客观原因，我校坚持做好新团员注册成为志愿者的工作。

第二部分 志愿服务活动概况

一、志愿服务分类及活动

我校志愿服务工作分为自主管理类、社会服务类、文化宣传类、环境保护类等几大类，每个大类下设多个社团，社团各有分工、各有特色。

自主管理类主要服务校内，配合学校管理。有服务于维护学生上下楼秩序的学生志愿者团队，服务于维护校园教室卫生的学生志愿者团队，服务于学生仪容仪表督导的学生志愿者团队，服务于节水节电督导检查的学生志愿者团

队，服务于宿舍开窗通风消毒的学生志愿者团队，服务于学校高校校园行、高校招生咨询会、校园开放日、全国班主任年会等学校重大活动的学生志愿者团队，服务于学生学习管理督导的学生志愿者团队，服务于校园失物招领的学生志愿者团队，等等。在校园中随处都可以看到志愿者的身影，自主管理志愿者团队成为我校学生自主管理的重要手段和形式，也推动着学校工作的新发展。

社会服务类主要服务校外，就某些方面进行宣传引导讲解等。比如，有到衡水市交通繁忙路口进行交通疏导的志愿者团队，有到衡水市敬老院看望老人们的志愿者团队，有到衡水马拉松比赛现场服务的志愿者团队，有到衡水市宣传室内空气净化知识的志愿者团队，有到衡水市农村宣传节水灌溉知识的志愿者服务团队，有到衡水市特教学校支教的志愿者服务团队，有给衡水武强县贫困村捐款捐物的志愿者服务团队。社会服务，让志愿者们更加了解社会，更多了一份社会责任感和使命感。

文化宣传类主要侧重于文化宣传保护方面的宣传。衡水是董子故里，也是冀州所在之处，有着深厚的文化底蕴。为了更好地了解本土文化，传承传统文化，有到衡水孙敬学堂宣讲汉文化的志愿者服务团队，有到衡水内画艺术博物馆讲解内画制作的志愿者服务团队，有到衡水武强年画博物馆进行宣讲的志愿者服务团队，有到衡水老白干酒厂进行学习宣讲的志愿者服务团队，有宣传董仲舒董子文化的志愿者服务团队，有发掘宣讲衡水革命事迹的志愿者服务团队，等等。随着一个个文化宣传志愿者团队的组建，学生对衡水、对河北及中华民族的传统文化更加了解、更加感兴趣，提升了学生的文化素养，丰富了校园文化生活，更好地推广传播了传统文化。

环境保护类，主要侧重于环境保护方面的宣讲。我校学生特别关注环境问题，也成立了很多环境保护方面的志愿者服务团队，有衡水湖环境保护志愿者服务团队，志愿者到衡水湖边上捡拾固体垃圾，到衡水湖边上宣传环境保护知识；志愿者组织到衡水湖边上植树，进行入侵植物黄顶菊的实践调查，给游客宣传环境保护知识；等等。有到衡水发电厂调研学习的活动，有到衡水市休闲广场宣传环境保护的活动。有邀请衡水市气象局的专家做报告的活动，有向衡水市气象局争取气象设备落户校园的活动，有宣传防霾治理雾霾的活动。有调研衡水水资源匮乏的活动，有宣传节水灌溉的活动。一次次环境保护的宣传、调研活动，首先提升了志愿者的环保意识，进而影响了身边的同学、家长、朋友,也给一些部门提出了合理化的建议,推进了衡水环境治理。

二、志愿服务特点

我校志愿服务工作初具规模和体系,呈现出以下几个特点。

1.志愿服务人数越来越多。随着高中课程改革的进行以及整个社会越来越重视志愿服务活动,在学校及校团委的宣传引导下,近几年来,参与志愿服务活动的人数越来越多,有超过80%的学生在高中三年曾经参与过志愿服务活动。

2.志愿服务越来越规范化。随着国家相关法律法规的健全,以及团中央、教育部等上级领导组织的大力宣传,下发相关意见稿、管理办法,我校志愿服务越来越明确方向和活动过程中的操作及权利义务关系。我们也邀请了一些校外志愿者,与学生分享志愿服务的故事,给学生讲解志愿服务注意事项。

3.志愿服务越来越课程化。不管是选修课程、社团课,还是学校学年度计划的制订,从课程表的安排到指导教师的配备都越来越课程化,理论的学习和考核、实践的尝试与指导、评价与考核等方面都在走向成熟。

4.志愿服务越来越贴近生活。随着社会的不断发展、学生学情的变化、社会对志愿服务诉求的变化,我校也及时地调整志愿服务的项目和内容,鼓励学生发起成立新的志愿服务项目,经学校审核后予以支持、指导。比如,我校模拟政协社团志愿者服务团队在2016年对养老问题进行了调研,通过制作问卷、街头采访、走进敬老院、查找资料,最后形成了《关于以"互联网+老年人关怀之家"推进中国智慧养老的提案》的政协提案,并于2017年3月递交到全国"两会",引起了很好的社会反响。

社会实践方案

一、实践时间
寒暑假及各年级放假期间。

二、实践地点
居住地或者可以实践的地点。

三、实践内容

职业体验、社区服务、弘扬文化、市场调研等。

1.职业体验规划。父母职业体验或者自己理想职业的体验。

2.社区（村委会）科技文化活动。参加社区各种形式的精神文明建设活动，如拥军优属、敬老服务、法制宣传、板报宣传、村农技站的科技活动、科普活动、扫盲辅导、电脑培训等。

3.社区（村委会）环境建设活动。参加社区内力所能及的物质文明建设，如居民小区的公共卫生、城市交通秩序维持活动、村镇环保卫生、领养绿地等。

4.志愿性活动。为社区特殊人群的生活服务、家政服务，社区图书馆的管理，中小学生假期活动辅导，支援农忙等。

5.环保组织活动。组织一些有意义的活动，如打扫楼道或者捡一些白色垃圾、回收一些废旧电池等，让我们的生活环境更加美好。

6.弘扬传统文化。到当地的博物馆、美术馆、名胜古迹、名人故居或纪念馆等地做义务讲解员。

7.共建和谐社会。去养老院、残疾学校等地慰问老人、残疾儿童等弱势群体。

8.去超市或餐厅等做义工。

9.帮助商场、企事业单位做市场调研。

10.读一本励志的书或看一部励志的电影，写励志感悟。

四、社会实践的目的

通过社会实践活动，对学生进行经济、政治、文化、科技、法制、劳动、环保、历史等多方面的教育，使学生关心社会和科技进步、关心地球和生存环境；增强学生的组织纪律性；培养学生认识社会、探究社会问题的基本能力，形成综合思考问题的能力；养成良好的劳动观念，形成一般劳动技能；培养学生的人际交往能力、协作能力、组织能力和操作能力以及适应环境的能力；培养学生的参与意识、创新意识和勤于实践、勇于探索、精诚合作的精神，不断提升学生的精神境界、道德意识和能力，完善学生的人格。

五、活动实施的过程

1.活动前期宣传。通过学校网站、公众号发出倡议通知，提出活动要求。

2.实践体验。包括拍照记录场景和文字记录感受、活动结束后完成社会实践报告。之后的成果汇报形式由班级自定，可以是主题班会、班级网页、墙报展览等。每班推荐最好的一个活动小组参加级组的社会实践活动成果汇报。

3.评价考核。小组和个人提供相应的材料，由班主任和指导老师进行初评，由学校综合实践活动课程领导小组进行终评。

4.展示成果。体验照片、宣传板展示，总结心得，演讲分享。

六、课程评价与学分认定

1.评价原则。贯彻"两结合"评价原则，即过程评价和结果评价相结合、自评和他评相结合。

2.评价内容。①参加社会实践活动的课时量和态度；②活动的选择与活动设计评价；③活动过程中的体验和收获：认识社会、研究社会问题的基本能力和人际交往、协作、适应环境等能力的发展情况；④活动的成果和社会效益评价；⑤活动过程中的创新性和实践性的体现情况。

3.评价方法。实施档案袋管理。学生建立个人社会实践活动档案袋，里面应装有能反映小组和个人活动过程的种种记录和其他材料，并提供核实方法或途径（如实践单位的地址和电话、相关人员的姓名和联系电话等），具体考评方法如下。

评价内容：A.学生个人自评（填写社会实践综合手册、撰写实践小结）；B.班主任初评，进行等级认定；C.年级部筛选评比认定；D.教师发展中心审核。

考核等级：从活动态度和活动收获等方面进行考核。活动用时合计不少于3天，活动态度和活动收获可进行定性评价，使用"优秀""良好""一般""较差"等描述性语言。

4.评价学分认定程序。学生个人或小组整理参评材料—小组交流及互评—班主任或导师初评、等级认定—学校综合实践活动课程领导小组终评—学校学分认定委员会学分认定—教导处登记学分。

七、奖励

对于那些参与意识和创新意识强，有勤于实践、勇于探索、精诚合作精神的学生个人或小组，付出了努力且有了丰硕的收获，等级认定为A者，年级给予表彰；对于三项活动评价均获A等的学生，学校给予专项奖励；如果社会实践成果经专家认定具有一定的社会效益、科学价值或实用价值，学校给予特殊奖励。

附：社会实践感受

我和国旗合影

（学生杨柳凤）

　　每当看到空中飘扬的五星红旗时，我心中的自豪感便油然而生，与国旗同框合影更是有神圣的感觉。

　　我国国旗旗面为红色，象征着革命。国旗的五星位于旗面的左上方，似闪闪星辰居高临下，金碧交辉，映照大地，江天辽阔，山河壮丽。其中，大五角星代表中国共产党，4颗小五角星代表工人、农民、小资产阶级和民族资产阶级4个阶级。5颗五角星互相连缀、疏密相间，象征着中国共产党领导下的革命人民大团结和人民对党的衷心拥护。五角星选用黄色是为了在红地上显出光明；4颗小五角星各有一尖正对着大星的中心点，这是表示围绕着一个中心而团结，在形式上也显得紧凑美观。

　　国旗是国家的一种标志性旗帜，是国家的象征，它通过一定的式样、色彩和图案反映一个国家的政治特色和历史文化传统。在一个主权国家领土上一般不得随意悬挂他国国旗。

　　"我和我的祖国，一刻也不能分割。无论我走到哪里，都流出一首赞歌。"就像歌中唱的那样，随着祖国的强盛，我们感受到作为中华儿女的自豪感和归属感。五星红旗是中华人民共和国的象征和标志，是革命先烈用鲜血染就的。这个时代的我们虽然不曾经历那段风云变幻的历史，但是正处于百年未有之大变局的世界中的我们将以自己的实际行动努力奋斗，甘于奉献，在新时代建功立业。

　　有一种荣耀，叫与国旗同框；有一种情怀，叫我和我的祖国。实现中华民族伟大复兴的中国梦不仅是我们的愿望，更是我们当代青年的责任，让我们踏着先辈们的足迹，把满腔热情转化为当下的实际行动，用辛勤的努力和拼搏的汗水，努力学习，砥砺前行，为祖国建设做出自己的贡献！

我与国旗合影，用行动向祖国表白，用青春向祖国表白。看，鲜艳的五星红旗一定会把10月的祖国装扮得庄严、亮丽；听，雄浑嘹亮的国歌，将会回响在10月的神州大地上。我们共同祝愿伟大祖国，蓬勃发展，繁荣富强！

我与国旗合影，我爱我的祖国！

走过百年开滦

（学生孙颢玮）

走进开滦集团的大门，高大的白杨与富有年代感的建筑并肩，展现着公司的悠久历史，道旁的路灯上悬挂着鲜艳的国旗，把人的思绪拖入历史的回忆中……

开滦（集团）有限责任公司始建于1878年，为国有特大型煤炭能源企业，被誉为"中国煤炭工业源头"和"北方民族工业摇篮"。开滦有绵长的历史根脉，开创了中国煤炭工业的先河：这里是中国最早使用机器开采的大型煤矿，这里是中国近代最早实行股份制经营的企业，这里铺就了中国最早的准轨铁路——唐胥铁路，这里开出了中国最早的蒸汽机车——龙号机车，这里产出了中国第一桶水泥——麒麟牌水泥，这里建造了中国企业第一个煤炭码头——秦皇岛港，这里驶出了中国企业最早的自营海运船队。在改革开放的新形势下，百年开滦得到了长足发展。2008年以来，开滦集团致力于加快企业转型发展、科学发展，确定了"开放融入、调整转型、科学发展、做大做强"的战略方针，积极探索实现产业格局多元化、发展高端化、发展集约化、资源整合全球化、融资渠道多元化，基本扭转了单一采煤的格局，初步走出了一条资源型企业转型发展的新路径，连续三年实现跨越式发展，创造了中国近代工业史上的多个第一。

站在国旗下，追忆开滦的辉煌岁月，看到它在艰难创业途中创造了一个又一个举世瞩目的成就，这离不开筚路蓝缕的奋斗和中国共产党的领导，白手起家的它引领中国工业蹒跚起步，在泥泞的道路上一步一个脚印，为中国人民站起来做出了卓越贡献。通过这次参观学习，我领悟到了在逆境中艰苦奋斗的重要，强化了为祖国和人民奉献力量的使命感。在今后的学习生活中，我要树立为中华之复兴而读书的坚定信念，努力学习，增长见识和阅历，为将来投入工作打好基础，为中华民族伟大复兴的中国梦贡献力量。

与国旗合影，相片中留下珍贵的记忆，那闪耀的五星将伴随我终生，成为我生命中最自豪的光芒，我将把心中对祖国的热爱与感激之情付诸实践，在无数先辈的指引下，为我们的国家创造一个光明的未来。

牢记青年使命，绽放青春光彩
——读《林巧稚传》有感
（学生王傲仟）

我的父母都是医务工作者，在他们的影响下，我认真拜读了张清平撰写的《林巧稚传》。在这本书中，张清平老师记录和纪念了中国妇产科的主要开拓者、奠基人之一的"万婴之母"——林巧稚。

1901年，林巧稚出生在厦门鼓浪屿的一个基督教家庭。5岁那年，母亲死于宫颈癌。母亲去世时，年幼的林巧稚在风雨中哀哀地哭泣。没有人会想到，日后，母亲的这个女儿会成为专门为女性解除病痛的医生。

书中有这样的片段："那是1921年7月的一个下午，林巧稚正在人生最重要考试的考场上，也就是协和医学院的考场上，她飞快地答着最后一科英语笔试的试卷，这是林巧稚最拿手的科目，拿下它意味着离心中一直梦想的协和医学院又近了一步。突然，一阵喧哗声从后面传来……他们着急地在考场里询问怎么联系她的家人，林巧稚顾不上多想，她放下试卷就跑了出去。这时的林巧稚，还有一篇作文没有写完呢，要知道当时参加考试的是500多人，协和医学院只录取25人。"就像高考一样，少写一篇英语作文，那就基本与好学校无缘了，而当时林巧稚考的是临床医学院，忙着救人的林巧稚压根没有想这些问题，等她成功急救了这位姑娘，考试已经结束了。最终协和医学院校方看了当时的情况报告，也看了她其他科的考试成绩，决定录取林巧稚。我读到这里，心中感慨万千。我觉得协和医学院的老师，真的是慧眼识人才，相对于好看的分数来说，林巧稚身上体现出来的这种勇于担当、医者仁心的品质，才是真正重要的。

通过书中的描述，我的脑海中时常浮现出这样的场景：一身素色修身旗袍的林大夫，看上去高贵脱俗、干练洒脱。她穿行在病房和门诊中，为病人披被角，给病人送慰藉，给流产的病人买营养品，给那些贫穷的妇女支付医疗费用……她自己没有孩子，但她亲手接生了5万个宝宝。每一个她接生的孩子，出生证上都有她秀丽的英文签名"Lin Qiaozhi's Baby"。她说过："生平最爱听的声音，就是婴儿出生后的第一声啼哭。"

她的人格魅力集中在对人的关爱上。她倾其一生付出，只为了众多女性的幸福。高山仰止，林大夫以她传奇而不凡的一生诠释了什么是真正的大医。

身为医务工作者的父母告诉我林老的精神时刻激励着医务工作者，去践行那句箴言："有时，去治愈；常常，去帮助；总是，去安慰。"假期突如其来的病毒感染，从父母更加忙碌的身影里，让我看到了所有医务工作者逆行而上的勇气，这种精神鼓舞着我前行，我立志坚定理想信念、培育高尚品格，练就过硬本领、矢志艰苦奋斗，在矢志奋斗中谱写新时代的青春之歌。

奋斗的青春最美丽，担当的人生最出彩！

坚决打赢脱贫攻坚战
——职业体验之了解扶贫工作

（学生酒佳艺）

我的爸爸是一名基层干部，当在父母职业中任选其一去体验时，我选择体验他的职业。顶着夏天的大太阳，我到了爸爸工作的地方。

2020年是脱贫攻坚战的收官之年，实现现行标准下的农村贫困人口全部脱贫需要每一个基层干部和村民以心换心说家常话。我跟随爸爸一起进行了脱贫摸底调查，了解享受的政策到位情况和贫困户的生活改变情况。

让我印象比较深刻的是在村口看见的一位坐轮椅的老爷爷（注：老人不是贫困户）。通过询问，我们了解到，老爷爷是化肥厂的退休员工，每月有固定的退休金，坐在轮椅上是因为他摔断了胯骨，但是现在生活基本能够自理，3个儿子都在外地工作，身边有孙辈相陪……在我眼里，村民们的朴实话语与我的亲眼所见比统计数据更有说服力。

习近平总书记在2020年新年贺词中发出号召，要万众一心加油干，越是艰险越向前，把短板补得再扎实一些，把基础打得再牢靠一些，坚决打赢脱贫攻坚战，如期实现现行标准下农村贫困人口全部脱贫、贫困县全部摘帽。脱贫攻坚绝不是空话，这在每一个基层工作者的工作中有着鲜明的体现。把乡民当作家人，把乡镇看作一个大家庭，我不是我，是光荣又骄傲的十四亿分之一。

从某种程度上来说，基层的工作并不有趣，但是当看见村民们的脸上洋溢的赞赏的笑容时，我想，工作者的心中也会充满幸福感。由于客观原因，我没有办法参与爸爸更多的工作，但是通过这一天的体验，我收获颇丰，感想亦多。

首先，对工作保持虔诚与热爱。工作是这样，学习也是这样。成绩好与热情高是两码事，成绩好的人也许会有更好的发展机会，但热情高的人往往在自己所学并所爱的领域走得更远，并最终拥有自己的一席之地。

其次，永远放低姿态。这一点在学习上尤为必要，你可以有自己的想法，但是没有十足的把握不要在大体系下另搞一套。不懂就去问，或者说，去请教。并不是什么问题都可以靠自己解决，外力可能帮你折断阻碍你的最后一块木板。

爱我所爱，行我所行。我不相信手掌的纹路，但我相信手掌加上手指的力量。如果你有想做的事，不要顾虑太多，去做就是了。很多时候，我们因为有了想要的东西，心情有了起伏，后来又因为没有迈出最初的那一步而懊悔。没有去做，不是因为不敢，往往是因为顾虑太多。所以，当你有了想要的东西、向往的职业、心仪的目的地时，行动起来吧！

一次短短的体验，一篇浅浅的感悟，对未来的探索，还在路上……

第五节　广开思路视野

聆听陕西师范大学心理讲座有感

（学生王伟）

新的体验带来了豁然开朗的感觉。心理讲座的学习，让我学到了很多新的知识。每天拥有好心情，打开心灵的窗口是快乐生活的小秘方。学生的心理调适是一个很重要的环节，关系到我们的发展方向。一个人的为人处世、行为态度都能通过对人心理的研究而反映出来，就我们而言，应该积极进行心理的自我调适。

听了这次讲座，我对健康有了重新的认识。在日常的生活中，我们往往只关注身体健康，事实上除了身体健康，更应该关注心理的健康。树立心理健康意识，优化心理素质，能帮助我们增强心理调适能力和社会生活的适应能力，预防和缓解心理问题，帮助我们处理好环境适应、自我管理、学习成才、人际交往、人格发展和情绪调节等方面的困惑。

确立新的适合自己的追求目标。建立有规律的校园生活，正确对待学习、生活与就业所带来的压力。面对紧张的学习生活，学生应建立起一个适合自己的有规律的生活体系，如制定适合自己的作息时间表，按照时间表进行有规律的学习与生活。正确对待挫折，面对挫折要采用适当的方式进行调节。保持好心情，有一颗平常心。失败是人生道路上的一个小小的驿站，不要跌倒在那一个瞬间，要用心去思考换来的是什么。失败不是永恒的，只是人生的一段小小的曲折，迈过去就是一大胜利。快乐生活，每天好心情，是对成功最好的诠释。

培养心理健康需要我们培养良好的人格品质。良好的人格品质首先应该正确认识自我，培养悦纳自我的态度，还需养成科学的生活方式。学生的学习负担较重，心理压力较大，为了长期保持学习效率，必须科学地安排好每天的学习、锻炼、休息，使生活有规律。更重要的是，加强自我心理调节，充分发挥主观能动性去改造环境，努力实现自己的理想目标。

听了这次讲座，我觉得我们还有很多地方都做得不够，比如，科学的生活方式和自我心理调节这两个方面。我们肩负改变自己命运的责任，所以要保持心理健康，保持浓厚的学习兴趣和求知欲望，发展多方面的能力，以提高自身素质，更好地适应社会发展的需要。我们要学会保持和谐的人际关系，在交往中能用理解、宽容、友谊、信任和尊重的态度与人和睦相处，积极参加业余活动，发展社会交往。

以科技之翅膀，书未来之华章
——听人工智能讲座带来的收获
（学生陈璨）

身处于日新月异的互联网时代，我们生活的点点滴滴都与科技、网络息息相关，大街上随处可见的收款码，动动手指就能送到家的必需品，时速超过300公里的高铁，包括我们现在在家就能上的网课，无一不彰显着科技的力量，而这场讲座，把一个似乎很"高大上"的领域展现在了我们眼前——人工智能（AI）。

虽然说人工智能还没有普及各个领域，但它俨然成了人们茶余饭后热聊的话题，"北上广某某餐厅实现了人工智能送餐""上海实现了智能垃圾分类""有的医院可以用人工智能看病啦"等这样的话在这几年频频出现，其实这就暗示了人工智能已经逐渐成为大众科技中的风向标，越来越引人关注，同样也暗示了最能推动这个社会不断前进的、最能引起21世纪人们注意的、我们青年最应该学习最应该重视的，就是科技。

我们被教授带领着，一步一步走进这个听过无数次却没有真正深入了解过的领域。原来，人工智能并不只是机器人，也并不是只会机械地重复那个既定的程序。它虽然还没有独立思考和表达感情的能力，但也已经远远超出了我们这些"外行人"所了解的。同样，人工智能也受到质疑：它会取代人类吗？会反抗人类吗？会对我们造成威胁吗？这些未知也一直在困扰着人们，但和人工智能给世界带来的益处相比，这些担心显得不太必要。

生在大数据时代的我们很幸运，但也肩负着无比重大的责任，面对不断更迭的信息和技术，我们只能拼命适应、奋力追赶。我们这一代人，生在新旧世纪的交汇点，承受着无数的关注和抨击，一直都有人感叹"一代不如一代"。我们被攻击着、被误解着，但这并不妨碍我们拼命奋斗、创造历史。我们遭受了很多非议，但在这个飞速发展的时代，我们才是未来真正的导演，我们不惧怕挑战，敢于迎难而上，善于开拓创新，我们一定会抓住这个科技时代带给我们的机遇，不断奋斗、砥砺前行，让科技在未来迸发出更璀璨的辉煌，让中国在未来引领世界的步伐。我们这一代人，定步履不停，不忘初心、牢记使命，唱响科技时代的最强音，让民族之巅薪火相传、百代不衰。

星辰为冠，荆棘为刃
——听《做情绪的主人》心理专题讲座有感

（学生毕子荣）

青春如歌，岁月流转，踏过如歌的花季，走过如诗的雨季，聆听清风的回响。数排雁南飞，看落霞抚孤琴。走入青春的殿堂，情绪成了必不可少的主题，那么如何调控情绪呢？听了老师的讲座，我受益匪浅……

花样年华，活力昂扬

对于正值青春年华的少年，情绪是朦胧的，难以捉摸的。勾指，掀起一层层情绪的面纱，你会发现一个丰富而梦幻的世界。从科学的角度来讲，情绪是一种综合表现出来的心理状态，包括内在体验、外在表情和生理激活三种成分。它处处影响着我们的观念和行动，快乐时笑容满面、步履轻盈，愤怒时心跳加速，感觉身体有一条火蛇在游窜……生动的情绪彰显着青春的活力与昂扬，书写着专属于我们的花样年华……

你的四月天

情绪如二月天,是多变的。青春期的情绪反应强烈,有时一些微不足道的小事可能引得我们"雷霆大怒"。好胜心与落差感是否让你困惑?复杂而又矛盾的抵触与欣喜,羡慕而好强。穿上筑梦的跑鞋,带上隐形的翅膀和那一丢丢小情绪。成长路上总会遇到绊脚石,有梦有激情,却又被迷茫和彷徨团团围住,是坚持还是放弃放飞灵魂?脱去情绪的紧箍,你将迎来人间四月天。

你的情绪会传染

情绪的宣泄,就像花儿的飘香,不论芬芳还是刺鼻,总会刺激周围人的大脑。美国心理学家保罗·艾克曼在研究人类情绪变化时做过一个实验,在实验中,他与两位同事和几位志愿者故意做出6种面部表情,分别表示6种特别的情绪:惊讶、嫌恶、悲哀、愤怒、恐惧和快乐。令人奇怪的是,当表演者表现出恐惧的表情时,其他观看的志愿者也都不由自主地进入恐惧状态,心跳加速,脸色苍白,体温下降;在模拟愤怒时,其他志愿者的血液流动速度也随之加快,体温上升,产生发泄愤怒的冲动……生活中,或许有人会不禁向别人发泄自己的情绪,可你又曾想过别人会因你的原因而成为第二个你?环环相扣,又有谁能面对他人的负面情绪毫无波澜?

调控情绪,以梦为马

将情绪掌控在自己手里,以心为笔,以情为墨,绘出别样的灿烂华章。

1.放松训练法。长时间的紧张与学习压力,可能让我们身心俱乏。深呼吸,肌肉放松,想象放松,为自己紧绷的情绪调调弦。

2.合理宣泄。遇到烦恼可以通过与信任的人沟通、放声大哭、跑步等剧烈运动等方式将情绪抛在脑后。

3.改变认知评价。换个角度思考问题,你会看见不一样的烟火绽放。上考场前应合理调控情绪,毕竟"塞翁失马,焉知非福"。

4.转移注意力。举个例子,中国女排铸就了如今的辉煌,但曾经也有过低谷,而郎平教练选择带着女排姑娘们去看电影。经过岁月的磨炼,女排精神历久弥坚,才铸就了今日的辉煌。转移注意力是调节情绪的一个好方法。

于世间生长，人非草木，孰能无情。芸芸众生，车马喧嚣，我们每个人的内心都有一个情感世界，装着不一样的青葱岁月。时光荏苒，向他人传递情感正能量，会让我们的生命更有意义。复杂奇妙的情绪，在青春汇聚成一片星辰海，让我们揭开情绪的面纱，掬一捧星光，点亮漫长的人生道路……

第二部分
教师这样教思政

第一章　悟通天下
第二章　课程思政

第一章
悟通天下

党的历次会议大进一步明确了青年之于国家的重要价值，习近平总书记对青年发出了新时代深情而伟大的召唤。如何为新时代培养堪担大任的时代新青年，如何为复兴大业培养质高能强的时代新青年，如何为国强民富培养执着付出的时代新青年，成为当前摆在育人工作中的首要问题。

解决这一首要问题的关键在于使青年学生觉醒，而青年学生觉醒的关键在于青年意识的唤醒。唤醒学生的青年意识就是要让身为青年的学生明白自己身上那份沉甸甸的时代责任，明确青年人应有的觉悟并不断提高，增强自己对家国的忠诚度，端正一个人为人的态度，最后将青年意识转化成实实在在的、光耀家族、服务祖国、奉献民族的言谈和行动。

河北衡水中学在加强教师思想扭转的同时，强力推进学生的青年意识觉醒，用老师的责任引领学生的责任，用老师的思想觉悟提升学生的思想觉悟，用老师的情怀境界感染学生的情怀境界。

一个学生的青年意识一旦被唤醒，他会自觉地将自己的命运与国家的命运进行结合，牢记家国的责任，学着去完成民族的使命，并积极地投身时代潮流。在未来的实践中，这种意识会越发地强烈，将为一个人的发展注入无穷无尽的能量。

我们坚信河北衡水中学的青年学子必将踏上为国为民的光明大道，以永远"在路上"的进取之姿，为党和人民交上一份满意的答卷。

第一节　研党中央精神

思想理论之书如旌旗，立德树人勤读可定向

（闫乐）

我想给大家提及一个大家已经知晓或者未知晓的专有名词——"香蕉人"，取"黄皮白心"之意，即血统上是中华民族，但思想、信仰已经欧美化、基督教化。

无独有偶，在国外疫情开始下半场后，一位回国被隔离的华裔女子嫌弃隔离环境差，不喝白开水要喝矿泉水，要冲出隔离区，还对特勤人员大喊着："隔离区你也要保障人权吧！"一位意大利男子回国觉得等候区太简陋了、时间太长，拍视频传上网抱怨："你看看，我们从欧洲回来的，就这种待遇？"

上述案例，听来让人痛心疾首，欲口诛笔伐而后快。静思之，现象的背后是意识形态这一问题在作祟。

习近平总书记指出："能否做好意识形态工作，事关党的前途命运，事关国家的长治久安，事关民族凝聚力和向心力。要巩固马克思主义在意识形态领域的指导地位，巩固全党全国人民团结奋斗的共同思想基础，完成意识形态的根本任务。"

班主任们，加强意识形态阵地建设的关键在教师，而中学阶段，在思政教育方面，班主任的角色又比科任老师更加重要。选择了班主任，就是选择了责任，就要尽到教书育人、立德树人的责任，就要尽到正确引导学生的责任，就是要把这种责任体现到平凡、普通、细微的教育教学过程之中，严禁在课堂上传播西方价值观念，严禁开口闭口言必称颂西方，必须把坚持党的基本路线作为教育教学的基本要求，必须做一个社会主义核心价值观的自觉传播者，必须做一个意识形态纯净忠诚的人民教育者。

班主任作为思政教育的中坚力量，其理想信念的坚定与否影响着育人的质量。为了进一步坚定自身的政治信仰，也为了回答好"为谁培养人，培养什么样的人"这一根本问题，我认真研读我党理论的源头书籍《共产党宣言》、党的根本大法《中国共产党章程》和《习近平新时代中国特色社会主义思想三十讲》，这3本书籍在"学习强国——听原著"板块列为前三位。

通过研读马克思、恩格斯的《共产党宣言》，我知晓了《共产党宣言》是马克思主义诞生的标志和重要组成部分，其最高理想就是推翻资本主义，实现共产主义。中国共产党始终坚持高举马克思主义大旗，结合本国国情，不断继承、发展、创新马克思主义，真正实现了马克思主义中国化。其中，习近平新时代中国特色社会主义思想就是马克思主义中国化的最新成果。马克思主义中国化的过程，过去是中国共产党付出牺牲改变中国命运的过程，是中国共产党艰苦奋斗改革开放的过程，是中国共产党践行初心脱贫攻坚的过程，是中国共产党牢记使命阔步新时代的过程，未来也必将是付出更为艰巨努力实现中华民族伟大复兴的过程，也必将是付出更为艰苦努力实现共产主义的过程，也必将是付出更为艰辛努力实现天下大同的过程。

通过研读《中国共产党章程》，我全面掌握了《中国共产党章程》对党员的各项要求，也更加深刻地认识到为中国共产党输送新鲜血液的重要性。中国共产党作为中国特色社会主义事业的领导核心，需要所有中国人始终维护。不容置疑，而这就需要教育工作者率先增强"四个意识"、坚定"四个自信"、做到"两个维护"，矢志不渝地做好学生的理想信念教育，让学生了解中国共产党的身份性质、行动指南、奋斗历程、终极目标等，让学生明白中国共产党的初心和使命就是为中国人民谋幸福、为中华民族谋复兴，要让学生明白当今的幸福生活是中国共产党用鲜血和汗水换来的，要让学生明白他们是在中国共产党的护佑下健康成长的，要让学生明白中国共产党未来的事业需要他们继承，要让学生努力成为社会主义事业的合格接班人。

通过研读《习近平新时代中国特色社会主义思想三十讲》，我更加理解"意识形态工作是党的一项极端重要的工作"[1]这句话的深意：物质生活好不是真的好，精神稳固才是关键。不论是个人的错误频出、班级的违纪不断，还是

1　2013年8月19日习近平在全国宣传思想工作会议上的重要讲话。

社会的动荡混乱、政权更迭，根源都是思想防线的被破坏，理想信念的被放弃。这和我们常说的"只要思想不滑坡，办法总比困难多"的道理是一致的。这里值得注意的就是一个人的思想演化是一个长期过程，我们应该牢牢抓住这一演变过程，因势而谋，应势而动，顺势而为，努力使学生的思想演化朝着党的育人标准、国家选材标准靠拢。

在衡中流传着这样一句话：相信相信的力量。我想，我们可以把这句话充分运用到日常育人过程中，真正挖掘信仰的力量，去完成《中小学德育工作指南》一书指出的"全面贯彻党的教育方针，坚持社会主义办学方向，牢牢把握中小学思想政治和德育工作主导权，保证中小学校成为坚持党的领导的坚强阵地"的任务。

愿大家在"乱花渐欲迷人眼"的干扰面前，坚定社会主义信仰，保持"乱云飞渡仍从容"的定力，以更有效的措施，重构学生"三观"，开创"为党育人，为国育才"的新局面。

关于习近平总书记对美育工作要求的学习心得

（康国珍）

中共中央总书记、国家主席、中央军委主席习近平给中央美术学院8位老教授回信，向他们致以诚挚的问候，并就做好美育工作、弘扬中华美育精神提出殷切期望。习近平总书记给老先生的回信在初秋的惠风暖阳中迅速传遍美院校园，极大地鼓舞和激励着写信的老先生以及师生员工，包括新学期伊始走进校园的一年级新生、幸运的00后们。

为此，中央美术学院召开了学习贯彻习近平总书记回信精神座谈会，参与写信的老先生戴泽、詹建俊、闻立鹏、靳尚谊、邵大箴、薛永年等老艺术家们亲临会议现场。会上，这些德高望重的老艺术家都表达了自己的感受。他们纷纷表示，要按照总书记的要求，进一步加强美育研究，建设中国特色的美育体系，在教育教学中融入美育、在艺术创作中突出美育、在学术研究中重视美育、在服务社会中彰显美育、在文化传承中发展美育、在国际交流中弘扬中华美育精神，为建设社会主义文化强国，建设美丽中国、美好中国做出新贡献，把中国最高美术学府中央美术学院办成社会主义建设者和接班人的摇篮。

我作为一名美术教师,也是一名美术工作者,一直从事基层美术教育教学工作,自1998年参加工作开始,至今有20多年的教学经历。在实际教学工作中,我慢慢成长起来。在这二十几年的工作中,我也见证了我国基层基础美术教育工作逐步从无到有、从有到专、从专到优的过程,体现了我国美育工作实际上作为重要的美育精神,在当下社会有突出的、重要的价值和意义。美育不仅仅是懂得艺术,还让所有人学会审美,脱离低级趣味,这是至关重要的。

实际上,审美领域与知识和道德领域从来就不是对立的,更是难以用学科规范来硬性划分的。作为严谨深厚的学者,鲁迅强调"文艺是国民精神前进的灯火",而这就是在"精神文明"建设的意义上,倡导审美和艺术的作用;强调"文艺要为人生",就是主张在审美领域,必须反对那种割裂艺术和思想与道德之间关系的肤浅、庸俗论调。鲁迅当年的这些论述,对于反思今天我们的学科区隔,发展我们的文学艺术教育,都具有重要启示。

德、智、体、美是在1999年《中共中央、国务院关于深化教育改革全面推行素质教育的决定》中提出的。对人的素质定位的基本准则,也是人类社会教育的趋向目标,所以人类社会的教育离不开德、智、体、美、劳这个根本。美育作为"五育"之一,其根本目的是以美育人,塑造人的美好心灵,提高人的综合素质,与其他"四育"一道,促进人的自由全面发展,在"立德树人"总目标下发挥自己独特而不可替代的作用。

我在平时的教学工作中,认真完成教育教学任务,做好各项相关工作,认真备课,激情授课,本着为学生负责的态度,履行好一名人民教师的职责。在课堂教学中,教学生认识什么是美、如何审美、审美的价值和意义,让学生树立正确的美学观,告诉他们美的内涵是深刻的,美不只是外部的,更是内部的,是心灵的、思想的、品质的。同时,将中国的传统文化进行深层次解读和宣讲,让学生了解中国的传统文化,培养爱国精神、家国情怀,增强民族自豪感和荣誉感,让他们更加了解热爱自己的国家,为国家和人民培养具有高素质、高修养、高审美的有用之才。

第二节　上党课，讲团课

廉洁从教，敬业奉献

（王丛）

党的十八大以来，习近平总书记高度重视领导干部的家风问题，在许多场合做出一系列重要论述。这些重要论述继承中华民族优秀家风文化，弘扬党的家风建设传统，赋予家风建设以新的时代内涵，对于深入开展"两学一做"学习教育、推进全面从严治党具有重要的指导意义。党员干部要深入学习领会、认真抓好落实，做培育良好家风的表率。

第一，希望大家注重家风。党员干部的思想境界和言行决定家风。习近平总书记指出，健康的家庭生活，可以滋养身心；反过来，领导干部的思想境界和一言一行，又直接影响着家庭其他成员，在很大程度上决定着自己的家风家教。家风好，就能家道兴盛、和顺美满；家风差，难免殃及子孙、贻害社会。在我看来，不仅是领导干部，每一位在座的职工都应该重视家风的培育，这关系自身家庭的幸福、关系子孙后代的前途命运。从古至今，都有很多倡导家风的典范，如《诫子书》《颜氏家训》《朱子家训》等，都是在倡导一种家风。毛泽东、周恩来、朱德、习仲勋等老一辈革命家都高度重视家风。

第二，希望大家注重家教。家庭是人生的第一个课堂，父母是孩子的第一位老师。正所谓"言传身教"，孩子们从牙牙学语起就开始接受家教，学习模仿能力很强，很多习惯爱好都是直接受父母的影响，所以有什么样的家教，就有什么样的人。家庭教育涉及很多方面，但最重要的是品德教育，是如何做人的教育，也就是古人说的"爱子，教之以义方""爱之不以道，适所以害之也"。古人都知道，"养不教，父之过""人不教不懂，钟不敲不鸣，树不修不长，娃不管不成才"。家长特别是父母对子女的影响很大，往往可以影响一个人的一生，如中国古代流传下来的孟母三迁、岳母刺字的故事。作为父母和家长，应该承担起家庭教育的责任，不能把它丢给老师、丢给爷爷奶奶，不能只顾工作、只顾赚钱、只顾娱乐消遣，这是不负责的表现。

我们从电视上、在生活中都看到很多活生生的例子，父母对子女平时疏于教育引导和有效的管理，往往在以后的生活中花费加倍的时间、精力、财力、物力来挽救、来弥补，有的甚至酿成一个家庭的悲剧，造成无法挽回的损失和遗憾。我们熟知的一些明星，以及通过媒体曝光了解到的他们的后代轮奸案、吸毒案等一些不光彩的事，不仅断送了自己的前途，也丢尽了家族的脸面，根源还是家庭教育上出了问题。

作为父母，要重言传、重身教，教知识、育品德，身体力行、耳濡目染，帮助孩子扣好人生的第一粒扣子，迈好人生的第一个台阶。要把美好的道德观念从小就传递给子女，引导他们做有气节和骨气的人，帮助他们培育美好心灵，促使他们成为对人民有用的人。要积极传播中华民族传统美德，传递尊老爱幼、男女平等、夫妻和睦、勤俭持家、邻里团结的观念，倡导忠诚、责任、亲情、学习、公益的理念，推动自身在为家庭谋幸福、为他人送温暖、为社会做贡献的过程中提高精神境界、培育文明风尚。

在这里，我想再跟大家分享一句林则徐的名言："子孙若如我，留钱做什么？贤而多财，财损其志。子孙不如我，留钱做什么？愚而多财，益增其过。"希望大家去思考和领会这句话的深意。我们留给子女再多的钱财，如果他们不懂勤俭持家，反而挥霍浪费，那留下来的钱财对他们来讲只会有害无益。我们更多的是要教会他们为人处世的道理，培育良好的品德习惯，最终让他们在社会上学会独立。但是，大家也都应该明白，人生的道路远不止这一条，就业、择业也不是一时的选择。今时不同往日，行业当前面临巨大压力和严峻形势，我们尤其是年轻同志要时刻保持再就业的危机感。

所以，我希望做家长的能够以平常心、宽阔的视野、长远的眼光对待子女的就业问题，一方面为他们创造有利条件，另一方面要鼓励他们学好知识、掌握技能、勤劳自强、努力奋斗，学会独立生活，不做伸手就要的啃老族。

希望大家律己从严，管好身边的人。领导干部要正身齐家、教好子女，管好家人，对身边的腐败"零容忍"。十八届六中全会审议通过的《关于新形势下党内政治生活的若干准则》,明确要求领导干部管好家人和身边人,防止他们在外打着领导干部的旗号,借助其权力和影响从中牟利。领导干部要管好身边人,须先管好自己。要带头执行廉洁自律准则,自觉同特权思想和特权现象做斗争。

探究家族式腐败的原因,显然与这些领导干部家规不严、家风不正有关。对领导干部而言,良好家风既是砥砺品行的"磨刀石",也是抵御贪腐的"防火墙"。

同志们,治国必先齐家,严管就是厚爱。希望大家珍惜工作、珍惜家庭、珍惜生活。以"三严三实"要求、"四讲四有"标准,严格要求自己,带头抓好家风,继承和弘扬中华优秀传统文化,继承和弘扬革命前辈的红色家风,做家风建设的表率,把修身、齐家落到实处,在自我修炼中保持高尚道德情操和健康生活情趣;严格要求亲属、子女,过好亲情关,教育他们树立遵纪守法、艰苦朴素、自食其力的良好观念。在日后的工作中,教好子女、管好家人,用好权力、干好事业。

使命
——党课学习心得

(王茹)

牢记党员身份,做合格党员,其本质是贯彻落实"不忘初心、牢记使命"主题教育的总要求,首要的就是守初心。守初心是一篇大文章,习近平总书记指出,入党誓词字数不多,记住并不难,难的是终身坚守。学习《习近平关于"不忘初心、牢记使命"主题教育重要论述选编》,让我肃然起敬的是那些坚守初心的榜样,他们打动了我的心,使我流下了泪,给我充了电。这里我想提出三问和大家共勉。

第一,老一辈革命家和革命先烈告诉了我们什么?

毛泽东同志说"要奋斗就会有牺牲",又说,"为有牺牲多壮志,敢教日月换新天"。周恩来同志说:"我做工作,从来没有灰心过。"邓小平同志说:"我自从18岁加入革命队伍,就是想把革命干成功,没有任何别的考虑。"陈云同志说："奋斗到底，就是奋斗到死。"赵一曼同志说："我最亲爱的孩子啊！母亲不用千言万语来教育你，就用实行来教育你；母亲死后，我的孩子要代替母亲继续斗争，自己壮大成长，来安慰九泉之下的母亲！"

这些话让我们刻骨铭心、备受教育，讲清了党的理想，讲透了党的本质，讲实了党的使命。今天我们党已有9000多万党员，如果每个党员都能保持先进性、纯洁性，那将是多么强大的力量！再大的风险和挑战也不能战胜我们！

第二，我们从先进典型身上学到了什么？

《习近平关于"不忘初心、牢记使命"主题教育重要论述选编》中专门收集了习近平总书记关于学习焦裕禄同志的两篇讲话，一篇是在兰考县委常委扩大会上的讲话，一篇是在中央党校县委书记研修班学员座谈会上的讲话，读后感到十分亲切。关于学习焦裕禄学什么的问题，我们都能做出回答，但怎样学好焦裕禄精神，仍是一个实践问题。我个人体会，保持"三性"很重要。一是普通性。这是联系群众的一张通行证，有了它，群众才能让你进他的门。每当我们看到习近平总书记坐在老百姓炕头上的镜头，在老百姓小院里拉家常的身影，就会感到特别踏实，特别有底气。二是一致性。就是对上负责和对下负责的统一，共产党是为人民服务的，只有为人民服好务才是对党忠诚，只有对人民群众有感情才是对党有感情。三是斗争性。在伟大斗争面前，不讲斗争性就是没有骨气。斗争既包括坚持真理、修正错误，也包括矢志奋斗、坚持到底。在学习典型方面，要特别注意那些与时代俱进、同实践共生的典型，从群众中走出来并得到群众认可的典型，不仅让大家收获感动更能见诸行动的典型。特别是我们每个单位、每个地方都有一批身边的典型，看似不显眼，但做事认真、群众佩服，可敬、可亲、可信、可学，其感召力和带动力也不小。

第三，我们学习后从自身找到了什么？

不忘初心，就是要时时唤起初心。总体上看，我们的党在考验面前没有打败仗，我也坚信，我们党一定能依靠自身力量改进自己的不足；我也告诫自己，只要是共产党员，就应始终在群众面前做出样子来，但对照党和人民的要求，对照先进典型，我存在的差距也很明显。我要以这次主题教育为新起点，在解决思想入党上再下功夫，在践行入党誓言上再用气力，努力做一名让党放心、让人民满意的合格党员和称职干部。

第三节　定期宣誓明志

入党誓词

我志愿加入中国共产党，
拥护党的纲领，
遵守党的章程，
履行党员义务，
执行党的决定，
严守党的纪律，
保守党的秘密，
对党忠诚，积极工作，
为共产主义奋斗终身，
随时准备为党和人民牺牲一切，
永不叛党。

中层干部誓词

忠于党和人民，
忠于教育初心，
忠于衡中事业，
坚决维护学校形象和利益，
坚决遵守各项决议和规则，
恪职尽责，服务引领，
务实担当，笃学创新，

廉洁自律，团结奋进，
为立德树人不懈奋斗！
为卓越衡中奉献终身！

教师誓词

我是光荣的衡中教师，
我要恪守"追求卓越"的校训，
志存高远，务实求真，
团结进取，开拓创新，
用爱心托起爱心，
用智慧启迪智慧，
用人格塑造人格，
为学生的终身幸福，
为衡中的创新发展，
为民族的伟大复兴，
奉献终身！

师德师风"八不能"

不能让工作在我这儿拖延，
不能让工作在我这儿失误，
不能让形象在我这儿受损，
不能让腐败在我这儿出现，
不能让团结在我这儿裂痕，
不能让成绩在我这儿下滑，
不能让规矩在我这儿破坏，
不能让谣言在我这儿传播。

教师工作"八要求"

一岗多责,一责多担,

一行多做,一举多获,

一专多能,一职多用,

一事多思,一题多解。

附:学生誓词

我是一名衡中人,我庄严宣誓:

恪守"追求卓越"的校训,

牢记师长嘱托,

严守学校纪律,

学习是我的天职,

报国是我的志向,

用汗水浇灌学业,

用心血赢得智慧,

用激情塑造自我,

用坚韧挑战极限,

用信念铸就辉煌。

我行!

我能行!

我一定行!

第四节　教师育人感悟

爱

（杨柳）

一、爱之生

我经常和学生说："和为师比什么也不要和为师比认真，否则你会输得很惨。"故事就从线上教学拉开帷幕，从此就走上了我与"小悟空"的死磕之路。

2020年3月11日，我上完学科自习，如往常一样，认真批改作业，到"小悟空"这里，一道主观题空白着特别扎眼，胸中那道火焰大有上蹿之势。"为啥？下不为例"，"好的好的"，态度还是蛮不错的，第一次交锋就这么风平浪静地过去了。

2020年3月19日，自习课上，摄像头这么对着，他竟然堂而皇之、毫无忌惮地看手机。"别看手机，抓紧背书写作业啦。"嗯？几分钟过去了，完全没有反应，随后我的两通电话就拨了过去——忙线无应答，再拨，无人接听。第二次交锋以我灰头土脸而告终。

2020年3月25日，终于等来了"简单的回应"，我异常兴奋，终于给我念紧箍咒的机会了！思索再三，我决定只能智取不能强攻，于是开始我的心法治疗：说现状——明危机，说优点——强措施，鼓干劲——增信心。嘿，你还别说，真是有成效了！第二天，我收到3条长长的充满悔意、信服、战斗力的表白信息，可谓气势如虹啊。3次交锋下来，我欣喜地觉得我是这场战役的胜利者！

可好景不长，2020年4月16日，课堂、自习屏幕上只有漆黑一片，加上个醒目的名字"涛声依旧"，第四次交锋又一次拉开了序幕——坚韧的斯文的柳姐真的要绝望了，我就这么败了？

距高考50天倒计时，我收到了来自他的一张卡片——

虽然我对您来说只是一名不起眼的学生，但您对我来说，却是独一无二的柳姐；虽然目前我和班里的高手还有相当的差距，但我能明显地感受到我和之前相比有巨大提升！我有一个刚满6岁的妹妹，妈妈留下妹妹来这里陪我。这一个多月，妹妹几乎每天都哭着打电话要妈妈，所以我深深地明白放下年幼孩子的母亲是多么不易。妈妈为的是他的亲儿子，而您为的却是我们这些非亲非故的学生。老师，我想借此机会跟您说声："谢谢，您辛苦了！"请您放心，接下来的50天里我一定会竭尽全力，不辜负您的付出，我一定要把衡中精神带出衡水，以我的方式！感谢衡中，衡中必胜！

每次拿起这张卡片都会让我有热泪盈眶的冲动，而我的"不纠结过往，不幻想未来，做好当下，无愧家人和师恩。希望今年你能成为创造奇迹、独一无二的小悟空"这些话就像梦想插上了翅膀一样，让这个"小悟空"在2020年7月逆袭北大，圆梦燕园！

当然生活中也不都是那么多的惊喜会像这样从天而降，"建国"就是我2020年的那笔——完美的遗憾。如果给建国这个孩子贴标签的话，那"超级学霸""种子选手"当仁不让，而且这小子也相当有才华，书法和雕刻非常厉害，每到教师节都会送我一个不一样的自己雕刻的专属于我的"名字戳"。记得一次考试后我调侃道："如果我要是不能把建国送到理想的大学，我都对不起孩子的这份才艺和情谊。"有时候老天就是喜欢开玩笑，谁也没承想，7月，他，遭遇了滑铁卢——高考严重失利，历史最低点的成绩，班级最后几名的分数。至今提到，我心里总觉得不是滋味。高考结束后，我没有勇气去问孩子为什么结果是这样子，更没有勇气去问他最后选择了哪所大学。

时隔两个月后，我收到了一条让我释然的信息。

亲爱的柳姐：

一直不知道怎么面对您，我想，我确实辜负了您的期望（还是有期望的吧！有的吧！有的吧！）。想起在衡中三年的努力和结果，当时我确确实实地认为那是一种诅咒般地存在，直到走出校门，走进大学，那种精神、那种气魄、那种自信让我真正意识到衡中给了我一种让我脱颖而出的资本。走过苦涩，剩下的都是美好的回忆。两年来您的每一次批语，两年来您的每一次面批，高考前最后一晚那句"姐相信你一定能行"，都有了一种温度，每当想起，高三的那种迷茫、麻木、执着、乐观都汹涌而来。高考或许是我命中注定的一劫，也许我上不了我喜欢的学校、读不了我喜欢的专业，但我至少可以喜欢我上的学校、喜欢我读的专业。进入大学之后，我颇感手足无措，挣扎、绝望。看着新闻里有生命从楼上一跃而下，只能告诉自己"只要走下去就好，尽人事而听天命"。我觉得我现在做得还可以：辩论赛亚军，入选积极分子，全科得A。现在，我还能在自我介绍的时候，骄傲地说"我来自衡水中学"，希望，以后我不会像学长说的那样，羞于提起自己衡中的经历，认为自己在给衡中抹黑。看到了七秩校庆上柳姐的身影，感觉柳姐真的是逆生长，不用带我们这群费心的家伙应该是轻松了许多吧。愚徒无能，聊以此文表寸心。

直到收到这条信息，压在我心底的这个包袱才算真的放了下来。作为教师，我们会以教出不计其数的优秀学子而自豪，但我觉得更让我们欣慰的是，无论孩子们成功与否，都能坚强乐观地面对；无论身在哪里，都没有忘记自己是衡中人，都以衡中人的标准约束自己，以衡中为荣为傲！

很庆幸能有这样一批可爱的孩子喜欢我，而爱就要大声喊出来："爱政治！爱文综！柳姐威武！我必成功！"这70天的呐喊足以震撼人心，喊出了我们的信念、我们的梦想，而今也成了我们最刻骨铭心的回忆。如今他们早已展翅高飞，但他们从未忘记这个只属于我和他们之间的独特的爱。在今年教师节的时候，亚楠和琪佳还特意给我发来了两张照片，着实震惊到我——他们居然把政治书随身带到了北大，我收到了来自燕园的那份"我爱政治"。

二、爱之场

在今年的教育教学表彰大会上，我们邀请了很多默默无闻但一直全力支持我们的家属。其中，我带的家属就是我8岁的女儿。女儿总是很黏人，晚上放了学就陪我在学校吃饭、写作业，一直到10点，几乎没有例外。我拍下一张照片，是下雪的一晚，从女儿背影看过去，心里还是有种说不出的滋味。我曾经问过女儿："闺女，你天天这样和妈妈在这里耗着，不觉得苦吗？""不觉得呀，只要能和妈妈在一起就行！"从凛冽的寒冬走到炙热的夏季，小棉袄对我不离不弃，慢慢地在衡中这个大环境里，渐渐地熏陶出了学霸的气质。那天女儿指着照片问我："妈妈，他是谁？""那是我的学生，状元袁嘉玮。""那妈妈应该是个很厉害的老师啦？""嗯，这个逻辑可以有。""那我将来也给你考个状元，那你不就是个厉害的老妈啦？"我是多么希望有一天这句戏言能成真啊。这样想起来，平时由于工作忙，对闺女的各种嫌弃，天天喊她"拖油瓶"是有多么不应该啊！

无数个夜晚，10点多穿过那空荡而黑暗的操场，我从来没有觉得孤单和害怕，因为无论风霜雪雨，都有小棉袄守在我的身边。

其实每个高三人都有属于自己的故事，一个个数不清的故事编织了一个个强大的爱之场。都说男儿有泪不轻弹，只因未到伤心处，立杰主任泪洒舞台，道出了多少高三人的舍小家顾大家；志伟媳妇那句"回家吃个中午饭，要不保姆还以为家里没有男人"，道出了多少个班主任爱人的心声；国列通老师就是高三的常青树，永远都是第一个在明志楼里迎接学生，就像一棵不老松，让人安心；身兼研课主任的韩红梅老师，爱人郭校长在援疆，她既要照顾老人，又要照顾孩子，用小女子之力撑起了家校的一片天；中心教研室主任刘丽敏老师，身担文史综合压力，儿子又在关键的高三这一年，面对82班临时换帅，她义无反顾地挑起了82班大梁；杨素真老师背起生病的大男孩跑医院、爬楼梯，整整守了一夜；当然还有假装坚强的我，距高考一个月的那一摔，摔出了凝聚力、摔出了感召力、摔出了福利。面对半个胳膊的破相，我没有请半天假，感动了老师；托着半残疾的胳膊在课堂上依旧生龙活虎地写着板书，凝聚了学生，当然还有可爱的同事，凭借着我的伤——以缺啥补啥为理由，愣是在食堂青山师傅那里给老师们争取了一顿红烧肉！值了！

曾有人问我高三不累吗，我用经常对学生说的那句话笑着回答："不苦不累，高三无味。"刻苦而不痛苦，真的是对高三最好的诠释。回首过去的一年，带给我的除了留在身上估计永远也消不掉的那道伤疤外，还有印在心里抹不掉的刻骨铭心的珍贵记忆！

讲好历史课，当好领路人

（孙亚军）

在我看来，师德是职业精神、专业素养和私人品德，只要拥有一颗爱学生的心、包容学生的气量以及还不错的学识，就能成为一名学生喜爱、受人尊重的好老师。孔子和庄子，代表了两种不同的人生哲学。孔子的入世进取激励我们在事业的疆场上驰骋拼搏，庄子的出世无为却能给欲火过旺的心灵降温，还心态以平和安宁。我认为我们教师更需要秉持中庸理性主义，在工作上保有孔子的入世进取精神，而在生活上，则要寻求庄子的出世无为状态。

在当前形势下，我们每一位教师更有必要反观自我、内省静思、修正本我、不断超越。

一、讲好历史课，情怀进课堂

我们现在面对的是高中生，他们仍处于三观形成的关键时期。由于长期住校，他们在面对生活中的一些事情时很可能缺少全面、正确的认识，很可能受周围不成熟言论和行为的影响。

作为历史老师，我们不仅担负着课堂上教书育人的职责，更担负着立德树人的使命。高一新生入学，适逢全国纪念抗美援朝出国作战70周年，我借助这个契机给学生上了一堂生动的爱国主义思政课：自此一战，中国人民粉碎了侵略者陈兵国门进而将新中国扼杀在摇篮之中的图谋，可谓"打得一拳开，免得百拳来"[1]，帝国主义再也不敢做出武力进犯新中国的尝试，新中国站稳了脚跟。同时，我也截取了一段抗美援朝的纪录片：长津湖畔，战士身体冻僵仍保持战斗队形；松骨峰下，一个连的战士战斗到只剩下7人；上甘岭上，历时43天拉锯争夺、血肉相搏。而我们的课堂就是育人的主阵地，现实生活就是课堂活力的源泉，我只是想传递给学生一种家国情怀，我也相信学生在将来走向工作岗位、步入社会后都能成长为热爱生活的、理性思考的、能科学正确地看待问题的人，这也正是我们学科素养科学精神的一种重要体现。

---

1 毛泽东于1950年10月与周世钊谈话中提出的著名论断。

二、当好领路人，传递正能量

去年我带的是复习班，孩子们来自各地，初来乍到，思想波动，一部分孩子相信中又带有迟疑，安分中抱有志忑。开学初，维稳最重要，年级做了大量的工作，我作为科任老师，有义务给学生说清楚、讲明白复读的意义和价值。在见面会的时候我做了大量的准备，我以习题讲评的形式吸引学生，以675班为例一个个学生对照，把他们当年高考和上一年高考的省排名做了对比。精确的数据摆在面前，学生很信服。我把所有学生来自哪所学校、历史学习上有哪些问题记录在本子上。在外地生集中报到后，首先让他们自我介绍并写政治学习的体会，经常给他们讲"进了衡中门，就是衡中人"，要把自己当衡中的主人，更要以衡中的标准要求自己。当然，我也是这样，我要以衡中合格教师的标准要求自己，我要带领294名孩子备战高考，我不能有懈怠。数不清有多少次孩子催促我回家的电话，我一次次言而无信，学生渴盼我帮助解决问题的眼神让我一次次忘了时间。我要给学生树立榜样，要给学生正能量，让他们知道老师和他们在一起战斗！

三、助梦再出发，少年中国强

青少年时期是人生的"拔节孕穗期"，对个人成长极其重要，需要精心引导和栽培，给学生心灵埋下真善美的种子，引导学生扣好人生第一粒扣子。学生容易受一些社会消极言论的影响，缺乏理想信念，在开学典礼上，郗书记的讲话从爱师爱校上升到家国情怀，给了我不小的启发。典礼回来后，我抓住这一教育契机，给学生上了一节班会课。一整节课，谈身边小事，如捡起班级门口没人捡拾的废纸，告诉孩子们你怎样，衡中就怎样；谈香港局势，把事实讲给他们，告诉他们香港现在满目疮痍以及暴徒青年背后的挑唆和阴谋，对他们进行爱国主义教育，激发他们的爱国情怀；谈人生，从高考看时代特征，看个人发展，提醒他们空谈误国、实干兴邦，教导他们要将个人理想与社会理想结合起来，告诉他们未来中华民族伟大复兴的重任就在他们肩上，你怎样，中国就怎样。这节课后，学生的掌声经久不息，后来看了他们给我写的卡片，从他们的话语里，我感受到了学生内心的炽热，看到了学生眼中的光芒。

我，一名普通的历史教师，工作至今，11年有余。我深受身边老师高尚言行之感染，深受衡中精神之浸润，我和大家一样都只是广大衡中精神的践行者，我愿继续将它传承下去，在日后工作中，以"政治要强、情怀要深、思维要新、视野要广、自律要严、人格要正"为目标，努力成为一名让学生真心喜爱、终身受益的教师，当好学生的领路人。

天不言而四时行，地不语而百物生。没有爱就没有教育，只有真爱在心，才能编织出绚丽多彩、令人神往的教育童话。雷夫·艾斯奎斯不正是这样一位拥有真爱情怀的教育良师吗？这种崇高的师德不正是当下我们每一位教师都要努力追寻的吗？

教育之道德为先，教书先读书，育人先立人。当前形势下，我们每一名教师更要加强自我修炼，在天做飞燕，落枝成麻雀，收放自如，高下皆宜，既如君子般自强坦荡，又似隐士般自在逍遥。古代张衡说："不患位之不尊，而患德之不崇；不耻禄之不伙，而耻智之不博。"只要我们捧好一颗孔子之心，飘散一身庄子之气，我们就必将在育人大道上越走越顺畅，最终达到我们向往的教育高地。

修合无人见，师德寸心知。

第五节　模范榜样评选

关于开展第 25 届"青年教师希望之星"评选活动的评选（课程）实施方案

一、课程目标

展现青年教师风采，营造激情实干氛围。本次课程将通过"青年教师希望之星"评选活动的实施，更好地践行"三个负责任""大五观""六知六爱六荣"教育，彰显新时代青年教师的责任与担当，凸显衡中教师的师德与师能，展现教师工作的魅力与精彩，让广大青年教师在学校创新发展、干事创业过程中唱好主旋律，进一步激励青年教师勇挑学校发展重担，发挥青年教师优势，促进青年教师快速成长，为衡中持续发展不断注入鲜活力量。

二、课程内容

2019年以后（含2019年）大学毕业到我校参加工作的青年教职工，通过本部门（按照名额分配及评选原则要求）评选推荐出年级、学校级别"希望之星"，并通过风采展示暨颁奖大会、公众号、网站、橱窗、展牌等形式进行表彰和宣传。

三、课程实施

第一阶段：2022 年 11 月 21 日至 2023 年 2 月 21 日

办公室：根据实际情况明确指标分配，督导各部门做好评选工作（艺术、体育教师根据指标分配情况统一报北区），并负责做好行政教辅后勤人员"希望之星"评选工作。

办公室、各级部、艺体奥教研室：制订发布评选（课程）方案，并及时通过多种途径、多种方式公布评选条件，进行广泛宣传，营造良好氛围，激发参与热情。

第二阶段：2023年2月22日至28日

各相关部门：按照方案要求，组织评选活动，按名额评选出年级（教研室）级别"青年教师希望之星"。

第三阶段：2023年3月1日至31日

各相关部门：组织本部门开展"青年教师希望之星"风采展示暨校级青年教师希望之星评选活动，按名额评选出校级"青年教师希望之星"。31日前报送相关结果给校区办公室。

报送材料包括：①学校级别"青年教师希望之星"名单；②《第25届"青年教师希望之星"申报表》（一人一表）；③风采展示形式以及内容概述（候选人参评时间控制在5分钟以内，形式不限，可用演讲、相声、小品、双簧、快板等喜闻乐见的形式，结合自己的实际情况，表达出青年教师的成长历程，融入衡中文化、精神、特色等元素）。

各相关部门：推送"青年教师希望之星"宣传事迹给办公室，并通过展牌、橱窗等对"青年教师希望之星"进行宣传。

第四阶段：2023年4月1日至4月下旬

办公室：在各级部、艺体奥教研室报送的风采展示节目中挑选出至少4个（要充分展现教师成长、衡中文化、衡中精神、衡中特色）报送办公室。办公室牵头组织举行衡水中学"青年教师希望之星"风采展示暨颁奖大会，做好组织彩排工作。

第五阶段：4月下旬

学校将在全国中学班主任年会期间组织召开衡水中学"青年教师希望之星"风采展示暨颁奖大会，对"青年教师希望之星"进行表彰宣传。办公室协助把关"青年教师希望之星"事迹材料，在学校网站、公众号上进行后续宣传。

四、评选条件

2019年（含2019年）以后大学毕业到我校参加工作的青年教师。

五、评选原则

1.忠诚：忠于学科，忠于年级，忠于学校。

2.三实：做人诚实，教学扎实，学习踏实。

3.教学风格独特，教学成绩优异。

4.具有担当精神和合作意识，有较高的师生威信。

注：

①对参评教师的德、能、绩、勤进行全面评价。

②对于本学科、年级、学校安排的工作，以种种理由推三阻四的，不予推荐；违反师德，在师生中造成不良影响的，不予推荐；离职或已申请离职的人员不再参评，中途已选定的人员离职或申请离职取消相关荣誉。

③工作结果与过程相结合，做到公开、公平、公正，及时公示。

六、课程评价

根据各部门分工落实完成情况，有针对性地梳理亮点和问题，根据工作落实和"青年教师希望之星"事迹质量等指标，通过表彰大会对优秀组织部门和个人进行表彰。各年级、办公室将"青年教师希望之星"事迹通过网站、公众号等形式进行广泛宣传。

七、相关要求

1.此次"青年教师希望之星"评选活动，要求各年级相关科室一定高度重视、认真组织，创新落实好评选工作，推选出最优秀的青年教师。

2.各年级要根据实际情况，各自制订出评选方案，并要严格按照方案组织评选。方案要公平公正公开，结果要进行公示。推出的学校级别"青年教师希望之星"要考虑德才兼备，不能只强调教学一项成绩。

3.要充分利用好这次评选机会，加强对先进典型的学习宣传，使"青年教师希望之星"在广大青年教师中具有吸引力、感染力和影响力，形成良好的争先创优氛围。

附件：

1.第25届"青年教师希望之星"申报表

2.部分获奖代表在五四青年节上的发言

衡水中学

×年×月×日

附件一：申请表

第 25 届"青年教师希望之星"申报表

姓　　名		性　　别		出生年月		照　　片
所在部门				是否党员		
毕业院校				职　　称		
事迹材料 （1500字）	内容要求：第一段为人物身份简介；第二段为事迹概述，100字以内；第三段为事迹详细内容，主题明确，真实感人；第四段为风采展示形式以及内容概述。					

附件二：部分获奖代表在五四青年节上的发言

牢记国之大者，勇做时代青年

（闫乐）

尊敬的各位领导、老师：

大家好！

在这个神圣的日子里，感谢领导的信任，让我有机会向大家汇报我的工作，我发言的题目是《牢记国之大者，勇做时代青年》。

习近平总书记曾寄语广大青年："心怀'国之大者'。"作为引路人的衡中青年，我始终将国家要求排在工作最前面，将学校布局融合在工作各方面，将学生发展贯穿在工作全过程。

一、践行中国梦

师者仁心家万里，青年怀梦国千秋。当学生远离校园、投身于社会时，唯根植内心的家国情怀、天下格局可支撑起青年奋斗的人生，这是对五四精神的传承。

11年来，我总结提炼出的"学为家国，行有天下"的育人思考，落地为"唤醒青年意识、传承优秀文化、担当家国责任、正反辩证自省、理想信念铸魂"的育人实践：从国旗下演讲等大会称学生为青年，到每年进行《时代之青年要担得起时代之责任》《青年的楷模·学习的榜样：习近平》等主题演讲20余次，近8万字的思想洗礼；从"崇尚英雄，精忠报国""寻根问祖，争做贤人——姓氏研究报告会"等15项独创活动，到《青年家国梦》一文的创作与传承；从《大学》篇的齐读共诵，到中国梦主题歌曲的抄写学唱；从"家国天下"文化的整体布局，到冬日雾霾天驱车往返衡德130公里邀请清华校史专家讲清华的奋斗和精神。诸如此类，只为唤醒青年铸情怀，提升觉悟成格局。

矢志不渝的坚持，换来了第1116名"中国梦践行者"等荣誉，获得了在第八届德育年会做《立德不松劲，树人再出发》德育专题报告等机会。

感谢衡中这个高、宽平台，我将坚定不移地走在"家国天下"的道路上。

二、战疫党旗红

国之大者怀人民，庚子大疫举重任。作为9000多万名党员中的一员，我用实际行动卫国保家、践行五四精神。

2020年2月13日，接到王建勇校长转发的团市委要求帮扶衡水援鄂医疗队子女的任务后，我第一时间对接三院护士长马冬雪同志的爱人班勇，了解其子班一凡的学习情况，及时开展一对一帮扶。基于七中和我校周一到周六的网课冲突，我们商定每周日上午8点30分至11点30分上课，可随时问问题。周周如此，直至复学，历时4个月，近60小时。

为配合学校打赢疫情防控战，我5次改稿完成《衡水中学战"疫"十二时辰》字幕，首发新华网；主动录制完成《为民族之复兴而勤学》《学为家国守初心，行有天下担使命》两节班会，登在人民号；为校团委书写《请缨赴汉为国，春风化雨护家》一文，致敬衡水逆行者；为学校书写《学为家国，行有天下》一封信，勉励衡中近2万名学子；走访衡中学子15名，为他们送去荣誉和鼓励。

昨日，丹心一片书豪情；此刻，红旗猎猎壮我心。

三、书写衡中情

精神立校乾坤大，追求卓越岁月长，我愿用拙笨之笔书写对衡中的挚爱。

为勉励教师奋斗青春，在郗书记的信任和支持下，我有幸参与教师、班主任工作年限奖制定，为两项工作分别拟订3个备选方案，后由郗书记、王校长分别选定。

无数次改稿后，教师方面完成工作10年、20年、30年、40年各自对应的雏凤、飞马、鸣鹤、金牛工作纪念章、颁奖词，惠及1400多名教职工；班主任方面完成在衡中工作20年、30年各自对应的明向、铸魂纪念奖、颁奖词及致敬小诗12首，激励全体班主任争先有为。

慢慢地，老师们在文字润色时，开始想到我，涉及活动主题、主持人串词、成人礼动情话语、年度人物事迹、年级主任各种讲话、《最亲的人》歌词改写、助力高三50天的《功成论》一文，等等，合计近6万字。

我亦主动工作，向郭校长汇报2021年元旦主题的逻辑与平仄问题，主题最终进行了改动。

后来，更是有幸参与衡中思政课的编订，最终提供了61万余字的书稿。

郗书记常讲衡中的未来属于青年人。在此，我庄严承诺：不忘总书记嘱托，牢记国之大者，育就时代新人；落地郗书记要求，勇做时代青年，光大衡中形象。

一路走来，领导肯定之语犹在昨，同事点赞之声响今朝。

谢谢！

未来可期，彩虹将至

（杨润秋）

尊敬的各位领导、老师，亲爱的青年朋友们：

大家好，我是高二六部青年教师杨润秋，很荣幸今天可以站到这里跟大家分享我的成长故事。

有风有雨是常态。

我相信很多青年教师在刚走上工作岗位都会有一段迷茫和不适应的阶段，我也同样如此。刚到衡中我就勇敢地挑战了班主任工作，在3个月的经历中，我深刻地体会了什么叫作层出不穷、什么叫作接二连三，学生们各式各样的问题把我打得措手不及："老师，我不喜欢我的同桌""老师，我好想我的初中同学""老师，为什么我原来是班级第一，来到衡中，我就是班里倒数第一"……

除了学生的问题，还会有工作上的不适应。我刚到衡中的第一次调考，离中就是负值，当时特别紧张和无助，不知道浑身的劲儿该往何处使。我学了7年的专业理论知识，本想在教学中大展拳脚，没想到第一次实践就失败了，我很苦恼。

不久以后，我又迎来了新的挑战——我成了一个新手妈妈，我不仅要学着照顾宝宝，工作与生活时间上也出现了难以平衡的难题，青年教师坐班和各项比赛都对我的时间分配提出更高的要求，这一切都是我所要解决的问题。

我相信，跟我一样的青年教师在初入职场时，都会有属于自己的迷茫和困惑，属于自己专属的那阵暴风雨，但是生活不就是如此？有风又有雨，这就是常态。

风雨无阻是心态。

作为一名激情实干的衡中人，直面挑战、勇往直前、风雨无阻才是我们的心态，出现问题积极解决问题才是我们的思路。学生有那么多问题怎么办，一定要耐心沟通和引导。我们班当时倒数第一的孩子无法接受来衡中之后从年级第一到本年级倒数第一的变化，我第一时间拥抱了她，肯定她对自我的高要求，也鼓励她通过努力来改变。我邀请她成为我的政治课代表，并且加强沟通、鼓励和关心，告诉她第一次的学号不算什么，最终的排名是可以改变的。最后她通过自己的努力实现了转变，从刚分班的57号，到现在的4号。

工作上的不适应在学校和级部组织的青年教师会上得到了及时的指引，我开始用更多的努力来弥补，快速调整状态，向优秀教师们学习，寻找符合自身特色的教学方法和管理方法，然后一步步学习如何站稳讲台。从那以后我的离中再没有负过，并且评教每次都稳居第一，收获了学生的认可。

成为新手妈妈的困惑也要努力去面对。我在妈妈和婆婆的帮助下，照顾宝宝越来越得心应手，用高效的工作来弥补时间的不足。我开始加倍地备课、加倍地做题，把所有的学案作业都收集整理起来便于回顾，并且会阶段性地整理复习课件，及时巩固自己的理论水平。一步步，我找回了状态，在各项青年教师大赛中去展示自己的风采，每一次青年教师比赛都能获奖。

所以，一路皆是风雨又如何？我们衡中人，激情实干、风雨无阻！

风雨彩虹是姿态。

应对了风雨，自然就能收获彩虹。从2020年夏天来到衡中，我通过努力收获了属于自己的彩虹：新加盟教师岗前培训优秀学员；"青年教师希望之星"2次，校级优秀青年教师4次，优秀教师2次，优秀师徒11次；青年教师汇报课比赛特等奖，青年教师基本功大赛一等奖，青年教师微课比赛一等奖，青年教师自录反思课一等奖；等等。

所以有风有雨我们更要风雨无阻、努力前行，因为彩虹就在眼前。

当有人问我，来到这么远的地方工作生活，后悔吗？我也会反问自己，后悔吗？封校期间，我和爱人都封在学校里，无法看到仅有11个月的宝宝时，后悔吗？在原本放假却因疫情来袭，不得不调整回四川过年的机票时，后悔吗？在佳节团圆时分想爸爸妈妈的时候，后悔吗？我可以坚定地说："我不后悔。"

在五四青年节之际，习近平总书记在中国人民大学发表重要讲话，勉励我们青年人"要牢记党的教诲，立志民族复兴，不负韶华，不负时代，不负人民，在青年的赛道上奋力奔跑，争取跑出我们这一代人的最好成绩"。郝书记也多次强调我们要为党育人、为国育才。作为衡中青年，更是衡中教师，我们也要奋力奔跑，在我们青年教师的赛道上跑出属于我们的好成绩，拥抱属于我们的彩虹。最后，祝愿我们的2022年高考迎来新的彩虹，创造新的辉煌！

功崇惟志，业广惟勤

（仝国乐）

尊敬的各位领导、各位老师：

大家好！

非常感谢学校的信任，让我有幸在这里分享我的一些感悟。今天，我分享的题目是《功崇惟志，业广惟勤》，这是总书记在十二届全国人民代表大会中引用的，意思是说，取得伟大的功绩，在于志向远大；完成伟大的事业，在于工作勤奋。我认为在衡中工作就是一项伟大的事业，成为一名教育家是我远大的志向，一勤天下无难事。衡中每一位老师都是身兼数职，我也不例外，我是一名地理老师兼班主任兼年级干事，我在平凡的岗位上用奋斗书写青春华章。

一、做一名真用心的班主任

连续7年的班主任工作锻炼了我也成长了我。在总结19得失誓创20辉煌高三年级策略研讨会上的发言，让我有机会梳理了前一年的高考备考工作，更加明晰了今后的努力方向；高三年级全体特长生培训会上的发言，让我深入了解了各类特长生的成绩要求和毕业走向；十佳德育创新标兵，激发了我对班级管理工作的思考与创新；班主任素质大赛荣获特等奖，不仅是对我班主任工作能力的肯定，也极大地增强了我的自信心。每一次比赛都是一次机会，每一次备赛都是一次总结反思，每次获奖都是一次新的进步。

疫情期间的高三有些特殊，备考经历了3个阶段：上学期的线下教学，疫情期间的线上教学，以及线上与线下相结合的AB班授课方式。教学给了我不小的挑战，从4月9日公布高三23日开学的消息后我就忙个不停：统计学生返校方式、培训开学上交资料、告知学生返校路线、上报每日体温、湖北学生接洽、分配餐位、AB班宿舍安排、班级座位安排、教室打扫、行李邮寄；开学后接学生、AB班班委和课代表培训、值日安排、宿舍报修、生病学生处理、湖北学生管理、班委会、课代表会、班主任会、考试监考、各种报表等。经过了复学前期的忙碌，终于步入正轨。为了应对分班教学的挑战，我们结合年级要求制订《AB班互助计划》，通过班级协作，6科老师拧成一股绳，形成了强大的合力。返校后期中考试荣获五星级班级就是对我们工作最大的肯定。封校期间我们与学生同吃同住，每天最幸福的时刻就是查完宿舍后躺在床上和我闺女视频通话，但是每天让我最难受的也是那个时候，因为每次和孩子视频通话她都会问我"爸爸，你为什么不回家啊"，我只能告诉孩子"爸爸在工作，在做很重要的事，过两天就可以回家了"，孩子总会说"爸爸，我想你了"。爸爸又何尝没有想孩子啊，但是爸爸不仅是孩子一个人的爸爸，还是160名孩子的老师啊，这是爸爸的责任，高考后我一定要好好陪陪孩子。

二、做一位爱研究的地理老师

非常有幸代表学科主讲了全国一轮策略研讨会。在准备阶段，我的专业技能和知识进步飞快。我认真梳理了自己7年来的教学情况，认真学习了教育部考试中心所有关于高考的文章，第一次清晰地理解了高考的顶层设计，有种一览众山小的感觉。为了深刻理解学科核心素养中的地理实践力部分，我带领学生进行了衡水湖水文站的考察活动。通过活动，学生们收获颇丰，我也更加清晰了报告会的方向。我积极去石家庄等地参加当地的策略研讨会，不断学习大家的思想和见地，不断充实着我的报告会内容。我翻看了历年所有的地理研讨会的录像和课件，经过9次的试讲、无数次的更改，终于在2019年9月18日完成了我人生的第一场全国报告会，取得了良好的反响。尤其是先辉校长发的微信让我受宠若惊。任熠老师可是河北省的命题专家和高考阅卷组专家，我一直在听任熠老师的讲座，没想到自己的报告能被任熠老师肯定。那一刻我觉得当一名衡中教师真幸福，我能取得如此成就都是衡中给予我的。借用牛顿的一句话，"我之所以看得更远是因为我站在巨人的肩膀上"，衡中正是给予我们发展平台的巨人。经过研讨会的洗礼，我的课堂更有深度了，在习题讲评中我能站在命题者的角度和学生一起分析问题，让学生高屋建瓴；在知识复习中能提炼出高考重点考查内容以及历年考法，让学生心中有数。我的学科成绩一直保持优秀的状态。

三、做一个受欢迎的年级服务者

由于特殊原因我们级部一名老师不能继续担任德育干事一职，从来没有当过干事的我临危受命,多一个职务多一些成长。年级干事的事情非常琐碎,每次考试出成绩的难眠之夜、每次学生大会的协调组织、每次考后的学生评优课件制作、每次的午晚休学生状态检查、每次的处室联查汇总公布、每次教师坐班的登统都让我成长。年级干事是基层管理者更是基层服务者。疫情期间,郝书记积极联系爱心人士给每位高三老师发放了一箱蔬菜。我和尹伟老师从中午12点到晚上6点跑遍了衡水大街小巷给老师们送去书记的慰问,老师们不仅感受到了学校的温暖,也对我的工作竖起了大拇指。7年时间一直担任班主任,也一直被年级部服务着,当我做一个服务者时,深深地感受到级部干事的不容易,现在的我第一时间上交年级部规定的材料,真心感谢帮助我发现班级问题的年级通报,更加认真落实年级部的各项规章制度,因为年级部所有的努力都是为了衡中的发展,为了让老师们更有尊严,为了让大家迅速成长。在年级部的历练,让我的站位更高了,让我的工作能力更强了,也让我更加成熟了。

习近平总书记寄语我们,坚定理想信念,站稳人民立场,练就过硬本领,投身强国伟业。我们作为当代青年,作为共产党员,理应承担起时代赋予我们的责任。虽然我们不在抗疫第一线,但是我们可以在自己的岗位上发光发热。高三封校期间,我们没有半点怨言、不曾半分犹豫,不畏风雨、勇挑重担,不辜负家长的重托、不辜负学校的信任,在距高考倒计时的日子里,我们冲锋在前、超长付出,守住了荣誉和尊严。高考衡中必胜,我们必胜!

只此热爱,幸福成长

(索伟)

尊敬的各位领导,亲爱的老师们:

大家好!我是高一6部的索伟。非常感谢学校能给我这个机会,让我作为"青年教师希望之星"代表站在这里,与大家分享我与衡中的故事。

憧憬——遇见篇

作为一个邯郸人,我从小就对衡水中学充满向往,但因身体原因与衡中擦肩而过,所以在我弟弟上初中时,我就一直鼓励他将衡水中学作为奋斗目标,他也不负众望,顺利地成为一名衡中人。当弟弟拿到录取通知书的那一刻,我情难自己,百感交集,一方面是为弟弟感到骄傲与开心,更多的却是为自己曾经心里的缺口填补上了一部分——我和衡中的关系更近了。

在衡中的精心培养以及老师的关怀帮助下,曾经成绩平平的弟弟不负众望,成功考取了天津大学。弟弟感慨道:"衡中三年,每一天都不同凡响地充实,每个人都充满激情、干劲,我很感谢衡中,无论从专业知识方面,还是人格塑造方面。可以说衡中精神真正地让我实现了脱胎换骨、受用终身。"果然,衡中就是有一种不可描述的魔力,会让你不自觉地爱上它、享受它、怀念它。

听完弟弟的分享,我内心的小火苗重新焕发。我下定决心,既然无法成为衡中的学生,那我就要成为衡中的老师。我深知衡中作为全国名校,招聘的老师一定层层筛选、择优录取,而我作为一名普通大学本科生,深知梦想与实力存在不小的差距,我决定重新提升自己。2018年到2021年我在河北工业大学就读,三年的研究生生活只有一个目标,那就是:我要去衡中!

研究生毕业后,我第一时间向衡中投递简历。功夫不负有心人,这一次我与衡中的缘分紧紧相连,如愿地成为一名衡中教师。回首过去10年,我所走的每一步、留下的每一个脚印都朝着衡中的方向。2021年7月,我和衡中的故事开始了。

向阳——成长篇

初到衡中,我的第一个目标就是要成为一名优秀的班主任,于是在我的努力下,我勇敢地担任起21606班的班主任。很快,一调考试如期而至,但这次考试班级成绩并不理想,我暗下决心,终有一天,我也要成为年级里带班最稳、教学最好的优秀教师。从那以后,我每天追着前辈们请教,他们也不遗余力,帮我分析和寻找解决办法。

郗书记多次强调,每一名教师,都要用心发现细节,学会欣赏和赞美学生,要做有温度的教育。由于与学生们朝夕相伴、日夜相处,我对每位学生的习惯、各科成绩和性格都了然于心。

终于,606班的班级成绩不断进步,在期末考试中取得了年级第一名;我所带班的化学成绩、个人离中成为正数第一名。此后班级在常规评比中多次得奖,在规范提升月和远足教育月中更是包揽所有奖项,并且连续多次获得双优班级,在第一学期末荣获"先进班集体"的称号,我也有幸被评为模范班主任、优秀青年教师、优秀师徒。因为热爱,才会拼尽全力去坚持;因为热爱,所有的坚持和努力才会有意义。我不止一次地想，学生们享受幸福教育，老师体验幸福成长，其实，这才是真正的快乐学习。

但是，突如其来的疫情寒潮打破了校园平静的生活，这对于高一新生来说，从心态和生活上都是一种巨大的挑战。记得那是封校的第49天，也是备战期中的关键时刻，我明显感受到同学们身上的压力，于是决定带同学们放松放松。在大家强烈的呼声下，我们玩起了"狼人杀"游戏，这个过程不仅可以锻炼逻辑思维，还可以提高表达能力和心理素质，同学们玩得不亦乐乎。

果然，通过这个游戏，同学们不仅放松了心情，学习效率更高了，最终也取得了不错的成绩。疫情期间这一次次活动，增强了班级凝聚力，加强了学生的归属感，也提高了学生对我的认可度，我的评教成绩连续第一。看到评语，我觉得一切都值得。

幸福——感恩篇

衡中是一个激情燃烧的乐园，老师有激情，学生有激情，整个校园都被激情的熊熊火焰燃烧着，在这里我幸福地成长：第一次开班会，第一次上公开课，第一次开家长会，第一次上台发言，等等。当然，我也希望将自己所有的第一次都献给衡中，包括我的初恋。

借此机会，我也推荐一下自己。下面单身的男同胞，请看向我。本人温柔贤惠，会做家务，想要寻找一位志同道合的男同志共度余生，在衡中这个大家庭里组建自己的小家庭。

看过衡中历届辉煌，从内心深处，我十分渴望能成为辉煌过去的继承者、衡中蓝图的开拓者。今后，我要更好地发扬知校爱校荣校、知国爱国荣国，团结协作、共同奋斗，为学校实现高质量发展而不断努力，真正做到为党育人、为国育才！

衡中星空璀璨，今天我作为希望之星代表在这里发言，下次我希望还能作为星级班主任、星级教师站在这里，希望大家共同见证我的成长。

最后祝愿衡中高考再创辉煌！

第十一届杰出女教师评选通知

各年级：

为选树典型、宣传先进，引领激励广大女教工弘扬自尊、自信、自立、自强的时代精神，做真的追寻者、善的传播者、美的创造者和爱的奉献者，经学校研究决定，在2019年三八国际妇女节前夕，开展第十一届杰出女教师评选活动，现将活动有关事项通知如下。

一、评选条件

1.热爱党、热爱祖国、热爱社会主义，坚决拥护党的路线方针政策，模范遵守国家法律法规。

2.具有自尊、自信、自立、自强的时代精神，坚持正确的世界观、人生观和价值观，品德高尚，无私奉献。

3.有高尚的师德，刻苦钻研业务知识并取得显著成绩。

4.截至2019年2月，凡在衡水中学工作4年以上的女教师，均可参加评选。

二、评选办法

1.推荐候选人。名额分配如下：高一年级共9人，高二年级共9人，高三年级共12人。各年级根据女教师比例自行分配具体指标。奥赛科技信息（根据每年女教师总数定１名或２名），艺体、国际部各推荐候选人1名，如在年级推选中已包含，则不再重复推荐。

2.各年级要制定科学的评选办法，评选过程要公开、公平、公正，评选结果要在本年级全体人员范围内进行公示。

3.2月20日前，将候选人名单报送办公室，逾期未报者视为弃权。

三、表彰奖励

学校在表彰大会上对其进行表彰，并授予第十一届杰出女教师荣誉称号。

衡水中学妇委会、工会女职工委员会

×年×月×日

附：获奖代表发言稿

活成自己喜欢的样子

（李军燕）

我出生于1982年，今年37岁。2004年毕业后来衡中，今年是在这块沃土上奋斗的第15年。这些年，无论生活与工作，我都努力活成自己喜欢的样子。

回顾往昔，15年的历史教学工作，10年班主任工作，9年研课主任工作，4年学科主任，4年模联社团指导老师，3年校本课程老师，2年课改处干事，1年团委会干事，1年生涯规划老师，1年课程主任，不足1年的教学主任。工作15年，11种角色体验，虽然都是名不见经传的小人物、小角色，但它给我平淡的工作添加了一些新的元素，让我在日常点滴中捕捉到一点别样的新奇，让我一层层、一步步跨过原来的自己，蜕变成自己喜欢的样子。

2004年，我兼职团委干事，负责校园广播。伴随着清晨的第一道铃声，校园的音乐就会自动响起、到点关闭，可我总是担心设备会出问题，不亲耳听到绝不放心。于是，我每天早早到校园等着音乐响起，等着音乐关闭，这一等就是一年，设备从没出过问题。看似我像个傻瓜，但正是这份小心翼翼、如履薄冰，让我养成了工作绝不能在我这里有疏漏的行事风格。做工作就要做到让自己满意、自己佩服、自己骄傲，这是我喜欢的样子。

2012年到2016年我担任模联社团指导老师，外出参加比赛培训13次：北大会6次、复旦会2次、外院会1次、南开会1次、石家庄会2次、美国会1次。比赛往往集中在寒暑假，作为社团老师要身兼数职：我是安全员，会议期间学生经常磋商写文件到半夜，我要护其周全；我是生活员，吃住行安排得妥妥的；我是专业权威，随时准备提供帮助；我是观察员，比较学生会场表现，指点引导；我是摄影师，记录下每一个精彩瞬间。4年的时间，零起步，一点点学起，逐渐摸索、不断创新。2016年我带领学生在北大、复旦、团中央3个会场拿下6个BD——模联届会场最高奖。我，愿意在青春岁月里狠狠地折腾自己，勇敢尝试、自信追求、释放激情、追求未知。这些经历，是成长，是财富，是岁月的积淀，既做追梦者，也是圆梦人，这是我喜欢的样子。

2018年，我开始担任年级教学工作。春节后高一年级试走班，我主要负责高一A部的课表工作，从2月18日21点17分见到第一版课表，到2月21日16点37分，不分日夜，核对课表、汇总问题、反馈交流，再核对、再汇总、再反馈。我们教学小分队共反馈问题126条、校对课表七版，最终68位老师、22个行政班、65个教学班的课表诞生了。不敢说这个课表是完美的，但绝对能说我们在用执着的心做极致的事。我不喜欢随意和凑合的自己，我喜欢把挫折和困难看作测试我们耐心、柔性和智慧的试金石。哪怕被困难折磨，也要凭借一口仙气，抖擞精神，大刀阔斧往前走，永远年轻，永远热泪盈眶，永远精力旺盛，活成自己喜欢的样子。

我喜欢的自己，有事做，凭自己的能力生存于世，体现自己的人生价值；有人爱，让自己的灵魂有一个归宿，能感受到人性的温暖；有所期待，让自己对生活保持热情和希望，充满向上的力量。

一路走来，我非常感恩衡中，无比热爱衡中，点点滴滴永记心间。

这个世界非常美好，这个时代非常美好，值得我们去奋斗，去追逐更美好的自己。

班主任模范榜
——授予从事班主任工作20年、30年对教育事业做出突出贡献的教师

一、颁奖词
1.明向纪念奖杯

年限：20年。

化用：德（本义：歧路明向，正而不邪，行君子之道）与四个"引路人"。

出处：甲骨文与《习近平总书记在北京市八一学校考察时的讲话》。

颁奖词：树人立德为先，辨是非、别善恶、定黑白、论美丑，为莘莘学子划定底线，二十年初心不忘；养志启心为首，传真理、除愚昧、增觉悟、引大道，为万千爱徒歧路明向，甘春秋使命在肩。内存爱国之情，胸怀强国之志，身有报国之行，可称"衡中先锋"。

2.铸魂纪念奖杯

年限：30年。

化用：理想信念铸魂是坚持和完成立德树人根本任务的关键环节。

出处：《人民日报》（2018年05月31日）。

颁奖词：身担责、站讲台，三十年，青丝霜染；心怀仁、塑品行，卅春秋，丹心仍存。为人梯，以热血丹心铭记教书育人之使命，续写思政教师之荣光；引好路，用理想信念铸就高情远志之魂灵，创造时代中国之辉煌。为国为民为家，无怨无恨无悔，有情有义有心，赞为"衡中楷模"。

二、诗

杨广杰，在衡中从事班主任工作31年：广施仁心泽华夏，燕赵人杰得尽收。十里春风拂杏坛，一支粉笔写春秋。

张桂安，在衡中从事班主任工作28年：桂香八月浸蟾宫，玉斧一把斫未停。待到落英乘风舞，静沐金阳数秋红。

王民雄，在衡中从事班主任工作27年：雄心万丈铸民魂，广育英才忘此身。此夜月朗星光耀，桃李千红木成林。

卢洪涛，在衡中从事班主任工作26年：山高水阔多歧路，逐利追名百邪出。洪波碧涛淌心田，立德明向意不孤。

国列通，在衡中从事班主任工作25年：启心养志二十载，用事明理育英才。夙兴夜寐年如日，得失功名列身外。

王宝树，在衡中从事班主任工作25年：青丝霜染丹心存，热血滴滴浸枫林。临风起舞宝刀锐，树人万千立乾坤。

郑立新，在衡中从事班主任工作25年：东风漫漫桃李芳，春水汤汤青苗长。暖阳高照晴空碧，欣欣向荣灌溉忙。

陈铁乱，在衡中从事班主任工作22年：铁面无私怀柔情，斩乱除尘正心行。学识广播千山外，思想尽撒万水中。

闫文国，在衡中从事班主任工作22年：文化四海龙飞天，德行万邦凤呈祥。东西交汇英才降，复兴中华功德长。

张华，在衡中从事班主任工作21年：芝兰迎春吐芳芬，玉树盛夏抖精神。五更灯火风与月，年华半去早动身。

马孟龙，在衡中从事班主任工作21年：以梦为马志天下，半生韶华献国家。龙吟虎啸乾坤动，清风明月笑煮茶。

封秋锋，在衡中从事班主任工作20年：平凡世界喜乐多，笑看世间分与合。秉笔一支接星月，化育千子岁如梭。

附一：先进老师事迹

河北衡水中学教师杨广杰：三尺讲台的"筑梦人"

班主任总被称作"离学生最近的教育者"，他们不仅是学生学习的指导者，更是道德的引领者、平安的守护者、能力的培养者。河北衡水中学教师杨广杰，37年教龄，31年班主任生涯，自1984年参加工作以来，在平凡的岗位上绽放别样的风采。

春日上午的衡水中学教学楼办公室，匆匆赶来的杨广杰面带微笑，坐在记者对面，一边整理着随身带来的试卷，一边娓娓地说起自己的班级和学生。

从教以来，杨广杰坚持做的一件事就是陪伴。

"作为班主任，必须对学生热爱，我觉得陪伴对他们来说很重要，陪伴是最好的教育之一。"杨广杰告诉记者，30多年来，在他担任班主任工作期间，坚持最大限度地陪伴学生。

3月5日早上，天还没有亮，初春的早晨有些微凉，杨广杰已早早来到操场等着学生的到来。杨广杰说："当班主任这些年，我坚持每天早上比学生提前10分钟起床，提前到操场候操。以前还能跟着学生一起跑操，现在年龄大了，跑不了全程，但是我也会尽可能地多跑一段，多陪他们一会儿。"

几十年如一日地陪学生跑操，让杨广杰形成了自己的生物钟。"这么多年已经习惯了，每天早晨生物钟准时来报到，即使是在假期，也是同一个时间点起床。"杨广杰告诉记者，"也有身心疲惫的时候，我的家人也需要陪伴，但我内心同时又怀揣着对学生、对新一天的向往，所以依旧准时赶到学校去陪伴孩子们。"

杨广杰说："我喜欢和学生在一起，我们亦师亦友。见证他们高中三年的点点滴滴，陪伴成长，我很幸福，同时也赢得了学生的尊敬和家长的放心。"

好学生是夸出来的，从不放弃任何一位学生

从教37年，杨广杰坚持不抛弃、不放弃任何一位学生，他相信每位学生

都是最特别、最优秀的。杨广杰说:"我认为好学生应该是夸出来的,多表扬、多鼓励、多发现他们的优点,学生也会越来越好。"

在杨广杰带过的班级里,曾经有一位学生因为第一次住校不适应,在校期间情绪很不稳定,不喜欢和同学交流,成绩波动也很大。杨广杰仔细了解了他的家庭情况,与家长交流达成疏导共识,利用自习时间以温和的态度与他进行多次谈心,疏解他在学习生活中的烦恼,并开导他积极参加班级活动,学会和同学、老师沟通交流。同时,一有机会就表扬他、鼓励他,让他发现自己的闪光点。从发现闪光点到放大闪光点,在杨广杰的关怀中,这位学生慢慢地开始变得开朗、自信,不仅收获了很多好朋友,学习成绩也逐步稳定提升,高考时被清华大学录取。杨广杰表示:"30多年来,我教过的学生有两千余人,考取清华、北大的也有近百人。他们每一份优秀的高考成绩单,都是对我工作的一次肯定,也是我一辈子的财富。"

"夸完以后,孩子有进步了,我有时还要给他们奖励,让他们再接再厉。"杨广杰在班级里制定了目标奖励措施,对完成阶段学习目标的学生,会自掏腰包给他们买来文具和零食。学生都说:"杨老师用他的宽容和耐心、爱心呵护着我们健康成长,能够遇到这样一位真正懂教育、严而不厉、爱心满满的老师,是我们最大的幸运。"

杨广杰还坚持每周开展一次班级例会,班干部互相通报班级情况,及时发现问题、解决问题。他还组织开展"每日讲评"工作,让每个学生都参与其中,发现自己的闪光点,发现身边的榜样。通过丰富多彩的班级活动,班级内充满了活力,学生发自内心地觉得"我能行""我可以""一定赢"。

在杨广杰的班级门口,一直张贴着这样一句话:"热爱学生,尊重学生,用积极、严谨、务实的态度培育栋梁之材。"杨广杰表示:"这些孩子有自己的思想,有自己的主见,也有很灵活的头脑。作为一名老师,尤其是班主任,要知道他们的所思所想,你的言语才能触动他们的心灵。"

做与时俱进的班主任,把职业当事业干

在同事眼里,杨广杰博学多识,工作经验丰富。杨广杰说:"既然当教师,就要把职业当事业干。"

多年来,杨广杰从没有停止过对教学的探索和创新。为提升学生的学习兴趣、丰富课堂开展形式，杨广杰积极学习多媒体课件，变抽象为具象，将授课内容形象、生动地呈现出来。杨广杰说："这样在一定程度上能够节省板书的时间，可以有更多的时间与学生交流。同时，生动活泼的多媒体画面能激发学生的学习兴趣，加深对学习内容的印象和理解。我也一直在学习，掌握几何画板、数学应用等软件的操作，让自己能够跟上现代教学的步伐。"

此外，杨广杰还积极参加学校每年组织开展的教师培训、班主任节、学科教育研讨等活动，通过不断的学习充电，储存正能量，提高自身的师德修养，筑牢教师从业之基。在教学实践中，杨广杰不断总结教学经验，勤研修、重反思，以研促教，参与省级课题"高中数学探究性问题的设计与教学"并顺利结题，曾先后获得衡水中学魅力班主任、最受学生欢迎教师、优秀教师、模范班主任、高考明星教师、高考明星班主任、首席教师、首席班主任、衡中腾飞突出贡献者等荣誉称号。

面对荣誉，杨广杰说："这些是学校对我的认可与信任，我只是做了我应该做的事。"

杨广杰表示："每年的六七月是收获的季节，当看到我带的学生都能考出理想成绩的时候，我内心的喜悦是无法用语言来表达的。"

用心爱事业，用爱暖家庭

在家庭生活中，杨广杰是丈夫，是父亲，是儿子。多年来他一直用一颗真心，细心经营维护着一个和谐美满的家庭。

"父母年龄都比较大，学校放假期间，我就尽可能地多陪伴他们，给他们买一些喜欢吃的水果，陪他们唠唠家常。"杨广杰如是说。

由于自己担任班主任工作，杨广杰的妻子承担了家庭中大部分的琐事。杨广杰说："感谢爱人这么多年的付出，做我的坚强后盾，让我安心地教学。"杨广杰从教37年来，一直把学生当自己的孩子来辛勤培育，甚至用自己的工资请学生吃饭，给学生买需要的文具和生活用品。妻子也是"夫唱妇随"，毫无怨言，尽最大努力做好坚强后盾，照顾老人、陪伴孩子，从不让丈夫操心。

附二：获奖代表发言稿

真心真情育桃李千红，高德高艺成栋梁万株

（白建）

日月逾迈，四时更迭，而今算来，在衡中已经度过16个春秋。过去的岁月里，我始终坚守立德树人之初心，始终不忘为党育人、为国育才之使命，用真情换来学生成长，用真诚守护祖国未来。

教书育人，为师之本分

时至今日，我已经是第9年身兼两个班的班主任、13年斩获高考同系列第一、6次荣获"河北省先进班集体"称号、9次被评为"明星班主任"。成绩的背后是真情付出、真诚相待，青丝霜染变白发，年华流逝添皱纹。2020年亦是如此，我带着积淀的真诚、火样的真情改变着我的两个高三实验班，本以为会如往年一样顺利度过，完成自己对于100多人的使命，可未曾料到的庚子大疫改变了一切：原有的教学班分成5个，原来一周一次的班会变成了5次，巡查教室的原路程延长了5倍，学生的学习压力、心理问题出现的情况又岂是用5倍可以形容的？可是，时间依旧如故，这使我不得不去合理规划原有的时间，不得不提高工作效率，不得不去打破过去的常态。深夜认真备课，教研精心磨课，课堂用心上课，课下高频次与学生沟通交流，最终高考成绩出来，我所带的770、772班均为系列第一，同时也创造了衡中班主任两年所带班级有45人（2019年23人，2020年22人）考上清北的纪录。如今，我继续在高三担任898、911两个实验班的班主任，为2021年高考奋斗着。在平凡的岗位上，我奋斗着我的青春，我创造着我的人生价值。

抗击新冠疫情，守护之责任

2020年突然暴发的新冠疫情，打乱了全国上下的秩序，紧张了学校的氛围；2021年河北疫情错综复杂，燕赵大地陷入恐慌，衡水区域备受威胁。一年来，在教育处主任的工作岗位上，战战兢兢、如履薄冰，生怕病毒进入校园，生怕无法向社会交代。为最大限度地减少疫情对学生健康和学校安全带来的危害，我带领学校教育处成员快速了解国家、省、市各项政策，学习有关防控知识，制定了《学校开学前、开学时、开学后的新型冠状病毒感染肺炎疫情防控

消毒预案及防控措施预案》《寄宿学校宿舍的防疫预案》等20多项防控预案及措施,组织各年级班主任精细排查学生疫情状况,追踪调查学生近期的活动轨迹,全力确保广大师生健康安全和校园平安稳定。学校疫情工作自开展以来,通过各种形式组织各年级开展"珍爱生命,与爱同行"系列主题德育活动,让学生感受到学校的温暖,并不断培养学生积极向上的精神面貌和家国情怀,鼓励每一位学生在疫情期间通过自己的方式为国家防疫工作贡献力量。在抗击疫情方面,我努力尽到了一名教师的责任,尽到了一名教育处主任的责任,尽到了一份党员的责任。

立德树人,育人之使命

坚持活动育人,贯彻立德树人的根本任务,给学生留下终生难忘、受益终身的教育,是我校一直的坚持和遵循。为了弥补疫情所带来的影响,在全国疫情趋向平稳之时,由教育处牵头,为各年级补上了遗憾,上了一堂堂意义非凡的思政课。成人礼创新设置时光隧道、绿植摆放,让学生回望过去,感受生命的律动,体悟成长的价值;远足融合国庆,将徒步远行变为长征,将宿营地的集结变成胜利会师,将往年的总结变成红旗、歌声的海洋,浓厚了学生的家国情怀,强化了学生的使命担当;消防安全演练、九一八事变纪念、毛泽东诞辰纪念日活动、国家公祭日活动等无不闪耀着我的汗水光芒;原创的高一、高二助力高三,更是以前所未有的形式、力量注入高三勇士的心中,让他们不再孤单,让他们倍感温暖。班主任节的开幕,搭建了平台,引领了风尚,挖掘了典型,扩大了影响,很多班主任在其中找到了班主任的幸福,丰盈了育人的技巧,清晰了育人的思路,提升了育人的水平。在教育处的持续努力下,学生、老师纯粹而有激情,团结而温馨。

回首一季春秋,深感忙碌有果;遥望辛丑之年,还要扭转乾坤。

榜样教师评选
——第十二届师德标兵评选方案

一、指导思想

师德是从教之基,师风是强教之魂。为进一步弘扬崇高的师德风范,进一步提高教师队伍的师德素质，建设一支让学生尊重、家长信赖、社会满意的教师队伍，树立一批具有高尚师德、为人师表、敬业爱生的先进教师典型，营造以德治校、以德育人、以德修身的良好校园氛围，全面提升我校教师的教育境界和专业化能力，经研究决定，特制订本方案。

二、评选范围

在职在岗的一线教师。

三、评选条件

必须同时满足以下条件。

1.坚持四项基本原则，拥护党的路线、方针、政策，爱岗敬业、无私奉献、热爱学生、为人师表、团结协作、勇于创新、师德事迹典型、有感召力。

2.在衡中工作10年以上（含10年）且至少带过3届高三毕业班。

3.本学期历次考试成绩：离中幅度0.3以上（含0.3）。

4.本学期评教成绩在所教各班级中均处于中游以上。

5.未出现过落聘或中途因成绩原因被调下的情况。

6.未出现过不讲合作、推三阻四的情况。

7.近3年内年度考核合格。

凡有体罚学生的情况，一经核实，一票否决。

注：①班主任、研课主任在符合基本条件的基础上优先推荐；②近三年年度考核优秀者优先推荐。

四、评选组织

1.此项评选活动的工作由学校教务处负责组织实施并对此方案负责解释。

2.各年级根据教务处制订的评选方案，结合本年级的具体工作，制订年级评选方案。

3.评选坚持"重成绩、重成果、重荣誉、重过程"以及"公平、公正、公开"的原则。

4.师德标兵每年评选一次。

五、名额分配

高一：ABCD部各产生年级师德标兵3人，从中推选4名学校师德标兵。

高二：ABC部各产生年级师德标兵3人，从中推选3名学校师德标兵。

高三：ABCD部各产生年级师德标兵3人，从中推选4名学校师德标兵。

本次设置优秀组织奖6个。评选依据为本年级推选教师经筛选后被学校确定在师德报告会做典型发言人的级部获优秀组织奖。

注：优秀组织奖不照顾校区和年级平衡。

六、评选程序

第一阶段：第6~8周（9月10—30日），教务处制订评选方案。

第二阶段：第10~14周（10月15日—11月17日），各年级部制订方案，推荐候选人，开始宣传。

1.各年级根据本学年历次期考成绩、评教成绩及平时工作学习表现，列出所有满足条件的教师名单，并依据名额确定候选人；

2.各年级组织候选教师准备演讲材料；

3.各年级在11月16日前完成年级展牌，并在各自的教学楼对候选教师宣传。

第三阶段：第15~16周（11月19—12月2日），年级评比选拔。

由各年级B部牵头组织召开年级师德标兵评选大会并邀请校领导、教务处参加，以演讲的形式对各自推出的候选人进行评比选拔，确定学校师德标兵并上报教务处。

第四阶段：第17~18周（12月3—16日），学校组织彩排试讲。

教务处组织师德报告会展示人进行试讲、彩排。

第五阶段：第19周（12月17—23日），表彰宣传。

1.举行"师德标兵表彰大会暨师德报告会"，具体时间另行通知。

2.利用衡中网站、校园展牌对当选教师进行宣传。

3.外宣中心协调各媒体对学校师德标兵进行宣传。

七、享受待遇

1.评选产生的学校师德标兵均享受师德标兵的荣誉并发放一定的津贴。

2.优先安排外出考察培训。

3.优先推荐衡水市师德标兵的评选。

衡水中学

×年×月×日

附：获奖代表发言稿

喜欢做一名教师
（于玲玲）

尊敬的各位领导、各位老师：

大家好！

"没有爱就没有教育。"热爱学生，不仅是教师人品、学识、情感与亲和力的展现，更多的是倾注了教师对祖国、对事业、对未来的热爱。因为有爱，我们才有耐心；因为有爱，我们才会关心；因为有爱，我们才和学生心贴心。爱学生成长过程中的每一个微小的"闪光点"，是我们教师最大的幸福。多年的工作经历，使我深深地懂得了教育是爱的事业。热爱学生是教师的天职，也是我一生的诺言。感谢学校给我这个机会，让我对自己的教育生涯做一个简单的中期总结，没有轰轰烈烈，但有平凡坚持。

20年来，学生走了一批，来了一批又走了，唯一不变的是我对教育的热爱。我爱我的学校，爱我的岗位，更爱我的学生！每当翻阅来自毕业学生的信件、贺卡、短信时，我就如同沐浴着春日里阳光般的温暖，那里面写的是我的学生对我的爱，还有对我工作的认可与支持。"老师，我开学10天了""老师，想您了""老师，看看我的女朋友""老师，徒子徒孙们给您拜年啦"。

超越梦想，以坚韧雕琢辉煌

我清醒地知道，三尺讲台就是我展示风采的人生舞台。面对一个个纯洁的心灵，我常常告诫自己："对学生要有爱心、耐心，对工作要有信心、恒心。"这些年来，我也正是按照这样的要求，用自己赤诚的心、坚定的信念、顽强的精神，执着地追求并挚爱着自己的教育事业。

对教学的全情投入和严谨的态度是我工作的追求，为了上好每一堂课，我深入细致地钻研初中教材、高中教材、大学教材，研究近十年的高考题，研究每一名学生，根据学生的认知规律合理地组织教学内容，选择恰当的教学方法，不断提高学生的综合能力。连续两年在复习班，面对3个大班、400多名学生，最大的困难不是课堂管理，不是作业批改，而是记住每一名学生。我打印了学生照片，在照片下面记录了她的字写得最漂亮、她的整理本内容很丰富成绩却不太好需要找她谈谈、她第一个申请做生物课代表、他练过健美主动要求抱卷子、他自称山东老爷们儿、他的业余爱好是摄影、他有个女朋友在中山大学……这让我短短一周时间就认清了班里的每一位同学。

"老师，上课时听您嗓子有些不舒服，很心疼""老师，我感冒时喜欢吃桃罐头，这瓶给您吃""老师，快点儿好起来"……高考结束后，学生带着灿烂的笑容走出考场时的那一声"老师您才是最棒的"让我觉得一切都值了。

我的工作，得到了学生的认可，也得到了学校的充分肯定，连续多年，被学校评为优秀教师或优秀研课主任。在此，我要感谢学校领导的关怀，感谢同事们的帮助，正是有了你们，我才能够一如既往地坚持在教育之路上并取得优异的成绩。

多年的工作实践也让我意识到，"人生如大海，出海越远，越感到其浩渺无边""给学生一杯水，自己首先要做一眼泉"，因此我不断地完善自己、充实自己。在工作的同时，我没有忽略对自身专业理论、知识结构的充实和更新，以适应新时代的要求，因为我知道，每一个成绩的背后都凝聚着汗水，执着追求、不断超越是我在教师这个岗位上终生的轨迹。

潜心研究，用师德熏陶学生

今天，"育人"已不能简单地理解为传授知识，而是要教在今天、想在明天，以明日建设者的素质要求做好今日的教育教学工作。因此，我在教学中始终关注每个学生的心理健康，把打造学生过硬的心理素质作为教育的新目标。

小赵同学，平常生物作业小测每每名列前茅，一到大考就发挥失常。最开始我怀疑小赵平常有作弊行为，经过连续观察排除掉了。我和小赵交流几次，他自己也很困惑。家长会上，小赵的母亲反映小赵对自己要求太低，不够勤奋。我按照家长的思路对小赵进行目标教育、激励教育，结果适得其反，成绩继续下滑，于是单独约了小赵的父母进行深入交流。通过交流得知，小赵在调研考试期间，每考一科就给母亲打一次电话，汇报自己的答题情况；通过交谈，还发现小赵母亲非常强势，小赵从小到大事事都要由母亲安排，一不满意就是指责和批评，对孩子是爱之深、责之切。在小赵成绩连续退步的问题上，小赵母亲甚至想通过带小赵看心理医生来解决。仔细分析后得知，小赵考场上发挥失常的原因应该是心理压力过大，压力除了来自自己，更主要的是来自母亲，所以先对其母亲进行了疏导。在征得小赵父亲的同意后，我开玩笑地和小赵母亲说"您在家中领导好老公就可以了，对孩子要学会放手，给孩子一定的空间"，之后对小赵通过坚持谈话、书面交流进行了疏导减压。慢慢地，小赵的家庭变得温暖了，孩子的成绩开始了螺旋式进步，自信回来了。

阳光是温暖的，它的柔和可以渗透到人的心灵深处。罗曼·罗兰曾说过："要散布阳光到别人心里去，先得自己心里有阳光。"作为教师，除了在工作中注重身教、为人师表，以良好的形象率先示范，还应有真爱的奉献，潜移默化地影响和激励学生，以达到用人格塑造人格的境界。

师爱荡漾，细雨润物，只要心中常驻那份爱心，定然花开不败。我愿坚守三尺讲台，默默穿梭于四季的风雨里，用教师的使命与责任感，用自己的师德与爱心，为每一个学生撑起一方晴朗而明媚的天空。

再看看我的身边，年轻教师把青春扎根于三尺讲台而无怨无悔；同龄教师将家庭搁置一旁，全身心地扑在教学工作上；前辈们仍如黄牛般埋头苦干而不知疲倦。许许多多的事迹在激励和鞭策着我，我们就这样默默地毫无怨言地辛勤耕耘着"半亩方塘"，坚守在三尺讲台上。我要说，和这么多优秀的老师一起工作，我很幸福。

所以，不管今后的路上荆棘丛生或是布满沼泽，我都一如既往，决不退缩。我从心底觉得做老师有无限的光荣和幸福，因为这份事业总有一种精神让我豪情万丈，总有一种感动让我泪流满面！

站在讲台上，觉得踏实，窗外的浮华与喧嚣不再是诱惑；站在讲台上，觉得神圣，生活变得简单而深远。

我喜欢做一名教师。

如你

（杨柳）

尊敬的各位领导、各位老师：

大家好！

有一种职业，承载着我幼年朦胧的梦想；有一种职业，吸引着我最初美好的憧憬。它散发着人文的气息，弥漫着高尚的光辉！

小时候，学校的教室，自然比不得如今这般，阳光只能透过狭小的窗，穿过屋内空气中飘转的粉笔灰尘，朦胧中透着尘埃，我总是目不转睛地盯着讲台上的她，温文尔雅、微笑如画。不知不觉间，"老师"这个字眼，在我的心里生根发芽！我喜爱她批改作业时留下的娟秀的字迹，喜欢她伏案备课时温暖的背影，喜欢她答疑解惑时露出的慈祥的面颊！我也牵挂她，牵挂她常年板书时在指尖留下的粉笔纹路，牵挂她羸弱的身体能否扛起代代孩子的教化，牵挂她如今是否时光已带来斑驳的白发。

任时光匆匆兑换成了年，10年前，我也有幸成了教师，我在想，是不是也会有那么一群孩子，会像曾经的我那样，迷恋我的一切，梦想成为我的模样……忆十年，初为人师，青涩得不忍直视，和学生一起开班会，我们会一起笑到抽搐；和学生一起上课，会因一个问题秒杀他们而沾沾自喜；和学生一起拔河比赛，会因赢得对方而被高高举起；看学生写给我的反思，会因字里行间的真诚而泪流满面……和学生一起疯过、闹过、哭过、笑过，我想那应该是作为教师的我青春的模样！

现如今，到了越三奔四的年纪，总觉得很尴尬，没了青春时的活力四射，也没有老年人的平稳豁达，感觉岁月真是激不起半点的涟漪，不过老天待我也不薄，生活中的小确幸总是纷至沓来。

当嗓子哑得说不出话时，不知道是谁把药偷偷地放到桌上，提醒我：身体是革命的本钱，你要替我们好好爱自己！

当横眉冷对那些娃时，如雪花般的小字条飞来："柳爷，不要和我们一般见识，您可是见过大世面的人！"此话还真是让人无语！

当出差回来时，教室内一片欢呼："柳柳姐，我们想死你啦！"哪管是真心还是虚情假意，这直白的表达真是让人鸡皮疙瘩抖一地！

还记得最后送的那批高三学生。临近高考前，一个小女孩跑到我的面前，说："老师，据学姐们说，抱抱你高考就会有好运气。"我一本正经地说："对呀！事实证明抱抱我的娃们都考上清华北大了！"话音刚落，一个大大的拥抱就飞了过来："老师，我好紧张！求安慰！""老师，老师，我也要求抱抱！"瞬间，我就被挤成了肉夹馍！虽然被环绕得快透不过气，但是我却真正地感受到了幸福，感受到了作为老师对于学生的意义！这种感觉，让我沉醉其中，无法自拔！

我感谢可爱的学生成就了今天的我！但我更要感谢强大的衡中团队，在这里年年岁岁、默默为我们付出的长者们、师父们！还记得刚毕业来学校报到，托运的行李还没到，住宿就成了大问题，师父张文博老师积极打电话帮我联系，找人、弄行李，那时我就想，还有这么热心的老师，真好！

接下来教学的路上难免磕磕绊绊、跌跌撞撞，毕业直接上高二、升高三，第一年接手高三实验班，压力真是空前巨大，每天的超常付出依然觉得和实验班孩子们的未来不够匹配，总是战战兢兢，幸得师父们在教学上掏心掏肺地教导，从不保留，让我在前辈们的肩膀上越走越远，陪我度过了教育生涯中转型最为关键的一年！还记得当时先辉校长调侃师父："恭喜你们，被评为优秀师徒啦！"见师父开心，先辉校长又来了句，"你这是借徒弟光啦，是徒弟优秀啊！"可我知道，若不是师父们的大公无私，不是代代衡中人伟大的信仰与追求，怎会有徒弟们的快速成长、衡中今天的跨越发展！

所以今天我要为所有的师父正言：是您的伟大成就了徒弟们今天的发展，是您的教诲让徒弟们知道如何堪做合格的衡中人。我用10年的时间不断沉淀，努力变成您的样子，把这份沉甸甸的责任扛起来，把爱延续，把精神传承！我想人世间最沉重的爱和不舍，大约就是，你在或不在、见与不见，没关系，我会变成你。

榜样教师评选

——关于开展第十八届"最受学生欢迎教师"评选活动的通知

为进一步激发广大教师的责任意识，促进广大教师的爱生意识，紧紧围绕2021"校庆奋进年"主题活动，激励和引导全体教师在学校发展中做出卓越贡献，弘扬人民教师为人师表、教书育人、爱岗敬业、奉献教育的感人精神和人格魅力，发挥学生在教学中的主体作用，发扬"尊师重教"的优良传统，加强教风学风建设，提高教学质量，营造浓厚的校园文化氛围，助力70年校庆，由教务处牵头，各年级部主要实施，现教处、宣传处等配合，本着公平、公正、公开的原则，开展第十八届"最受学生欢迎教师"评选活动。现将有关要求通知如下。

一、评选范围

一线全体在岗教师,包含不任课的班主任。

二、评选条件

1.基础条件

①坚持党的基本路线,拥护中国共产党的领导,有较高的思想道德素质。

②为人师表、严于律己、以身作则,能较好地落实"四有"教师标准,将育人贯穿于言传身教中。

③有先进的教育思想、教学理念,积极进行教学改革,教学成绩突出。

④热爱学生、尊重学生、关心学生、深入学生,在学生中口碑好、威信高。

2.成绩计算要求

①各年级成绩参算说明:2020—2021学年度小学期至下学期下一调历次考试离中幅度总和≥0。

②评教成绩说明:本学年评教成绩(上学期第一次全体评教成绩)在所教各班中均处于中游以上。

注:凡有违反师德条例的情况,一经核实,一票否决。

三、活动安排

1.高中各年级部、国际部按照评选条件并根据本学年度考试成绩、评教成绩以及平时工作学习表现,列出所有满足条件的教师名单。

2.高中各年级部、国际部组织符合评选条件的教师所在班级学生进行全员投票,共评出年级"最受学生欢迎教师"122人、学校"最受学生欢迎教师"59人。

3.以年级为单位各级部联合组织学校"最受学生欢迎教师"宣讲及表彰大会,并邀请校领导、教务处负责人参加。

教务处组织学校"最受学生欢迎教师"优秀宣讲团队展演暨颁奖典礼。

四、时间安排

高中各级部、国际部组织"最受学生欢迎教师"评选活动。

第一阶段:第3周(3月7—13日),高中各年级部、国际部启动宣传、公布年级评选方案、确定候选人。

第二阶段：第4~7周（3月14日—4月10日），高中各年级部、国际部进行"最受学生欢迎教师"候选人宣传和组织活动，举办年级"最受学生欢迎教师"评选大会，评选出学校"最受学生欢迎教师"，候选人宣讲时间控制在8分钟以内。

第三阶段：第8~9周（4月11—24日），教务处组织全校"最受学生欢迎教师"颁奖典礼活动。

五、宣传

年级宣传：高中各年级部、国际部要在活动期间通过展牌（不晚于3月21日展出）、校园广播、大屏幕、微信公众号等校园媒体对本年级候选人进行宣传，对本部评选出的学校"最受学生欢迎教师"录制1分钟左右的个人宣传小片。4月10日前，将评选出的学校"最受学生欢迎教师"照片、简介、个人宣传小片提交给教务处。

学校宣传：当选的校级"最受学生欢迎教师"由教务处、宣传处利用媒体进一步宣传。

六、学校表彰

1. 学校最受学生欢迎教师：59位当选教师由学校颁发"第十八届学校最受学生欢迎教师"证书及奖杯。
2. 年级最受学生欢迎教师：122位当选教师由教务处统一打印证书并发放。
3. 优秀组织奖：7个优秀组织级部由学校颁发"第十八届学校最受学生欢迎教师优秀组织级部"奖牌。

七、相关要求

各级部要高度重视，认真组织评选工作，要充分利用好这次评选机会，加强对先进典型的学习宣传，使"最受学生欢迎教师"在广大教师中具有吸引力、感染力和影响力，形成良好的争先创优氛围。

各级部要增强荣誉观念，保证评选质量；严格把关，保证质量和效果。

本方案最终解释权归学校所有。

衡水中学

×年×月×日

附："最受学生欢迎教师"序言

有这样一群人，他们奋斗在衡水中学的一线教学岗位上，默默无闻，几十年如一日，他们从不抱怨，始终用微笑与爱心迎接学生。他们对学生无私的爱也换来了学生的鲜花与掌声，他们是学生最爱戴的老师，也是学生最喜欢的老师。在我们衡中，他们就是最受学生欢迎的教师。

在衡中，提起"最受学生欢迎教师"，每一个衡中人都会对他投以赞赏和羡慕的目光，这个荣誉称号可以说是衡中教师中最耀眼的荣誉称号之一。"最受学生欢迎教师"评选活动共历时一个学期，经过宣传发动、级部推荐、现场竞选等一系列环节的筛选才能在候选人中最终确定最受欢迎的教师人选。"最受学生欢迎教师"每年评选一次，全体教师都有参选资格。谁能在众多候选选手中脱颖而出，就取决于在学生中受欢迎的程度了。在评选的整个过程中，教师不用着急为自己拉选票，因为选票是由学生为你拉的。尤其是在最后的竞选环节，学生要替自己喜欢的老师上台竞选，当场唱票宣布结果。这样，"教师好不好"由学生说了算，更增加了竞选的公平公正性。每次竞选的舞台都是一场视听的大餐，学生慷慨陈词，再加以才艺演绎，将自己对老师的那份崇敬与爱戴充分表达出来。

每次"最受学生欢迎教师"评选活动，都大大促进了学生与学生之间、老师与老师之间、老师与学生之间的沟通与交流。评选之后，老师的工作热情极大提高，学生也随之对自己的老师更加崇拜，进而对学习更感兴趣，从而形成一个良性循环，老师、学生都从中备受鼓舞，都以最饱满的热情投入工作和学习中。

我们衡中"最受学生欢迎教师"各具特色，有的严谨治学，有的和蔼可亲，还有的机智幽默，但他们都有一个共同特点，那就是心里装着学生，一心为学生着想。本届评选出的18位老师，无一不是这方面的典范。

"老师，我爱您"中的学生大声喊出了自己心中的那份爱，将自己对老师的深情抒发得酣畅淋漓。陈蕴华老师，被学生亲切地称为"微笑天使"。陈老师的工作格言是"尽最大努力带给学生充实、高效、快乐的课堂"，她做到了。学生说，在她的课堂上，粉笔变成了魔杖，带来了视觉上的五彩斑斓，她总能用丰富的表情和形象的语言把抽象难懂的物理生动地表现。

衡中带你学思政

"在我心中,您最美",只要能让学生感受到温暖的老师,在学生心中就定是最美的老师,这是学生对老师的由衷赞美。作为衡中奥赛教练员的潘星老师,学生说她是满天星斗中最亮的一颗。她的学识光芒万丈,明亮胜过恒星;她时时刻刻把学生摆在正中央,360日,围着学生转,忠实胜过行星;她起得比启明星早,只争朝夕,披星戴月;她是智多星,智慧的光芒足以与日月争辉;她是北斗星,甘当求学路上的指路明星;她比大熊星更夺目、比流星雨更迷人,她对学生的真情比牵牛织女星更感天动地。在学生心中,潘老师永远是最美的那颗星星。

这18位老师是我们衡中教师的典型代表,可以说,他们的精神也是我们全体衡中人的真实写照。当然,我们衡中不只有这18位老师,还有更多像他们这样的老师甚至更优秀的老师,他们是最受学生欢迎的教师,是学生心中最认可的教师。做一名衡中教师,就要以这些教师为榜样,用自己的激情点燃学生的热情,用自己的爱心唤起学生的热心。

爱心与真心,感恩与感动,且看衡中"最受学生欢迎教师"。

第二章
课程思政

课程思政的主要形式是将思想政治教育元素包括思想政治教育的理论知识、价值理念以及精神追求等融入各门课程中，潜移默化地对学生的思想意识、行为举止产生影响。

高中阶段主要是教育和引导学生热爱中国共产党、热爱祖国、热爱人民，拥护中国特色社会主义道路，弘扬民族精神，增强民族自尊心、自信心和自豪感，增强公民意识、社会责任感和民主法治观念，学习运用马克思主义基本观点和方法，观察问题、分析问题和解决问题，学会正确选择人生发展道路的相关知识，具备自主、自立、自强的态度和能力，初步形成正确的世界观、人生观和价值观。

德国教育家赫尔巴特说："教学如果没有进行道德教育，只是一种没有目的的手段；道德教育如果没有教学，就是一种失去了手段的目的。"

各个学科可以从专业认同、职业伦理、社会责任、社会主义核心价值观和中华优秀传统文化教育几个方面发掘课程思政的元素，将思政内容有机融入各门课程教学中。

语文课要以语言文字的美感和文学作品的魅力潜移默化地进行思想道德教育。

数学课要在引领学生逐步培养抽象、推理、想象、创造等能力的过程中有机渗透地进行思想道德教育。

物理、化学、生物等课程要在引领学生了解自然现象、生命现象，探究物质物理、化学变化的过程中有机渗透地进行思想道德教育。

历史课要在了解历史事件、历史人物、历史发展的过程中自然而然地进行思想道德教育。

地理课要在学习乡土、中国、世界地理基础知识的过程中自然而然地进行思想道德教育。

体育、音乐、美术等健康与艺术课程要引导学生在学习和掌握相关的知识、技能、技巧和参与、欣赏、鉴赏中自然而然地进行思想道德教育。

英语课要结合课文内容进行思想道德教育，特别要了解世界文化的多样性，培养国际视野。

第一节　语文学科思政优秀课例

金戈铁马征战事，大漠秋风慷慨情
——边塞诗鉴赏

（王玉春）

【教学目标】

1.了解边塞诗的独特意象；明确边塞诗的艺术手法；掌握边塞诗常表达的思想感情。

2.小组活动：借助高考题中典型的边塞诗，让学生归纳边塞诗的特点；课堂演练：学以致用，让学生运用边塞诗的相关知识去鉴赏边塞诗。

3.体会戍守边疆的将士丰富复杂的情感，激发学生的爱国热情，热爱和珍惜当前的和平生活。

【教学重难点】

1.教学重点：掌握边塞诗常表达的思想感情和艺术手法。

2.教学难点：掌握鉴赏边塞诗的方法（明时代—找意象—析方法—悟感情）。

【教学过程】

一、播放国庆大阅兵的视频，导入课堂

播放国庆大阅兵的视频资料。

1.导入语：雄壮的乐曲，整齐的步伐，威武的军姿，精良的装备，无一不在展现着我国人民解放军的力量和风采。正是因为这些英姿飒爽的军人誓死保卫边疆，我们才有今日和平安宁的生活。而历朝历代也都有许多有志之士愿意投笔从戎、戍守边关，并且留下了许多美丽的诗篇。今天我们就来一起学习以歌咏边塞军旅生活或描绘边塞奇异风光为主要内容的边塞诗。

2.教学意图：通过视频资料和贴切的导入语引领学生进入边塞诗的氛围。

二、初读边塞诗，了解不同时代边塞诗的情感基调

有人说："边塞诗最能体现国运兴衰。"不同时代、不同时期的边塞诗突出表达的情感基调不同，我们先通过典型的边塞诗句感受边塞诗不同的情感基调。

1.学生活动：齐读诗句并概括情感基调。

2.教学意图：引导学生宏观把握不同时代、不同时期边塞诗的情感基调。

（1）初唐诗

宁为百夫长，胜作一书生。（杨炯）

（2）盛唐诗

醉卧沙场君莫笑，古来征战几人回。（王翰）

孰知不向边庭苦，纵死犹闻侠骨香。（王维）

黄沙百战穿金甲，不破楼兰终不还。（王昌龄）

（3）中晚唐诗

碛（qì）里征人三十万，一时回首月中看。（李益）

可怜无定河边骨，犹是春闺梦里人。（陈陶）

（4）宋代诗

三万里河东入海，五千仞岳上摩天。遗民泪尽胡尘里，南望王师又一年。（陆游）

塞上长城空自许，镜中衰鬓已先斑。（陆游）

3.概括不同时期边塞诗的情感基调。

初唐：昂扬向上。

盛唐：豪迈旷达、雄壮高昂。

中晚唐：国势衰微，诗歌仍保持着昂扬向上的基调，但不免夹杂几许悲壮和凄怆。

南宋：半壁江山沦亡，外临强敌、内政颓靡，诗坛和词苑交织着救亡御侮的悲怆呼号，诗词里尽管仍然洋溢着一股爱国热情，但更多的是报国无门的愤懑、归家无望的哀痛。情感基调与盛唐时相比不免更多一些凄厉、惆怅。

三、感悟与鉴赏，归纳边塞诗的特点，整体把握边塞诗

请以下面4首诗歌为蓝本，从诗歌意象、情感、手法3个方面鉴赏边塞诗。

要求：分小组研讨自主做题的答案，将研讨成果形成文字，并确定主讲人。

教学意图：通过学生"自主—合作—探究"，引导学生对边塞诗进行细致入微的赏析。

1.感悟与鉴赏边塞诗

（1）盛唐诗歌《军城早秋》（严武）

昨夜秋风入汉关，朔云边月满西山。更催飞将追骄虏，莫遣沙场匹马还。（2009年全国卷Ⅱ）

注释：①严武（726—765）：字季鹰，华阴（今属陕西）人。曾任成都尹、剑南节度使，广德二年（764）秋率兵西征，击败吐蕃军队七万多人。②汉关，泛指唐朝军队驻守的边关。③西山：当时西蜀防御吐蕃内侵的军事要塞。

意象：秋风、朔云、边月、西山、沙场、汉关、飞将、骄虏、匹马。

情感+分析：忠贞报国之志，建功立业之愿。

手法+分析：①直抒胸臆。诗的后两句表现了作者作为镇守边关的将领斗志昂扬的豪迈情怀。第三句写部属奋力出击，显示昂扬的斗志。第四句写全歼敌军的决心，显示必胜的信心。②用典。用飞将军李广的典故来形容将士们的风貌，写出了将士们昂扬的斗志和骁勇迅猛的雄威。

教师点拨：边塞诗中特有的一种写法——写景暗寓军情。诗的前两句用夜晚、秋风、汉关、朔云、边月、西山等意象描绘的是一幅初秋边关阴沉浓重的夜景，寓意边境局势的紧张。（"秋风入汉关"，凝重昏暗的云层，笼罩着整个山峰；一弯孤独的边月挂在山后，放射出冷冷寒光。这些都是在暗示边境上风声已紧、战事在即）

（2）中晚唐诗歌《凉州词》（张籍）

边城暮雨雁飞低，芦笋初生渐欲齐。无数铃声遥过碛，应驮白练到安西。（2006年天津卷）

注释：①安西：唐西北重镇。唐德宗贞元六年（790）以后至9世纪中叶，安西和凉州边地尽入吐蕃手中，"丝绸之路"向西一段也为吐蕃所占。②碛：

沙漠。练，白绢，丝织品的一种。

意象：边城、安西、暮雨、雁、芦笋、铃声、碛、白练。

情感+分析：和平繁荣之盼。

手法+分析：①对比、反衬。诗歌前两句写景，阴沉昏暗的雨景，竞相生长的芦笋，上下对比，用春天里万物争荣的美好景色来反衬边城荒凉萧瑟的悲凉景色。②虚实结合。末句"应驮"非"正驮"，诗人追忆过往之景，无数的白练丝绸应途经安西，运往西域交易，是虚写；而现实是安西被占，丝绸之路被阻，萧条取代了繁荣，掠夺代替了贸易，表达了诗人盼望收复边镇，恢复往日繁荣的情感。

（3）宋代诗歌《夜游宫·记梦寄师伯浑》（陆游）

雪晓清笳乱起。梦游处、不知何地。铁骑无声望似水。想关河，雁门西，青海际。

睡觉寒灯里。漏声断、月斜窗纸。自许封侯在万里。有谁知，鬓虽残，心未死。

意象：雪、寒灯、漏声、月、窗纸、清笳、铁骑、关河、雁门、青海。

情感+分析：忠贞报国之志、建功立业之愿、壮志难酬之悲。诗歌上片写梦境，写梦中逼真的军旅戎马生涯，表现渴望行军作战、建功立业、为祖国收复失地的心情；下片写梦醒，写身老志坚的不堪处境，抒发壮志难酬的悲愤。

手法+分析：①融情于景。正衬（哀景写哀情），下片借写冷清孤寂之景（漏声更残，寒灯一点，西沉斜照的月色映在窗前）来表达自己壮志难酬的悲愤；反衬（哀景写乐情），下片用"寒灯""漏声""斜月"等清冷静寂之景反衬诗人身老志坚的火热报国热情。②用典。"自许封侯在万里"，这句用班超投笔从戎、在西域建立大功被封定远侯的典故，表明自己建功立业的愿望。③虚实结合。诗歌上片写梦境，写梦中逼真的军旅戎马生涯，是虚写；下片写梦醒，写身老志坚的不堪处境，是实写、虚实结合，表达了诗人复杂的感情——忠贞报国之志、建功立业之愿、壮志难酬之悲。④比喻。"铁骑无声望似水"，披着铁甲的骑兵，衔枚无声疾走，望去像一片流水。

2.归纳边塞诗的特点

学生活动：自主归纳总结。注意：分类总结详讲的三首诗歌中的意象。

教学意图：引导学生明确边塞诗鉴赏的3个角度及方法。

（1）边塞诗中常见的意象

①地名：汉关、边城、安西、关河、雁门、青海、胡、羌、羯、夷、碛西、轮台、龟兹、夜郎、天山、阴山、金河、受降城、玉门关、阳关、凉州、楼兰。

②人物：飞将、骄虏、铁骑、战士、胡、羌、羯、夷、单于、吐谷浑、戍卒、将军、征夫。

③战具：匹马、马策、刀环、金鼓、旌旗、烽火、羽书、戈、矛、剑、戟、斧、钺、刀、铩、战车、辕门。

④乐器：清笳、琵琶、羌笛、芦管、角、鼓。

乐曲：《关山月》《折杨柳》《梅花落》。

⑤景物：秋风、朔云、边月、西山、暮雨、雁、铃声、碛、沙场、雪、寒灯、月、漏声、窗纸、雪山、大漠、孤城、秋月、长城、边关、长云、雨雪、风沙、白雪、青冢、黄河、黑山（特点：雄奇、奇丽、奇寒、辽阔、壮阔、广阔）。

（2）边塞诗常见的思想感情

①忠贞报国之志；②建功立业之愿；③壮志难酬之悲；④和平繁荣之盼；⑤连年征战之怨；⑥久戍思归之愁；⑦闺中妻子之念；⑧苦乐不均之愤；⑨开边不已之恨。

（3）边塞诗常用的艺术手法

直抒胸臆、融情于景（正衬/反衬）、虚实结合、对比反衬、用典。

（4）鉴赏边塞诗的一般方法

明时代—找意象—析方法—悟感情。

四、理解与运用，实战演练，掌握鉴赏边塞诗的方法

教学意图：检测学生对鉴赏边塞诗的掌握情况。

阅读下面这首宋词，回答问题。

渔家傲·麟州秋思

（范仲淹）

塞下秋来风景异，衡阳①雁去无留意。四面边声连角起。千嶂里，长烟落日孤城闭。

浊酒一杯家万里，燕然未勒②归无计。羌管悠悠霜满地。人不寐，将军白发征夫泪。

注释：①衡阳：地名，在湖南省。②燕然未勒：指没有建立破敌的大功。勒，刻石记功。

问题："千嶂里，长烟落日孤城闭"描写了什么情景？在词中起到什么作用？

答案：①情景：形象地描绘了坐落在崇山峻岭间的孤城夕阳西下时便紧紧地关闭城门的情景，写出塞下与中原不同的奇异风光。②作用：写景暗寓军情，点明了战事吃紧、戒备森严的特殊背景，反映了宋朝军事力量薄弱。同时，军情紧急又为下片抒发边关将士的愁情做了铺垫。

五、课堂小结

让我们重温感动中国人物李文波的事迹，致敬在中国南海守礁二十年的士兵！让我们齐读给他的颁奖词，感受这位新时代的边塞英雄带给我们的感动！

"李文波：能受天磨为铁汉。二十年坚守，你站成了一块礁石，任凭风吹浪打，却只能愧对青丝白发。你也有梦，可更知肩上的责任比天大。你的心中自有一片海，在那里，祖国的风帆从不曾落下。"

教学意图：整堂课以情感渲染开始，中间始终贯穿着"边塞诗的情感"这条主线，又以情感激励收束课堂，思路清晰、首尾圆合。

最后学生齐背《少年中国说》。

故今日之责任，不在他人，而全在我少年。少年智则国智，少年富则国富；少年强则国强，少年独立则国独立；少年自由则国自由；少年进步则国进步；少年胜于欧洲，则国胜于欧洲；少年雄于地球，则国雄于地球。红日初升，其道大光。河出伏流，一泻汪洋。潜龙腾渊，鳞爪飞扬。乳虎啸谷，百兽震惶。鹰隼试翼，风尘翕张。奇花初胎，矞矞皇皇。干将发硎，有作其芒。天戴其苍，地履其黄。纵有千古，横有八荒。前途似海，来日方长。美哉我少年中国，与天不老！壮哉我中国少年，与国无疆！

附：课程思政结合点

单元	内容	课程思政结合点
第一单元	《荷塘月色》	忧国忧民　热爱自然　摒弃小我　忠贞爱国
	《故都的秋》	热爱国家　珍视美景
	《囚绿记》	热爱自然　歌颂生命　顽强拼搏　奋发有为
第二单元	《氓》	反抗精神　斗争精神　向往自由　追求美好
	《采薇》	以身许国　思念家乡
	《离骚》	忠君爱国　品行高尚
	《孔雀东南飞》（并序）	反抗精神　斗争精神　向往自由　追求美好
	《涉江采芙蓉》	故土情结
	《短歌行》	高远志向　奋发向上　仁爱天下
	《归园田居》（其一）	热爱自然　淡泊名利　志向高洁
……	……	……

第二节 英语学科思政优秀课例

Unit1 People of Achievement-Using Language

（赵岩）

【教学目标】

By the end of the class, students will be able to.

get to know Einstein better and analyze his qualities.

write a composition titled *the person I admire*.

explore the meaning of greatness and learn from them.

【教学重难点】

1.阅读人物传记，掌握该类文章特点，掌握用故事说明人物品质的方法。

2.能够以口头和书面的形式，有条理地叙述人物经历和评价人物成就。

3.能多角度、多层次地认识、分析具体人物，并形成自己的观点。

4.鼓励学生由远及近观察身边的普通人，分析其如何通过努力实现人生价值。

【内容分析】

该部分的活动主题是"介绍你钦佩的人"。学生通过阅读，学习以人物传记的方式介绍自己钦佩的人，学会用故事说明人物品质，用细节刻画人物形象。与此同时，学生应树立正确的人生观、价值观，懂得普通人如果拥有梦想，坚持不懈地努力，脚踏实地地做好每件事，在自己平凡的岗位上为社会做出贡献，就有其伟大之处。

【教学过程】

Step 1 Warming up—to come to the topic

Enjoy a video about the introduction of theory of general relativity.

Let students simply talk about "What will happen if the egg hits the earth?"

Share some funny stories about Einstein.

According to the energies calculated by Einstein's formula $E=mc^2$, as long as the material reaches the speed of light, it has enormous force. So, the egg would have destroyed not just Earth, but the entire galaxy.

But that's just a hypothesis, because nothing in the universe that has mass can travel at the speed of light, and because an object as small as an egg would probably disappear in the Earth's atmosphere before it even touches the ground. So eggs don't cause any danger to the planet.

设计意图：创境生疑，充分调动学生已有的知识储备，让学生的思维活跃起来，激发学生在课堂上的求知欲，与本节课的话题接轨。

Step 2 Reading and thinking

Exercise 1

Read the article, divide the article of six paragraphs into four parts according to the tips, and match their main ideas.

A. His life story and achievements

B. The loss of the greatest scientist

C. General Introduction to Einstein

D. Appearance and personality

设计意图：通过阅读文章，理清文章脉络，归纳段落大意，为后面的写作环节做铺垫。

Exercise 2

Circle these time points and find out what happened to Einstein in the following years 1879、1896、1900、1905、1922、1933、1955.

设计意图：通过寻找文章细节内容，了解爱因斯坦的人生经历，为后面的成就、外貌、品质归纳和写作环节做铺垫。

Exercise 3

Finding the sentences describing Einstein's achievements and appearance and summarize Einstein's qualities.

Achievements: He made numerous contributions to the world, the most well-known being the general theory of relativity and the famous formula $E=mc^2$.

Appearance: He was seen as a slightly odd-looking but kind and funny man. He had a thick moustache and long white hair, which sometimes stood on end as though he had just received an electric shock.

(Let students draw a picture about Einstein according to the sentences in text.)

Qualities: smart/great/brilliant(genius); determined/perseverant/persistent; a strong passion for knowledge; kind/funny/humorous; modest.

(Let students talk about: What impressed you most about Einstein? State your reasons.)

设计意图：学习爱因斯坦的成就、外貌描述性语言、归纳品质的描述性词语，为写作环节做铺垫。

Exercise 4

Filling in the blanks with what have just learned to introduce Einstein to others.

When talking about famous people in the world, we couldn't help thinking of Albert Einstein, a whose achievements such as have greatly influenced the world. Without doubt, He was considered of the 20th century.

Einstein not only made great achievements in the field of science, but also he has many excellent qualities worthy of our learning. It is his that I admire him most. In addition, what impresses me most about Einstein is that.

In short, I really admire Einstein for his achievements and qualities, which will always inspire me to move forward.

设计意图：及时运用本节课所学词汇、句式，口头说出本节课话题人物的成就和品质，增强语言表达能力。

Step 3 Writing and assessing

Write an composition about the person you admire.

Exercise 1

Choose the person you are going to write about.

Option A: Father's Day this year is June 20. We can use this composition to express our admiration for our father.

Option B: Near the end of the semester, do you want to express your admiration to a teacher?

Option C: Perhaps, among our classmates, there are also students who you write to express your respect.

Make a list of things that need to be included in your composition.

Things may need to be included in your composition	
Content	Details
Name and identity	What's his/her name? What does he/she do? What is his/her achievement?
Appearance	What does he/she look like? What's his/her most distinctive feature in terms of appearance?
Personality	What kind of person is he/she?
An impressive Story	Describe the story based on five elements: what/when/where/who/how. What do I want to show by telling the story?
My feeling	How do I feel about him/her? If I have a chance to meet him/her, what will I say to him/her?

Refer to more materials about vocabulary, sentence patterns and passage structures (three texts on page 64 of the textbook).

10 minutes to finish this composition.

设计意图：从词汇、语句、语篇结构三方面为写作做好充足的语料准备。

Exercise 2

Exchange your draft with a partner and show your composition to students.

Use the checklist to help you review your partner's draft.

·Does the writer tell you who he / she admires?

·Does the writer describe appearance, personality, an impressive story ... of the person?

·Does the writer say why the person is admirable?

·Does the writer sum up how he / she feels about this person?

设计意图：主要从写作内容方面互评，学生根据同伴评价进行修改，进而分享，达成写作目的。

A sample：

The person I admire.

When talking about the person I admire, I couldn't help thinking of my English teacher Miss. Wang (Name and Identity), who is now in her early twenties with long hair like a waterfall (Appearance).

It is her abundant knowledge and scientific teaching methods which she applies to her classes that make her classes lively and appealing (Personality). In addition, what impresses me most about her is that she never gives up on every student. I remember that once my grades dropped a lot, and what she gave me was not criticism and blame, but patient analysis and more specific help (An Impressive story).

I appreciate Miss. Wang, believing that without her guidance and efforts I would not have accomplished so much. Miss. Wang is the role model for me and I admire her wholeheartedly (My feeling).

【教学反思】

本节课总体是成功的，学生课堂积极主动，敢思、敢说、敢写，教学目标能顺利完成，重难点能逐一突破，但还有一些细节，如个别学生不是很积极，没能很好地参与课堂；在对学生的评价方面更应具有指导性，如作文中地道的英文表达。

附：课程思政结合点

单元	内容	课程思政结合点
Unit 1	TOPIC: People of Achievement	鼓励学生多角度认识、思考、探索中外卓越成就的人物获得成功的原因及人生价值和意义所在，并鼓励学生由远及近观察身边的普通人。这些人虽然不是名人，但同样付出了努力，体现了自己的人生价值
	Opening Page	努力不是为了功成名就，而是为了成为有价值的人。一个人对人生价值和意义的理解，决定了他（她）对成功的定义。处在价值观形成时期的高中生尤其应该以榜样为引领，树立正确的人生观和价值观，明确奋斗的方向，规划好人生道路
	Reading and Thinking	了解诺贝尔生理学或医学奖获得者屠呦呦的生平和她发现青蒿素的主要研究过程，分析和探讨屠呦呦获奖的原因。在此过程中，学生可以感受到屠呦呦及其团队的艰辛和伟大，了解我国传统中医药对人类健康和世界发展的突出贡献和价值，进而反思自我，为成为"有价值之人"做好未来职业和人生的规划
	Learning About Language	了解不同时期、不同领域、不同性别的杰出人物，并就"如何获得成功"发表观点
	Using Language	了解国内外取得重大成就的人物及其经历、贡献等，探索这些人物的共同品质，进而将范围逐步从卓有成就的人扩展到普通人，深入探寻"伟大"的含义，帮助学生树立正确的人生观和价值观
	Assessing Your Progress	了解孙中山及其对中国民主主义革命的贡献，并完成一份人物传记读书报告。从传记人物的身上获得榜样的力量，自我激励，为实现人生目标而努力奋斗
	Video Time	了解梅兰芳对京剧的发展及对外推广和交流做出的不可磨灭的贡献，体会中国人威武不能屈、贫贱不能移的崇高气节和爱国情怀

第三节 政治学科思政优秀课例

发展生产·满足消费
——《我和我的祖国》教学设计

（黎美华）

【设计模型】

任务—议题—情境—活动。

【教学背景】

在新课程改革的背景下，结合学生的生活体验和课堂学习，引导学生经历自主思考、合作探究的学习过程，了解生活中的经济现象，理解基本经济学道理，参与社会经济生活，培育学科核心素养。

【学习目标】

1.结合生活实例，通过自主学习、合作探究与分享，理解生产与消费的辩证关系，初步培养科学精神和辩证思维能力。

2.了解当前我国社会的主要矛盾，辩证分析生产和消费在社会经济生活中的作用，进而理解我国当前的工作重心，提升政治认同。

3.懂得发展的重要性，坚定中国特色社会主义信念，并能为如何更好地发展生产、满足消费提出建设性意见，从而提高对经济行为的解释与论证、辨析与评价、预测与选择能力。

【学习重难点】

1.重点：生产与消费的辩证关系，如何大力发展生产力。

2.难点：社会再生产4个环节的地位及关系。

【学情分析】

高一年级学生通过学习第一单元对"影响消费水平的因素"有了一定的了

解，但是探究深层的生产与消费关系的能力还不够，需要进一步提高。同时，学生面对纷繁复杂的经济现象还缺少透过现象看本质的能力，需要通过本课学习坚定社会主义信念，努力提高自身素质，增强以民族之发展为己任的责任感、使命感。

【教材分析】

《4.1发展生产·满足消费》上承之前"影响消费水平的因素"，下启"我国的基本经济制度"，在教材设计中具有举足轻重的地位，能否学习好本课题对于理解我国当前的工作重心、坚定社会主义发展道路、掌握经济生活宏观背景具有至关重要的作用。

【教学方法】

1.教师讲授与学生自主学习相结合。

2.板书教学与多媒体教学相结合。

3.学生个体学习与小组合作学习相结合。

【教学环节】

一、激趣导入

2019年度最强CP是谁？

2019年度最强CP当然是——我和我的祖国！（引出电影《我和我的祖国》，展现电影中那些不断丰富发展的交通工具，并概括"交通工具的发展是时代的缩影，折射着人们的需求"）

今天，我们就沿着时光的足迹，通过交通方式之发展来探寻生产与消费的关系。

二、授课过程

第一篇章：我的小愿望·祖国放心上

议题一：从交通出行方式之发展看生产与消费的辩证关系

探究活动一：对比剧中人，体验再升级

1.合作探究

教师问：对比影片中同样的出行方式，如今你的消费体验有何不同？

学生回答，师生总结。

2.小结：从出行方式变迁看消费体验之升级。

3.结论：生产决定消费，具体表现为四方面。

4.回味：一个90后的忆苦思甜。

教师分享自己的经历，回扣主题，引起情感共鸣。

探究活动二：优化提升无止境，究竟为哪般

1.合作探究：倾听您的声音，擦亮中国名片。

同学们分成两支代表队，队内讨论3分钟，选派代表简要发言。

乘客：你在乘坐高铁的过程中遇到过哪些不便？有什么其他的合理诉求吗？

动车组：对于高铁的设计和服务你有优化的方案和理念吗？针对乘客提出的问题，你认为该如何解决？

展示铁路提供的"惠享出行·尊享体验"服务系列图片。

2.小结：从需求升级看出行方式之发展。

3.结论：消费反作用于生产的四方面表现，要增强消费对经济发展的基础性作用。

解决议题：从交通出行方式之发展看生产与消费的辩证关系以及社会再生产过程4个环节各自的地位及作用。

第二篇章：祖国之富强·重任我来扛

议题：分析当前我国生产与消费存在的主要矛盾并探索发展途径

探究活动：挖掘矛盾根源，探索发展途径

1.播放视频：《影像：穿越70年时光隧道》

设问1：你和周围的人对美好生活都有哪些期盼？是什么制约了其实现？

学生回答，师生共同概括新时代我国社会面临的主要矛盾。

设问2：我们应该如何解决发展不平衡、不充分的问题，化解供需矛盾？

2.展示系列素材

（1）展示国家经济发展成就——《数字：回顾来路，展望前路》；

（2）展示国家科技、扶贫发展成就——《中国跨度、高度、速度、深度、温度》；

（3）展示部分时代楷模——《向时代致敬》。

学生根据素材思考、探究、概括启示。

3.小结：如何大力发展生产力，更好地满足人民需求？

4.结论：从发展、经济建设、科技、人才、改革五方面来大力发展生产力。

三、课堂小结，归纳提升

核心议题：理解生产与消费的关系并探索发展的有效途径

总结本课所学内容，建构体系。

1.畅所欲言，明确责任

师：作为新时代的青年学生，应如何把自己的人生梦想与实现中华民族伟大复兴的中国梦紧密结合，充分实现人生价值？

学生回答，教师评价。

2.情感升华

师：我们经历了光明《前夜》的黑暗，《相遇》在新时代的灿烂阳光下，我们看中国女排又一次《夺冠》，盼望动乱的香港早日《回归》宁静。一句《北京你好》，是全世界人民瞭望的目光；一句"世界你好"，是新时代中国人民的胸怀。坚定的信仰如《白昼流星》熠熠生辉，千千万万的劳动者和建设者在为国富民强保驾《护航》！大家作为新征程上朝气蓬勃的新一代，更应该自觉担负起民族复兴的重任，我提议大家全体起立，喊出我们心中的誓言。

生（齐读誓词，背景音乐响起）：

坚定的信仰在我们的心中扎根，

坚实的道路在我们的脚下延伸，

坚韧的未来在我们的手中创造。

用青春扬起理想信念的风帆，

用奋斗谱写民族复兴的华章！

千万个你我与祖国有千万个不同的故事，

千万个你我对祖国却有同一种情感——

我爱你，中国！我爱你，中国！我爱你，中国！

师总结：希望同学们在未来的日子里，能够不忘初心、牢记使命，用青春续写我和祖国的故事……

附：课程思政结合点

单元	内容	课程思政结合点
第一课 社会主义从空想到科学、从理论到实践的发展	原始社会的解体和阶级社会的演进	通过回溯历史，能够讲述人类社会从原始社会形态到奴隶社会形态的演变过程，清楚我们从哪儿来；初步分析社会形态演变的原因，正确认识私有制在原始社会解体中的作用，引导学生树立对社会主义的理解和认同；初步认识人类社会发展规律，初步形成"社会发展的历史进程取决于社会基本矛盾的运动"的概念，懂得奴隶社会代替原始社会是历史的进步，引导学生树立科学精神
	科学社会主义的理论与实践	通过对《共产党宣言》内容的分析，理解资产阶级的灭亡和无产阶级的胜利不可避免，相信共产主义必然实现，树立道路自信；知道科学社会主义的发展不是一蹴而就的；通过十月革命，尤其是中国特色社会主义发展，坚定相信科学社会主义的正确性；通过20世纪90年代社会主义遭受的挫折，理解人类社会的发展是螺旋式上升和波浪式前进的过程，更加辩证、科学地看待科学社会主义
第二课 只有社会主义才能救中国	新民主主义革命的胜利	知道新民主主义革命的胜利和中华人民共和国的成立使中国人民从此站起来了；认同中国人民选择马克思主义、选择中国共产党、选择社会主义的历史必然性；能够自主阐述"马克思主义为什么行""中国共产党为什么能""社会主义为什么好"，树立对社会主义的政治认同和科学精神
	社会主义制度在中国的确立	引导学生明确中国特色社会主义革命和建设的初步探索的艰辛、成就和走过的曲折道路，懂得社会主义是近代中国历史发展的必然，也是社会主义改变了中国的命运，从而坚定中国特色社会主义道路自信、理论自信、制度自信和文化自信，提高思想政治学科核心素养
……	……	……

第四节　历史学科思政优秀课例

觉醒年代
——《五四运动与中国共产党的诞生》教学设计

（李军燕）

【教学目标】

1.通过史料分析，能够运用专业术语阐述五四运动、中共成立及国民革命的历史背景，对各历史事件之间的联系做出合理解释。

2.通过地图、图片等史料信息的提取和分析，了解五四运动、中共成立、国民革命等历史事件的过程。

3.通过近代青年群体在中国革命中的不断探索和实践，感受近代青年人身上所折射出的精神，认识五四运动、马克思主义的传播、中共诞生、国共合作对中国革命的历史意义，树立为国家强盛、民族复兴而努力学习的远大理想。

【学情分析】

本节课为面向高一学生的新授课。学生在初中阶段八年级上册的历史教材中已经学习过五四运动、中共诞生以及国共合作进行国民革命的基本史实，但是高一学生的历史思维能力和学科素养还比较薄弱，因此，高中的教学要进一步通过史料拓展、情境创设和问题设计来对本节内容进行挖掘，从而加强对学生历史学科素养的培养。

【教学过程】

一、课堂导入

教师：最近《觉醒年代》这部电视剧广受好评，讲述了百年前一代青年探索救国救民道路的奋斗与担当。下面我们通过一个短片来听听这些仁人志士对青年这一身份的解读。

（播放《觉醒年代》剧中人物陈独秀、毛泽东、鲁迅等对"青年"身份解读的视频）

二、设计意图

激发学生的学习兴趣，引出本节课的暗线——青年担当。

教师：青年是国家的脊梁、民族的希望，这节课我们就回到百年前，看看中国近代的青年如何于危难中救国，于困顿中不断觉醒。

第一篇章：五四惊雷新希望

1.看图说史

呈现4幅图片，分别是中日签订"二十一条"、《青年杂志》封面、俄国十月革命与青岛陷落的新闻。

提出问题引发学生思考并回答五四运动爆发的背景。

设计意图：让学生认识重大事件之间的关联，培养学生"史由证来，论从史出"的历史素养和基本的历史解释能力。

教师：巴黎和会中国外交的失败成为五四运动爆发的导火线，当强权战胜公理，中国人民只有奋起抗争、强力而为。

呈现北大学生谢绍敏用血指书写"还我青岛"的事迹以及学生罢课、工人罢工、商人罢市的图片和五四运动的形势图。

教师展示地图，引导学生回答五四运动的口号并认识运动过程。

设计意图：让学生了解五四运动中青年学生发挥的先锋作用及运动的阶段过程，增强学生的爱国情感。

教师：在全国性的抗争下，最终换得了北洋政府的妥协，运动取得了初步胜利。

呈现释放被捕学生、拒绝在和约上签字的图片。

2.学思之窗

教师：对于五四运动这样一场轰轰烈烈的爱国运动，有学者从以下3个维度来进行评价，谈谈你对材料观点的理解并说明理由。

史料学者周策纵先生在《五四运动》一书中对五四运动按下面3个系统来展开阐释与评价：保守的民族主义者和传统派的批判——中国的一场灾难；共产党的解释——在列宁的号召下开展的一场反帝反封建运动；自由主义者的观

点——一场文艺复兴、宗教改革和启蒙运动。

设计意图：提升学生对历史事件进行历史解释的能力与素养，培养学生的发散性思维，让学生体会五四运动对中国革命的重大影响。

教师：五四运动同样也是一场思想解放运动，五四运动之后，各种刊物和思潮大量涌现，到底哪种是真正的救国之道，不同思潮之间展开了论战。

3.思维火花

材料：

我们不去研究人力车夫的生计，却去高谈社会主义；不去研究女子如何解放，家庭制度如何救正，却去高谈公妻主义和自由恋爱；不去研究安福部如何解散，不去研究南北问题如何解决，却去高谈无政府主义；我们还要得意洋洋夸口道"我们所谈的是根本解决"。

——1919年7月胡适《多研究些问题，少谈些"主义"》

一个社会问题的解决，必须靠着社会上多数人共同的运动……要想使一个社会问题，成了社会上多数人共同的问题，应该使这社会上可以共同解决这个那个社会问题的多数人，先有一个共同趋向的理想主义，作他们实验自己生活上满意不满意的尺度（即是一种工具）……不然，你尽管研究你的社会问题，社会上多数人，却一点不生关系。

——1919年8月李大钊《再论问题与主义》

你认为"问题"和"主义"哪个更重要？

各种主义蜂拥而入，为什么马克思主义广泛传播？

设计意图：通过递推式的问题设问，让学生了解马克思主义是中国真正的救国之道，强化理论认同和道路自信。

教师：和同学们刚刚的选择一样，在经过论战之后，马克思主义被当时更多的有志青年所接受，马克思主义广泛传播并同工人运动相结合，这也让一些马克思主义者认识到建立一个代表无产阶级利益的政党越加迫切，孕育中共的红船即将起航。

呈现马克思主义传播相关图片与共产党早期组织的分布地图。

设计意图：培养学生的读图能力，理解五四运动与中共诞生之间的联系。

第二篇章：红船起航新曙光

衡中带你学思政

1921年7月23日,中国共产党第一次全国代表大会在上海秘密召开。大会首先确定了党的名称为中国共产党,选举产生党的领导机构,陈独秀任书记。

教师:共产党的诞生让中国第一次出现了为工农大众发声的政党,这是中国历史上开天辟地的一件大事。

(呈现中共一大与会代表的年龄及求学任教经历,让学生体会这些青年知识分子身上折射的红船精神)

设计意图:增强学生对敢为人先、奉公为民、百折不挠的红船精神的理解,强化对党的认同,增强使命感。

材料:

中国共产党的创建,是中华民族发展史上开天辟地的大事变……近代以来,中国人民的斗争之所以屡遭挫折和失败,其最重要的原因,就是没有一个先进的坚强的政党作为凝聚自己力量的领导核心。中国共产党的诞生,从根本上改变了这种局面。从此,中国革命有了正确的前进方向,中国人民有了强大的凝聚力量,中国命运有了光明的发展前景。

——《中国共产党的九十年(新民主主义革命时期)》

探究一:中共诞生为中国革命带来了怎样的新曙光?

设计意图:让学生认识中共诞生的伟大意义。

教师:中共的诞生让中国革命的终极目标有了新的转向,我们要建立的不再是资产阶级的共和国,而是一个社会主义的国家。那么,为了实现这一目标,中共又是如何思考接下来革命的前进方向的呢?

材料:

(1)革命军队必须与无产阶级一起推翻资本家阶级的政权,必须支援工人阶级,直到社会的阶级区分消除为止;

(2)承认无产阶级专政,直到阶级斗争结束,即直到消灭社会的阶级区分;

(3)消灭资本家私有制,没收机器、土地、厂房和半成品等生产资料,归社会公有;

(4)联合第三国际。

——1921年《中国共产党第一个纲领》

铲除私有财产制度,渐次达到一个共产主义的社会。这是党的最终奋斗目标，是党的最高纲领。

目前（1922）历史条件下的最低纲领，这就是：消除内乱，打倒军阀，建设国内和平；推翻国际帝国主义的压迫，达到中华民族完全独立；统一中国为真正的民主共和国。

——1922年《中国共产党第二次全国代表大会宣言》

设计意图：让学生了解中国共产党不断加深对国情的认知，将马克思主义中国化的过程。

教师：在中共正确的纲领指导下，党内的青年干部深入工人群众中，密切联系工人群众开展工人运动。

材料：

自1921年秋冬起，中共湖南支部书记毛泽东和李立三、刘少奇等先后来到安源……1922年9月14日，安源路矿工人大罢工爆发……路矿当局被迫于9月18日派出代表，同工人俱乐部的代表正式签订有13款内容的条约，接受了工人们提出的要求……这次罢工，是中国共产党第一次独立领导并取得完全胜利的工人斗争，是中国工人运动史上的一次壮举。然而，随后爆发的开滦五矿大罢工和京汉铁路工人大罢工，却遭到了帝国主义和封建军阀的联合镇压。

——张士义《从一大到十九大：中国共产党全国代表大会史》

设计意图：增强学生对中共的政治认同感，认识革命的艰难性。

教师：随着京汉铁路大罢工等工人运动的失败，中共认识到建立革命统一战线的必要性，于是走上了联合其他力量携手革命的新征程。

第三篇章：携手革命新征程

材料：

（二）……半殖民地的中国，应该以国民革命运动为中心工作，以解除内外压迫。

（三）中国现有的党，只有国民党比较是一个国民革命的党……

（四）以产业落后的缘故，中国劳动阶级还在极幼稚时代……

（五）……共产国际执行委员会议决中国共产党须与中国国民党合作，共产党党员应加入国民党。

（六）我们加入国民党，但仍旧保存我们的组织，并须努力从各工人团体中，从国民党左派中，吸收真有阶级觉悟的革命分子……以立强大的群众共产党之基础。

——1923年《关于国民运动及国民党问题的议决案》

受命前往上海的廖仲恺在解释孙中山所以必须改组国民党的理由时，特别强调的就是这一点。他说："孙先生在广州已经历了三次失败，三次失败皆因军队持权，党员无力，故党之主张无力。"

——《中国国民党中央干部会议第十次会议记录》

探究二：国共两党因何走向合作革命的新征程？

设计意图：培养学生"论从史出"的能力，认识国共合作的必要性。

教师：1924年1月20日，国民党第一次全国代表大会在广州国立高等师范学校礼堂召开。大会对三民主义做出了新的解释，确立了联俄、联共、扶助农工的三大革命政策，国民党一大的召开标志着国共合作的开始。

1.看图说史

呈现国民革命形势图，学生结合地图书写并回答国民革命过程，教师补充。

设计意图：让学生认识国民革命中黄埔军校青年学生的贡献，体会国民革命的艰难过程。

教师：国民革命虽然以失败告终，但对中国革命产生了重大的推动作用。革命基本推翻了北洋军阀的统治，打击了帝国主义在华势力，也扩大了中共的影响力。

2.感悟历史

1927年四一二反革命政变之后，上海处在极为严重的白色恐怖笼罩下。陈延年不顾危险，寻找失散的同志，恢复和重建党的组织。6月26日，陈延年遭国民党军警逮捕。敌人为了得到上海中共党组织的秘密，对陈延年用尽酷刑，将他折磨得体无完肤，但陈延年宁死不屈。敌人从他身上得不到任何东西，遂残忍地将他杀害。7月4日，敌人将陈延年秘密押赴刑场。刽子手喝令陈延年跪下，他却高声回应：革命者光明磊落、视死如归，只有站着死，决不跪下！

设计意图：让学生体会青年志士身上的革命大无畏精神，进一步增强学生的爱国情怀。

教师：中国革命的发展离不开无数青年志士的壮烈牺牲与不断探索，革命失败之后因为毛泽东等青年人对革命力量的正确分析，中国革命逐步找到了正确的道路。

材料：

革命当局对农民运动的各种错误处置，必须迅速变更。这样，才于革命前途有所补益……很短的时间内，将有几万万农民……其势如暴风骤雨，迅猛异常……一切帝国主义、军阀、贪官污吏、土豪劣绅，都将被他们葬入坟墓。

——1927年《湖南农民运动考察报告》

教师：一代人有一代人的使命，一代人有一代人的担当，身为新时代青年的我们也要承担起新时代赋予我们的使命。

第四篇章：当代青年新使命

新时代中国青年要树立远大理想。

新时代中国青年要热爱伟大祖国。

新时代中国青年要担当时代责任。

新时代中国青年要勇于砥砺奋斗。

新时代中国青年要练就过硬本领。

新时代中国青年要锤炼品德修为。

——2019年4月30日，习近平在纪念五四运动100周年大会上的讲话

教师：新时代中国青年也需要承担起时代赋予我们的新使命，为民族复兴、国家强盛而努力奋斗。

设计意图：让学生明确新时代的责任担当，回扣青年担当的主题。

附：课程思政结合点

单元	内容	课程思政结合点
第一单元	中华文明的起源	通过中华文明起源的特点培养学生形成民族文化认同感和自豪感
	先秦儒家思想	对学生个人的道德修养以及社会责任感的培养
第二单元	三国两晋南北朝的政权更迭与民族交融	通过区域开发的内容，了解当今社会实施区域协调发展的趋势；通过这一时期的民族交融，认识民族交融对国家统一的重要意义
	从隋唐盛世到五代十国	认识我国民族政策（民族平等、民族团结、各民族共同繁荣），通过古代治世局面形成的原因思考现代国家治理
	隋唐制度的变化与创新	通过学习隋唐选官制度和赋税制度，对我国现行的人才激励机制及我国财政政策和国家经济方面的管理手段（宏观调控）有更深入的认识
	三国至隋唐的文化	通过学习中国宗教发展状况来看待中国现在宗教政策的合理性，挖掘中国特色社会主义文化的内涵
……	……	……

第五节　地理学科思政优秀课例

将思政教育融入地理课堂
——以"水污染"教学为例
（曾学珍）

【思政目的】

水乃是生命之源，与我们的日常生活密切相关，但目前由于不合理的人类活动，我们的生命之源——水资源，已经遭受了不可逆转的污染，也严重影响了人类的生活环境。为了提升学生的环保意识，培养其社会责任感，激起其家国情怀，树立起保护国家大好河山的爱国意识，教师带领学生从身边的案例——衡水滏阳河来分析探究水污染原因及其治理措施。

【教学构思】

本节课主要结合教学内容和课标理念，利用学生已有的知识储备，采用案例分析、合作探究的方式，来提高学生的区域认知和综合思维能力。通过对图文等地理信息的提取，结合地理实践力，确保地理核心素养的落地；通过同学角色扮演活动进行感情升华，以培养学生保护我国水资源的责任感，提升学生保护环境的意识，培养学生的家国情怀。

【教学目标】

1.区域认知：了解我国水资源污染情况，特别是滏阳河衡水段地区的地理环境概况及其对河流的影响，培养学生热爱衡水和大自然的乡土情怀。

2.综合思维：通过本节课的学习能说出大气、生物和人类活动对水体的影响，并进一步分析水污染原因，体会自然环境各要素之间的有机联系，学会综合、辩证地分析问题。

3.地理实践力：通过对滏阳河衡水段污染的了解，培养学生观察身边地理现象、发现地理问题的能力，再结合角色扮演的方法让学生站在不同的立场讨论滏阳河衡水段水体污染的解决措施，根据具体角色特点制定相应的解决问题的对策，以激发学生的爱国情怀，提升学生保护我国水资源的责任感。

4.人地协调观：通过探究滏阳河衡水段水体污染原因及角色扮演，讨论治理该河段水体污染的措施，让学生体会到人类活动对自然环境的影响。在讨论的过程中，由于立场不同必然会产生矛盾，要解决这些问题，既要处理好人与人的关系，也要处理好人与地的关系，让学生更加深入地认识人类与地理环境协调发展的重要性，树立人地协调观，实现立德树人的根本任务。

【教学重难点】

1.重点：水污染危害。

2.难点：水污染的治理措施。

【教学方法】

读图分析法、案例探究法、讨论法。

【教学过程】

导入：播放水污染危害视频，让学生直观感受水体污染对人体健康的危害以及我国严重的水污染现状。

设计意图：让学生深刻意识到治理水污染刻不容缓，从自身做起，从身边小事做起，保护水资源，做一位能为国家发展效力的中学生。

教师讲解：教师借助学生身边的案例来讲解水污染的原因，主要是：生活污水、农业污水、工业污水及水体自净能力。

设计意图：让学生体会到自然环境各要素之间的有机联系，学会综合、辩证地分析问题，同时引导学生认识社会经济的发展应该与自然环境相协调，树立人地协调观。

走进衡水滏阳河——了解滏阳河的水污染状况，展示滏阳河相关材料如下，让学生结合材料探究衡水滏阳河污染的原因。

材料一：滏阳河是海河流域子牙河水系的两大支流之一，发源于河北省邯郸滏山南麓，是流经衡水市的一条主要河道，是河北省的母亲河，更是衡水的母亲河。

材料二：滏阳河是一条古老的天然河道，有史以来，滏阳河没有进行系统整治。由于多年持续干旱，地表径流量小，上游来水大部分为污水，加之衡水境内的生活、工业污水大部分进入滏阳河，现在滏阳河基本成为一条纳污河，已出现多处河道"黑臭"现象。滏阳河的污染问题已经成为困扰衡水市城市环境的一个重要问题。

材料三：环境监测数据显示，滏阳河衡水段水体污染程度在出桃城区境明显加重，尤其是在小范桥断面，对其影响较大的主要是武邑县和武强县，这两个县是以农业为主的地区，耕地较多，化肥农药使用量也相对较多些。

设计意图：学生通过对身边案例进行分析，深刻认识到家乡的滏阳河随着家乡的发展出现了环境问题，激发学生对家乡发展的责任感和使命感，从而树立为家乡和祖国做贡献的理想和信念。

学生分角色扮演（分4个小组，分别代表"政府""农民""工矿企业""个人"），为滏阳河水污染找治理措施，其讨论的措施如下表。

滏阳河衡水段水体污染的解决措施

政府	①完善法律法规，加大执法力度，健全环境监测网络； ②关闭排污不达标或污染较严重工厂； ③加强宣传力度，提升公民的环保意识； ④加强城市地表和地下水源的保护
工矿企业	①积极推广清洁生产，提高工业用水重复利用率； ②实行污染物排放总量控制制度； ③大力开发低耗高效废水处理与回用技术
农民	①发展节水农业，合理利用化肥和农药； ②实行测土配方施肥，推广精准施肥技术和机具……
个人	①节约用水； ②向身边亲戚、朋友宣传要保护水资源

设计意图：通过角色扮演的方法让学生站在不同的立场讨论滏阳河衡水段水污染的解决措施。讨论过程中，由于立场不同必然会产生矛盾，如政府与工矿企业和农民的矛盾等。在处理各种矛盾的过程中，使学生认识到造成当前环境问题的原因是多方面的并且是长期的，要解决这些问题必须用综合视角，既

要处理好人与人的关系，也要处理好人与地的关系，从而充分培养学生的综合思维能力，渗透人地协调的理念，实现立德树人的根本任务。

给学生展示目前衡水市大力推进滏阳河治理工程的相关新闻，坚信在不久的将来滏阳河会再现河畅、水清、岸绿、景美的生态环境，响应总书记"既要绿水青山，也要金山银山"的号召。

设计意图：让学生知道现在国家非常关注环境问题，并且目前衡水市在治理滏阳河水污染方面已取得了一些成就，激发学生的民族自豪感和民族自信心，使其感觉到身为中国人的优越性，培养家国情怀。

结语：围绕板书对本节课进行小结，并呼吁学生要保护水资源、保护环境，从自己身边小事做起，为家乡的发展、为祖国的发展贡献一份力量。

附：课程思政结合点

单元	内容	课程思政结合点
必修一 1.1 地球的宇宙环境	认识宇宙的过程 天体和天体系统 地球在宇宙中的位置 地球上存在生命物质的条件	体现了辩证唯物主义认识论。唯物主义认识论的高级阶段和科学形式是关于认识的本质、来源、发展过程及其规律的科学理论。一个正确的认识，往往需要经过物质与精神、实践与认识之间的多次反复
必修二 1.2 太阳对地球的影响	太阳辐射 太阳活动	世界上的事物都是互相联系的，不要孤立地看问题；事物是发展变化的，不要静止地看问题。在事物的现象与本质之间存在着矛盾，必须透过现象，看到事物的本质，即抓住事物的规律性的东西，才能真正认识到客观事物的真面目
……	……	……

第六节　心理课程优秀课例

心理健康教育与思政融合的课程设计

(王丽娜)

高中阶段是一个人的世界观、人生观、价值观形成的关键期,是学习知识、提升能力素养的关键期,也是心理成熟的关键期,加强心理健康教育是促进中学生健康成长、为社会培养人才的重要途径。心理健康教育是课程思政建设内容的一个重要方面,全面推动中学生心理健康教育的课程思政建设,是形成全课程育人格局的必要之举。

中学生心理健康教育不仅要普及心理健康知识,更要将家国情怀、使命担当、社会主义核心价值观传递给当代中学生,使他们担当起中华民族伟大复兴的重任。在不断推进课程思政的时代背景下,心理健康教育与思想政治教育相融合,更具现实意义,也是目前衡水中学不断探索和实践的重点。

课程设计一:寻找夜空中最亮的星

【课程背景】

高中生正处于自我探索阶段,学生有对自己价值观探索的需求,价值观的澄清和探索对高中生的学习及人生规划都有很大的影响。通过本课程的学习,能够帮助学生澄清、探索自己的价值观,并将社会主义核心价值观的教育渗透到本课的教学中,能够让学生在课堂教学中自觉接受社会主义核心价值观的熏陶,有利于学生在学习和生活中树立和践行正确的人生观和价值观。

【课程目标】

1.学习价值观的概念及其重要作用,初步了解自己的价值观;

2.学习社会主义核心价值观的内涵,加强对社会主义核心价值观的理解;

3.在学习、生活中践行正确的人生价值观和职业价值观。

【课程实施】

一、导入：舞裙计划

1.多媒体展示一组照片，是一个中年男子穿芭蕾舞裙在不同地方的留影。

教师提问：看到图片上的这个人，你觉得他是个怎样的人？学生回答他们的猜测（滑稽、幽默、神经病、同性恋、异装癖……）。

2.多媒体继续呈现一些照片，教师讲述照片背后的故事。

图片中的男人是一个摄影师，他不是为了搞笑，而是希望用这种可爱的自拍方式来博得身患乳腺癌的妻子一笑。他用拍摄的照片出了一本影集，用卖影集的钱成立了"抗癌基金会"，帮助了很多的癌症患者，这就是"舞裙计划"。

教师提问：了解了他的故事之后，现在你觉得他是个怎样的人？学生分享他们的感受（伟大、善良、博爱……）。

3.教师引导学生进行讨论：为什么我们对他的评价前后不一致？

教师点评：生活中面对同一件事情，我们总会有不同的评价，是什么影响了我们的评价和判断呢？那就是价值观。

二、价值观概念的界定

1.价值观是人们用于区别好坏、分辨是非及其重要性的心理倾向体系。

2.价值观是反映人们对客观事物的是非及重要性的评价。

3.价值观是人们在做选择和判断时最为看重的原则、标准和品质。

三、价值观探索：价值观拍卖活动

（一）介绍游戏规则

1.每个小组被分配5000元代金券，分别是6张500元、5张200元、10张100元；

2.按照多媒体课件所提供的商品，依次进行拍卖；

3.某件商品宣布成交后，不能更改和反悔；

4.拍卖成功后，记下出价最高的小组及其额度；

5.每组竞拍成功后，已经消费的资金由老师取走；

6.小组买到了想要的商品、拍到的商品最多则为获胜。

（二）进行价值观拍卖活动

分小组进行体现价值观的商品拍卖活动，每个小组竞拍自己想要的商品。

（三）小组交流分享环节

1.你认为哪个小组赢了？理由是什么？

2.你最看重的是哪个价值观？为什么它对你来说最重要？

3.你拍到你最看重的商品了吗？拍到后的感受如何？

四、价值观的再澄清

1.价值观的本质：内心需求的满足。

2.价值观的意义：①价值观在人们的生涯发展中起着重要的方向性作用；②当我们有矛盾冲突，面临妥协与放弃时，常常也是出于对价值观的考虑；③每个人都有自己独特的价值观，重要的不是去评判它们的对错，而是去考量它们给自己的生活和发展带来的影响。

3.关于价值观要知道的事情：①生活和工作中的事情很少能够完全满足一个人所有的重要价值观；②我们要学会取舍，学会合理做出妥协和放弃；③价值观的满足需要能力的支持；④在满足个人价值观的同时，要学会与外部环境价值观和平共处。

十三种常见的价值观

安全稳定	稳定的生活状态，有安全感
独立自由	以自己的方法，安排时间来工作，不受限制和约束
新鲜感	工作内容常常变化，很有新鲜感
经济收入	足够的经济收入，有能力购买想要的东西
权力	工作赋予你管理和领导别人的权力
助人	工作是为他人谋福利，为社会和国家做贡献
新发现	工作中发现新事物、新产品、新观念
归属感	与工作伙伴一起愉快地工作，对团体有强烈的归属感
成就感	能够看到自己努力工作的成果
名誉地位	工作能提高个人的声誉，让别人对自己产生尊重与崇敬
兴趣	工作内容是自己喜欢做的事情
挑战性	工作的难度比较大，需要努力才能实现
自填项	

五、价值观对职业的影响

不同的职业，不仅仅展现了不同的兴趣，要求了不同的能力，也同样满足了不同的价值观。

交流分享：

1.未来你想过一种什么样的生活，从事一种什么样的职业？

2.这种职业满足了你的哪些职业价值观？

六、价值观变形记

1.价值观的变化

价值观会随着时代的变化发生变化，个人的人生经历也会不断塑造个人的价值观，不同阶段的追求就会不同。

（1）个人独有的经历的影响。

（2）多人共有的经历的影响。互联网时代的到来、科技的发展、社会和国家的主流价值观影响着价值观的塑造。

2.现如今的社会现象

一款网络游戏可以让无数青少年着迷；一档娱乐节目可以让无数人准时守候在电视机旁边。

明星随便发一条动态、一个再正常不过的日常生活，都有可能引发一场跟风甚至舆论地震，而教育、科学等正常的社会新闻在这类信息面前都被无情碾压；明星们享受着天价片酬，网红可以一夜暴富，科研院士却一直兢兢业业、默默无闻。

3.交流分享

（1）作为当代的高中生，你怎样看待这些现象？面对这些现象，我们能做的是什么？

（2）作为当代的高中生，如何才能更好地践行社会主义核心价值观？

七、总结提升

希望同学们都能将社会主义核心价值观内化于心、外化于行，在学习和生活中树立和践行正确的人生观和价值观。价值观就像夜空中指引我们前行的一颗星，希望同学们都能找到自己的那颗最亮的星，走向属于自己的远方。

最后请同学们一起唱响歌曲《夜空中最亮的星》。

【课程总结】

马斯洛需求层次理论认为,"自我实现"是个体最高层次的需求,这正是价值观的实现。高中阶段作为个体价值观念形成的一个基础性阶段,要引导学生逐步澄清和确立自己的价值观,并在价值观探索中融入社会主义核心价值观的教育,这样才能为高中生价值观的形成指引一个正确的方向。通过本课程的学习,学生能够将社会主义核心价值观内化于心、外化于行,提升个人素养,在学习和生活中树立并践行正确的人生观和价值观。

课程设计二:责任与角色同在

【课程背景】

当前学生的责任意识薄弱,存在着种种不良的表现。比如,凡事以自我为中心、集体观念不强、纪律意识淡薄、责任意识亟待加强与提高等。设计此主题活动旨在强化学生的责任意识,培养学生强烈的责任感。

【课程目标】

1.通过活动学生可以理解责任感,懂得有些责任即使不是自愿选择的,也应尽力承担好;

2.能够分清责任的来源,能够随着角色的变换调节角色行为、承担不同的责任;

3.对自己的责任有明确的认识且能增强责任意识,有足够的勇气为自己的选择承担相应的责任。

【课程实施】

一、导入

全班同学为歌曲 *We Will Rock You* 伴奏(跟着歌曲节奏拍两下桌子、拍一下手,当歌词中出现"We Will Rock You"时跟唱)。

教师总结:要想完美地做好这首歌曲的伴奏,需要我们全身心投入,身体的各个部位各司其职、积极合作,那么在生活中,我们应该怎样去负自己的责任呢?

二、活动体验:责任与角色同在

1.分组

全班按人数均分为AB两队。

2.活动内容及规则

①各组推选出两名队长并宣誓。

②竞赛内容：双方报数比赛。比赛分为三轮进行，第一轮输的那一队的两位队长做20个俯卧撑，以后逐轮翻倍，即第二轮40个、第三轮80个。

竞赛规则：①报数必须用普通话，且声音洪亮。②任意一队在报数时对方不允许发出声音干扰。③每一轮比赛开始之前，当听到"队长准备"时，请队长闭上眼睛，静静等候结果。输的队长面向对方的队长做俯卧撑，赢的队长大声点数。

三、讨论交流

1.通过这个小游戏，你认为建立一个优秀的团队需要哪些条件？

2.团队与责任有着怎样的关系？

3.通过参与这个小游戏，对你有什么启示？

学生交流分享。

教师总结：

①人人都是队长。在团队中，每个人都有自己的任务，如何才能优秀地履行自己的职责，如何才能扮演好自己的角色，这是我们的责任。

②在团队中，每一个人都要承担起自己的那份责任，做好自己的分内事，只有先将自己的分内之事做好了，才能提升整个团队的力量。

③面对为我们承担责任的人，我们要有感恩意识。

④勇于承担自己的过失。

⑤可以在承担责任的时候抓住机会，如抓住作为学生的机会承担一个学生应有的责任。

四、联系实际进行分享

1.通过本节课联想自己平时的生活、学习，请各小组组长根据班级责任、宿舍个人责任分别分享交流。

2.邀请个别学生对同班级、宿舍的同学说说想对他们说的话。

【课程总结】

本次心理活动课通过学生参与、体验课堂活动，促使学生对自身责任意识、自身责任行为展开深入的思考和反思，以此提高学生对责任问题的认识能力和自我教育能力，加强对自己、对他人、对家庭、对社会与国家等责任行为的反思，促使学生最终成为有较强责任感的一代新人。

课程设计三：同舟共济

【课程背景】

目前高中生的合作意识因种种原因变得越来越淡薄，自我中心意识越来越强烈，甚至出现自私自利等情况。因此，培养学生的合作精神是非常有必要的。心理学家研究发现，如果要在一个彼此陌生疏远的人群中快速地建立起一个团体，最好的方法就是给这群人一个共同的任务，让他们在完成任务的过程中自发地分工、合作。

【课程目标】

1.了解团结合作的重要性，掌握增强凝聚力的做法与途径；

2.通过活动体验，让学生的团体意识增强，更好地完成任务；

3.让学生在合作的过程中彼此了解、彼此欣赏、互相鼓励，感受到集体的智慧，增强团队凝聚力。

【课程实施】

一、导入

多媒体播放《西游记》中师徒四人取得真经后的合影，请同学们用一句话来概括唐僧师徒四人团队的经历，然后继续思考大家与这师徒四人的经历有什么相似之处。

教师总结：唐僧师徒四人从彼此互不相识到齐心协力一路降妖除魔，最后到达西天取得真经。而同学们刚刚组建的班集体、新宿舍就像这师徒四人一样，为了一个共同的目标才聚在一起，每个人都应尽好自己的职责，更好、更快地实现我们共同的目标。

二、团建活动："我们的名字"

故事分享：一个陌生人来到一个村庄，说自己有一颗汤石，能煮出美味的汤。这个陌生人把汤石放入沸水中，然后以各种理由要求大家往汤里放洋葱、肉、蔬菜、盐等材料，最后大家享用汤时发现汤真的很美味。

教师分享： 合作是每个人贡献出自己的一份力量，合作需要人人参与。

1. 每个宿舍为一个小团队，团队成员集思广益，要为团队起一个响亮的、有意义的名字，并想出团队口号，定出团队目标。

2. 邀请每个团队派出代表介绍自己的团队，并大声喊出自己团队的名字。

三、体验活动："同舟共济"

指导语： 我们站立的地面就像是一片汪洋大海，我们每个团队都在一艘轮船上向着目标行驶，这时海面起了风暴，需要我们的团队从大船转移到救生船（小船）上去，而手里的报纸则代表汪洋大海中的一条小船。

活动规则： 要求每组所有成员同时站在船上，小组成员们要想方设法使全体成员同时站在小船上，全体成员在小船上站够10秒钟即为成功转移。

如果在活动体验阶段有的团队并不能一次成功，可视情况及时鼓励与调整，适当给学生多一次机会使团队提升信心。

交流分享：

小组讨论： ①你们团队成功了还是失败了，你觉得成功或失败的因素有哪些？②活动中你有哪些特别深刻的感受？③通过活动体验，你发现需要哪些要素才能更好地实现目标？

全班分享讨论结果： 在分享中特别邀请胜利组和失败组的成员各自谈谈成功的经验或失败的教训以及活动感受，包括为什么完成最快、为什么完成最慢或失败、出现了什么问题等。

教师总结： 一个团队为了一个共同的目标要想方设法、集思广益，同时还需要有一个很好的指挥者。一个核心人物很重要，团队每个成员都要积极参与、尽好个人的职责，充分相信别人。如果有了很强的凝聚力，那么它将会无往不胜——团结是最重要的。

四、实践活动："我想对你说"

教师引导： 一个宿舍、一个班级是不能没有凝聚力的，如果像一盘散沙，这个团队也就没有了它本身的意义，也就是说，团队需要凝聚力。同学们互相帮助，这就是一种凝聚力的体现。相信我们每个同学都有一些想对团队成员说的话，那我们就敞开心扉勇敢地表达出来吧！

【课程总结】

本次课程以活动体验为主，让学生在活动中体验到任何一个团队遇到问题相互抱怨是最糟糕的，相互信任、形成合力才能让整体功能大于各部分功能之和。我们只有树立"人人为我，我为人人"的观念，我们的班级才会变得更融洽、更和谐。当团队的每个成员都各干各的，不能做到统一规划，那么后果是完全失败的；如果所有的同学团结一心、努力奋斗，一切以团队利益为最终准则，那么这个团队将是成功的。不抛弃、不放弃，即使我们最后没有获得胜利，但同样学会了团结，学会了沟通，收获了友谊。

课程设计四：优点大搜索

【课程背景】

本课程针对学生高中阶段主要的心理任务是发展自我同一性的特点，通过认识自己、了解自己的优点，意识到自己的独特性和与他人的相似性，培养其自尊心和自信心，更有助于人格的完善。

【课程目标】

1.引导学生充分认识和了解自己的优点；

2.引导学生学会悦纳自己，培养学生的自尊心和自信心；

3.引导学生学会将优点转化为优势，积极地生活。

【课程实施】

一、导入："大风吹"

1.教师开始说"大风吹"，所有同学回应"吹什么"，教师说一部分同学身上有的物品或特征，如可以说"吹戴眼镜的人"等。教师说完后，所有被吹到的人，即拥有这些特征的同学迅速击掌，没有被吹到的同学原地不动。

2."大风吹"中还有另一个口令，叫"小风吹"。当教师说到"小风吹"时，被小风吹到的人原地不动，没被吹到的人迅速击掌。其他游戏规则遵循"大风吹"。

这个导入活动需要学生对自己的特点有一些思考并迅速做出反应，既考验学生的反应能力，又考验学生对自己的了解程度，同时引出本节课的主题。

教师总结：我们大多数同学都想要变得更自信是吗？保持自信很简单，只要我们对自己有充分的了解，对自己的优点又能正确地认识和应用，就能拥有一个独立、自尊、自信的人格。那么你了解自己吗？你的优点又是什么呢？其实，每个平淡无奇的生命中都蕴藏着一座丰富的宝藏，只要你肯挖掘，你就会挖出令自己都惊讶不已的宝藏来。现在我们就开始挖宝藏了，让我们一起来场优点大搜索行动。

二、优点大搜索

请同学们根据自己的实际情况，填写"我的优点卡片"。

第一阶段，自我搜索

教师：每个人都有自己的优点和长处，请同学们在"我的优点卡片"上写出3~5种"我认为我最大的优点"。

我的优点卡片	
我认为我最大的优点	我们认为你还有的优点
1.	1.
2.	2.
3.	3.
4.	4.
5.	5.

教师总结：刚才的活动既容易又不容易，有的同学很容易找到了自己的一两个优点，而有的同学甚至直接说了句"我没有什么优点"或者"不知道"，那么同学们真的找到你身上所具有的优点了吗？没有优点的同学你真的就一点优点也没有了吗？现在，请你的小组同学帮你来找一找！

第二阶段，优点大轰炸

5~6人一组，每个人轮流被组内其他同学搜索出身上的其他优点，并填写在该同学的优点卡片上"我们认为你还有的优点"栏。

请发现其他同学的优点，搜索越细致、表达越准确，效果越明显，所以要求写具体的优点而不是套话。小组讨论后，请小组长将填好的优点卡片交给下一位同学，直到卡片回到主人手里为止。

全班分享：

1.通过活动，你是否发现你以前所没有发现的优点？

2.当听到、看到同学们搜索到你的优点时，你有什么感受？

3.你觉得他们所说的优点符合自己吗？

教师总结：通过刚才的书写和总结，我们知道要在短暂的时间里找到自己的很多优点不容易，可是大家通过合作找到的优点就很多。其实每个人身上的优点都很多，只是有些你没有发现而已。同学们的反馈就是你的无数面镜子，可以让你看到不同的自己。当被赞美的时候，很多同学就怀疑这不是自己，可能觉得自己没有同学们说的那么好，那么也没关系，因为你即将变成同学们眼中那个优秀的你。

第三阶段：用武之"岛"

假设你的团队需要赶赴孤岛完成一项重要的任务，请大家想想你的团队需要哪些角色（例如，领队、参谋、厨师、医生等），想要扮演的角色是什么。注意小组成员扮演的角色要和自己的性格、行为方式、优点等吻合。

列出你的团队所需要的角色以及扮演的同学及原因，尤其是列出他的哪些优势符合这个角色。

全班分享：

1.你的团队需要哪些角色？

2.扮演的同学是谁？

3.扮演的原因是什么？

三、课后作业

教师：同学们，你卡片中的优点就是你积极的自我标签，请你一定随身携带，每天早上或闲暇时间拿出来默念一遍，最好背下来。

一周后，给自己写封信，回顾一周以来你的优点带给自己什么样的变化和感受。

希望每位同学都能不断发掘、善用和珍视自己的优点并转化成优势。

悦纳自己，做更好的自己！

【课程总结】

一个人的自信很大程度上来源于对自己的了解和把握，清楚地知道自己的优点并能合理地运用，这对一个人自信心的形成有很大的帮助。尤其是中学生正处在自我同一性形成的重要阶段，发现自己的优点，得到别人的认可，对于其自信心和自尊心以及积极人格的形成具有重要的意义。每个人都有优点，当然也会有缺点，应正视自己、悦纳自己，积极对待成长中的顺境和逆境。

课程设计五：换位思考

【课程背景】

高中阶段的青少年正处于"心理断乳期"，处于一种强烈的独立性与依赖需求的心理矛盾状态。一方面，他们的自我意识明显增强，渴望挣脱父母的约束，走向独立；另一方面，他们也渴望受到家人、朋友、老师的关注。他们的情绪情感具有不稳定性，在人际交往中很容易产生困扰，如有时候他们会认为自己是一个"独特的自我"，希望受到每个人尤其是同龄人的喜欢和赞扬，把个人的心理感受摆在无比重要的位置上。青少年的自我中心可能带来更多的人际冲突或人际矛盾，因此，本课程旨在引导学生认识到每个人因看待事物角度不同而有不同的选择，要学会尊重他人、理解他人，帮助他们从他人的视角来看问题，了解他人的需要和态度，理解他人的处境和心理感受。这一阶段是青少年世界观、人生观、价值观形成的重要时期，帮助学生建立良好的人际关系，获得良好的沟通技能，有助于树立正确的三观。

【课程目标】

1.使学生认识到每个人因看事物的角度不同，对待同一事物的态度会有所不同，懂得换位思考有助于人际的沟通、矛盾的化解。

2.感受换位思考的重要性。体会"己所不欲，勿施于人"的道理，从而树立正确的世界观、人生观、价值观。

3.学会在人际交往中运用换位思考的方式来考虑问题，运用人际交往中的"黄金法则"来提升个人交往能力，减少人际冲突。

【课程实施】

一、导入：热身游戏——"我说你做"

多媒体课件呈现一系列图片，让同学们伸出双手来展示（如果活动场地允许，可以让同学们站立做手势，这样更能活跃气氛）。同学们用手搭出一个"人"字保持姿势不动（同桌面对面，请相互看一看，对方摆出的是不是"人"字）。最后，请一名同学站到老师的位置看同学们比画出的手势（体会"横看成岭侧成峰，远近高低各不同"的内涵）。

1.多媒体呈现两个示例。

示例一：我和李某从小就是好朋友。最近李某和王某发生了矛盾，李某看到我和王某交流，这几天李某就不怎么搭理我了，我很苦恼，不知道怎么处理同学关系了。

示例二：本来放假回家很开心，可一进门爸爸妈妈开口闭口就全是学习、成绩，唠叨个不停，惹得我闷闷不乐、烦恼透顶。

教师总结：可能每个同学在生活过程中都会遇到类似的事情，请每个人拿出一张纸，在纸上写出自己遇到的人际交往问题，可以是与老师之间的、与同学之间的、与父母之间的。

2.组织学生分享。待学生写完之后，教师让学生说一说当时是如何做的。

教师总结：人与人在交往中难免会出现这样或那样的矛盾和冲突，我们会感到很不开心，那么是什么原因导致了这些矛盾和冲突的产生呢？跟着我们的图片来寻找答案吧。（多媒体课件展示3张双歧图，让学生观察，让学生说说看到了什么、有什么感悟）

因为每个人站的角度不一样，所以看到的东西也是不一样的。

世界就是如此奇妙，很多时候，我们会碰到不顺心的事，觉得心情郁闷、很烦恼。那么换个角度、换个思路，重新考虑一下，满脸皱纹的老太太就变成了美丽的少女。同一件事，也许你看到的就是天使而不是魔鬼。

二、情景演绎

1.根据上面的两个例子选取几名学生进行短剧表演（可以依据情景加入自己的元素进行表演）。

2.表演之后由当事人谈真实感受。

3.其他学生发表自己的观点：如果你是他，你会怎样说？你有什么感受？如果你是他，你会怎样做？

4.畅谈结束后，进行角色互换再表演，引导学生仔细体验不同角色的感受。在情景表演中，也可以演绎同学们分享的典型事例，更能贴近学生生活实际。

三、换位思考，人际法宝

1. 换位思考的定义

换位思考，是设身处地地为他人着想，即想人所想、理解至上的一种处理人际关系的思考方式。人与人之间要互相理解、信任，并且要学会换位思考，这是人与人之间交往的基础：互相宽容、理解，多站在别人的角度上思考。

2. 换位思考四部曲

第一步：如果我是他，我需要的是……

第二步：如果我是他，我不希望的是……

第三步：我原来的做法是……这是不是他期望的方式？

第四步：我可以尝试的是……他期望的方式是……

3. 心灵小贴士

①尽可能地站在对方的角度思考问题。试着了解他人的性格特点，想象他人的角色以及所处的情景等来理解他人的想法或行动。

②尊重他人，真诚交往。

③主动沟通，友好表达。

④像你希望别人如何对待你那样去对待别人。

【课程总结】

通过本课程引导学生要学会站在对方的立场上思考问题，与对方在情感上得到沟通，这既是一种理解，也是一种关爱。遇到不顺心的事，不要去埋怨，不要去指责，学会"以责人之心责己，以宽己之心宽人"。换个角度，换个思路，生活中就会多一些理解，就会减少许多不必要的烦恼，增添不少快乐，那么笑意将永远在我们脸上荡漾，我们的生活将充满灿烂的阳光。

附：课程思政结合点

单元	内容	课程思政结合点
课程设计一	寻找夜空中最亮的星	高中阶段是个体价值观念形成的一个基础阶段。通过活动帮助学生澄清和确立自己的价值观，进一步将社会主义核心价值观内化于心、外化于行，在生活学习中践行正确的价值观
课程设计二	责任与角色同在	通过活动体验帮助学生懂得一个人做事要有责任心，从而认识自己的角色、了解不同角色承担的责任；要有负责到底的精神，学会自己做的事自己负责，理解责任对于个人、集体的重要性
课程设计三	同舟共济	通过活动帮助同学们认识到团结合作的重要性，树立"人人为我，我为人人"的观念，掌握增强凝聚力的做法，在合作的过程中彼此了解、互相鼓励，在团队中成长
课程设计四	优点大搜索	每个人都是独特的个体。通过认识自己、了解自己的优点，意识到自己的独特性，培养学生的自信心；引导学生理性看待自己缺点，正视自己、悦纳自己，培养自尊心和积极的心理品质
课程设计五	换位思考	通过情境帮助学生认识到不同视角看待问题的差异，因而对待同一事物的态度会有不同；认识到换位思考是进行人际沟通、化解矛盾的一大法宝，掌握换位思考的技巧能够建立良好的人际关系

图书在版编目（CIP）数据

衡中带你学思政 / 郗会锁，闫乐，代忖主编 . -- 北京 ：人民日报出版社，2024.1
ISBN 978-7-5115-7404-6

Ⅰ . ①衡… Ⅱ . ①郗… ②闫… ③代… Ⅲ . ①政治课－教学研究－中学 Ⅳ . ① G633.202

中国版本图书馆 CIP 数据核字（2022）第 115492 号

书　　　名：	衡中带你学思政
	HENGZHONG DAI NI XUE SIZHENG
作　　　者：	郗会锁　闫乐　代忖
出　版　人：	刘华新
责任编辑：	郭晓飞
封面设计：	金　刚
出版发行：	人民日报出版社
社　　　址：	北京金台西路2号
邮政编码：	100733
发行热线：	（010）65369527　　65369846　　65369509　　65369510
邮购热线：	（010）65369530　　65363527
编辑热线：	（010）65363486
网　　　址：	www.peopledailypress.com
经　　　销：	新华书店
印　　　刷：	北京博海升彩色印刷有限公司
法律顾问：	北京科宇律师事务所　　010-83622312
开　　　本：	710mm×1000mm　　1/16
字　　　数：	300千字
印　　　张：	16.75
版　　　次：	2024年1月第 1 版　　2024年1月第 1 次印刷
书　　　号：	ISBN 978-7-5115-7404-6
定　　　价：	50.00元